"中国新闻学丛书"编辑委员会

顾　问：柳斌杰　南振中

主　任：李　彬　赵月枝

委　员：（按姓氏笔画顺序排序）
　　　　王君超　王润泽　王维佳　王鹏飞　史安斌　吕新雨
　　　　李　珮　李　彬　李希光　杨萌芽　吴　玫　吴　靖
　　　　张　垒　张　桐　赵月枝　胡　钰　俞　凡　洪　宇
　　　　程曼丽

"中国新闻学丛书"出版委员会

主　任：杨国安　杨萌芽

委　员：（按姓氏笔画顺序排序）
　　　　马　龙　王鹏飞　纪庆芳　杨　波　杨国安　杨萌芽
　　　　陈建恩　郑　鑫　胡玲霞　姜　畅　谌洪波　薛建立

ZHONGGUO NONGCUN GUANGBOWANG FAZHAN YANJIU

中国农村广播网发展研究

潘佼佼 著

河南大学出版社
HENAN UNIVERSITY PRESS

·郑州·

图书在版编目（CIP）数据

中国农村广播网发展研究 / 潘佼佼著. -- 郑州：河南大学出版社，2023.4
ISBN 978-7-5649-4759-0

Ⅰ.①中… Ⅱ.①潘… Ⅲ.①农村－广播网－文化史－研究－中国 Ⅳ.① G229.29

中国版本图书馆 CIP 数据核字（2021）第 127050 号

责任编辑	马元珍
责任校对	毛晓旭
装帧设计	翟淼淼　高枫叶

出版发行	河南大学出版社
	地址　郑州市郑东新区商务外环中华大厦2401号　邮　编：450046
	电话：0371-86059715（高等教育与职业教育出版分社）
	0371-86059701（营销部）
	网址：hupress.henu.edu.cn
排　版	河南大学出版社设计排版部
印　刷	河南瑞之光印刷股份有限公司
经　销	全国新华书店
版　次	2023年4月第1版　　印　次　2023年4月第1次印刷
开　本	710 mm×1010 mm　1/16　　印　张　17.25
字　数	320 千字　　定　价　52.00 元

（本书如有印装质量问题，请与河南大学出版社联系调换。）

总序：新时代　新征程　新闻学　新探索

李　彬　赵月枝

中国共产党成立一百年前夕，酝酿有年的"中国新闻学丛书"开始问世。"中国新闻学"自然指立足于中国的新闻学，它离不开中华民族5000多年源远流长的文明史、中国人民近代以来180余年屡挫屡奋的斗争史、中华人民共和国70多年正道沧桑的发展史，以及其中蔚为大观的新闻与传播实践史，包括新闻学与传播学的学术传统。同时，由于主流传统同马克思主义道统水乳交融，中国新闻学又始终心系天下，关注人类命运共同体及其新闻传播实践，离不开《国际歌》寄寓的国际主义情怀——"英特纳雄耐尔"（international）。充分展现这些学术内涵，乃是这套丛书的学术工作任务，而非一篇总序所能应对的。而说明丛书的缘起，至少可以彰显"中国新闻学"的立意与定位。

早在2002年，范敬宜甫任清华大学新闻与传播学院首任院长之际，高瞻远瞩，身体力行，积极倡导以马克思主义为指导，建设具有"中国特色、中国气派、中国作风"的新闻学及其学科体系与教育体系，一时影响广泛。2008年，由于金融危机爆发以及全球资本主义体系性危机进一步加重，"马克思归来"日益成为汇聚中外前沿学术思想的时代强音，而如何赓续中国新闻学的马克思主义中国化传统，进而创新网络时代的马克思主义新闻学，愈发成为中国新闻学人迫在眉睫的时代使命。

党的十八大后，随着新时代的气息春风徐来，新闻学也迎来前所未有的良机。2016年，习近平主持召开哲学社会科学工作座谈会并发表讲话，强调加快构建中国特色哲学社会科学及其学科体系、学术体系和话语体系，并重点建设具有"支撑作用"的学科（其中引人注目地提到了新闻学），令人倍感鼓舞。

为了响应新时代召唤，中信改革发展研究基金会（后面简称"中信基金会"）于2014年成立，聚集了一批各学科守正创新的一流学者，致力于推进中国特色、中国气派、中国风格的哲学社会科学建设。2017年，中国特色新闻学研究会在清华成立伊始，就与中信基金会密切合作，举办了首届"中国特色新闻学高级研讨班"。其间，我们同来自五湖四海的青年学者一起，从不忘本来、吸收外来、面向未来的视角畅谈了理论逻辑与历史逻辑有机统一、普遍意义与中国特色若合一契的中国新闻学构想。

在此基础上，中信基金会将"中国新闻学丛书"作为重点研究项目列入基金会工作计划。之所以亮出"中国"的旗号，当然不是也不可能是"囊括四海，并吞八荒"，而只是凸显梁启超所谓"中国之中国、亚洲之中国、世界之中国"的历史意识，表明更自觉地面向中国实践、更深入地扎根中国大地、更自信地践行中国道路的学术追求，也就是中信基金会的三句宗旨——坚持实事求是、践行中国道路、发展中国学派。

——坚持实事求是。丛书作者术有专攻，论著也是各抱地势，但无论是深入历史，还是透视现实；无论是穷究学理，还是钻研实务：无不遵循实事求是的治学精神，如一代马克思主义新闻学家甘惜分晚年希冀的"立足中国土，请教马克思"。

——践行中国道路。坚持实事求是为的是践行中国道路，正如解释世界为的是改变世界。何谓中国道路？一句话，就是中国共产党领导的革命、建设、改革所开辟的道路。而这条道路的灵魂在于社会主义，即习近平所言，中国特色社会主义不是别的什么主义而是社会主义。中国新闻学说到底也是为社会主义新闻业立魂，立言，立心。

——发展中国学派。随着中国道路日渐开阔，文化自觉与学术自觉日益醒悟，中国学派也呼之欲出。事实上，近代以来，特别是新中国成立70多年以来，中国新闻学已经取得长足进展，从梁启超到邵飘萍，从邹韬奋到范长江，从邓拓到穆青，从延安窑洞人民广播的手摇发电机到数字时代融媒体，一代代中国记者以及学者以其辛勤耕耘和开创性工作奉献了无数心血和智慧，也为中国新闻学及其学派奠定了厚实基础。现在的关键在于我辈是否具有足够自信，摆脱制约中国新闻学想象力与创造力的"学术殖民"心态，用中信基金会理事长孔丹的话说，将"他信"变为"自信"，将著书立说的立足点从"彼岸"转到"此岸"。

19世纪初，西方文脉俨然在欧陆，德国柏林洪堡大学等更是文化圣城，吸引着东西南北的欧美知识精英，而在立国不过六十多年的美国，哈佛文人 R. W. 爱默生（Ralph Waldo Emerson）却提出了美国文化走自己路的主张，发表了美国文化的独立宣言《美国学者》（"American Scholar"）。如今，经过建设和改革开放锻造的中华人民共和国，已经进入建设中国特色社会主义的新时代，发展中国学派以审视中国经验、提炼中国理论、贡献中国方案，更可谓名正言顺、水到渠成。

2019年立春时节，河南大学新闻与传播学院与河南大学出版社同意，将这套丛书纳入河南大学献礼中华人民共和国成立70周年的重点图书。河南，向称中原，数千年来一直被视为中华文明的腹心，一句"逐鹿中原"总能激荡人心。而河南大学又是百年名校，文脉悠长，俊采星驰，校友中就包括一代中国名记者邓拓。"中国新闻学丛书"能够落户河南大学，也是得其所哉。

大鹏之动，非一羽之轻也；骐骥之速，非一足之力也。十多年来，我们一直勉力耕耘，与各方有生力量一道推进中国特色、中国气派、中国风格的新闻学建设，这套丛书就是一批阶段性成果。我们深知，无论是中国特色社会主义事业，还是中国特色社会主义学术事业，都不可能一蹴而就，也不可能仅凭少数人埋头苦干就获得成功，而需要持之以恒的扎实工作，更需要一批又一批、一代又一代的中国学者共襄此举。

2022年6月

李　彬，清华大学新闻与传播学院教授，河南大学黄河学者（2013～2018）

赵月枝，清华大学人文讲席教授，加拿大皇家学会院士

序：为了多数人的传播学术

赵月枝

过去几年来，结识了不少对乡村问题感兴趣的国内年轻学子。他们有的到我的家乡浙江缙云参加河阳论坛，有的加入"全球到村庄"暑期班学习，有的还从"村庄"到了"全球"，把自己有关中国乡村传播研究的成果拿到国际学术平台上交流。2018年夏天，在美国俄勒冈大学举办的国际媒介与传播学会年会一个关于中国乡村议题的论坛中，潘佼佼不仅宣读了一篇优秀论文，而且以出色的现场反应和英语对话能力，与几位国外提问者进行了深入交流。

在为潘佼佼和她的年轻同人们喝彩的同时，我就想，我所期待的新一代有全球视野和乡土中国立场的中国新闻传播学者，已然在国际学术话语场上崭露头角了。也正是从那时候起，我对潘佼佼正在做的农村有线广播历史的博士论文，又多了一份期待。今年初夏，读到她的北京大学博士论文版本，我十分欣喜；现已入秋，博士论文经过修改和雕琢已成为书稿《中国农村广播网发展研究》，即将在河南大学出版社付梓。在这个收获的季节，能为这部著作写序，我非常高兴。

我喜欢这部著作，无论是从个人体验的层面，还是从学者评判的角度，抑或是从一个社会主义传播实践者的立场。

个人体验

作为一个普通人，我从书中看到了自己在中国成长的真实媒体体验和主体性锻造经历。

我是听着有线广播在中国农村成长的60后。我生长的"十八间"大院里，住着爷爷辈七个兄弟所属的七户人家，老老少少总共40多口。那只灵巧好看的小喇叭，就安装在院子中堂左前方那个柱子的顶端。除了家庭，除了学校，没有什么比有线广播更影响我对世界的想象，更塑造了我的主体性。

以《东方红》乐曲声开始，以《大海航行靠舵手》乐曲声结束，一天三次，从全球到村庄,从国内到县内,从国际形势到春耕秋种,从普通话广播到缙云话内容,从中央人民广播电台的普通话广播剧到时任缙云县文化馆馆长丁金焕同志的缙云话故事,从世界上一个个国家的名称到本县一个个村庄的名字,有线广播比课本更丰富和生动地给了我政治、经济、社会、历史、地理、语文、农业和日常生产生活知识的滋养。

虽然我只去过自家周围的村庄和本县有亲戚的几个村庄,虽然我直到15岁那年秋天去上大学才第一次走出本县,但广播新闻中那些地名,早已构成了我从全球到村庄、从村庄到全球的"想象共同体"。那种与首都北京"共时"、与全国各地"共时"的主体感觉,是有线广播,尤其是一早一晚的《新闻和报纸摘要》节目和《各地人民广播电台联播》节目赋予的。

我自己很少特意去听广播,而广播的特点也正在于它的伴随性,在于它"嵌入"了农村的日常生活。不过,在我的脑子里,也铭刻着我隔壁姑父端着饭碗,靠在中堂那个柱子上,专注入神地听广播的画面。姑父是个文盲,从一个几十里外的山村入赘到我隔壁的三叔公家。他出生的那个山村戏曲文化兴盛。我隐约记得,姑父专注听的节目,主要是文艺节目。

而我自己,对有线广播最深刻、最清晰的记忆,则停留在1980年那个阳光明媚的春日。那天,我在镇里溪边一座借宿的房子的阳台上背历史,准备高考。我背我的教科书上的历史,广播播它的国内国外新闻——这是我日常生活的背景声音。然而,我还是被中央人民广播电台《新闻和报纸摘要》节目中一条关于津巴布韦独立的新闻所吸引了。新闻中那旗帜鲜明的反帝国主义、反殖民主义的民族解放立场,播音员那激昂的声音和为津巴布韦人民的独立而欢呼的语调,深深地感染了我。它们让我激动,让我奋进,让我感觉到自己是第三世界共同体的一员,让我感觉到,这个世界充满了斗争,也充满了希望。

一条国际新闻,就这样为我续写了历史教科书上的民族解放和第三世界叙事;一个农村孩子关于世界的想象,就被这样的"无孔不入"的声音宣传所塑造和强化。也正是在这样的传播环境中,我成长为一个本书中所说的"身在农村、胸怀世界"的社会主义国家的主体。

虽然我的体验也许是特殊的,但是,听有线广播的经历却是大多数人的。毕竟,直到1980年,中国农村人口还占80%以上。从我这样的学生到我姑父这样的文盲,有线广播影响了中国的大多数人,构建了几代人的主体性。

当我读到书稿中那些有关农民听广播的生动描述时,我想说,这也是我自己的经历,我愿意用我自己的体验为书中的描述和分析加一个注释。今年夏天,当我终于有机会参观陕西户县农民画博物馆的时候,我注意到,农民与各种媒体的关系，尤其是他们与当时的广播这一"新媒体"的关系，是户县农民画的重要主题。而当我站在著名农民画家刘芝贵那幅《红色电波传喜讯》作品前时，我忍不住对陪我参观的刘芝贵的弟弟刘公信先生说："用这幅画作为潘佼佼的著作的封面，多么合适，多么相得益彰！"

本书是一个有新意、有价值、给人启发的历史研究，20世纪50年代到70年代，对于多数人来说，并不陌生，并不遥远。对许多比我年长的人来说，农村有线广播是新的建设经验、新的生命实践、新的审美体验与新的社会情感；对我这样的有线广播"原住民"来说，有线广播是自己曾经呼吸的"媒体空气"。

在今天这个学术越来越专业化、越来越远离普通百姓日常体验的年代，这部有关一个历史时期80%以上人口的"新媒体"体验的书，让我激动，引我共鸣。作为那80%中的一员，我在这部书的宏大叙事中，看到了自己童年和青春的影子，知道了这个对我的主体性产生了这么大影响的公共传播体系，是如何在曲折、动乱和调整中，在必然性和偶然性的结合中，建立和巩固起来的。它使我从一个农村有线广播的使用者和受益者，变成了一个对农村有线广播来龙去脉及其对于农民的意义的"知情者"。

我无法代表所有听过有线广播的中国农民对此书做出评价，但是，作为中国有线广播曾经的一员听众，作为一个曾经被这个网络中的话语所"询唤"的主体，我不但乐于看到这样让我"知其然"，也"知其所以然"的学术研究，而且乐于看到这样的研究中所表达出来的对农民的尊重，以及对他们对自己的历史主体地位的孜孜以求之心的认同。

学者视角

作为一位传播学者，我喜欢本书的多维度、立体化学术视角，赞赏它在广播历史研究中所达到的理论高度和历史深度。在这部书中，我看到了技术和社会关系的辩证认知、传播政治经济研究对结构性力量的重视、批判性政策研究对政策话语和政策过程的全面和动态审视，以及文化研究视角对主体性与日常生活体验的关照。在这些视角的有机交叉中，作者通过深思熟虑的谋篇布局，写出了一部既有"全球到村庄"的多层次分析，又能展现历史局限性和主观能动性双重互动的中国农村有线广播从起步到发展繁荣的历史。

作为北京广播学院（现在的中国传媒大学）新闻专业的本科毕业生，我对世界广播史和中国广播史都不陌生。作为传播学者，我也知道，从欧洲的本雅明、布莱希特到加拿大的麦克卢汉、伊尼斯，从美国的主流传播与发展学者到美国的批判传播学者，有关广播的理论和历史研究可谓汗牛充栋。与此同时，从埃及纳赛尔时代的"阿拉伯人之声"电台到玻利维亚矿工电台，广播在发展中国家的解放性实践，也在世界传播史上有重要的位置。

然而，无论是规模还是影响，中国在社会主义建设时代的农村有线广播网在世界广播传播历史上，都是极为独特的。迄今为止，没有一部专著能像此书这样，把中国农村有线广播网的"发生史"和意义，写得如此恢宏又接地气。既有"制度世界"的深入分析，又有"生活世界"的工笔描摹；既有"全球60年代"的世界历史背景的勾勒，又有具体到县域、村庄，甚至个体层面的叙述。最为重要的是，这部书既见物又见人，既见结构又见主体。

中国农村有线广播从发展到式微的20世纪中后期短短几十年，恰逢数千年来全球政治经济格局之大转变，也压缩着中国剧烈的社会变迁——繁乱的历史线索、缤纷的社会时事奔涌其间，真诚、美好、狂热、破坏等不同的起起伏伏，均给历史书写者"拨开迷雾"增添了几分难度，也让人不由为年轻的、完全生长于当今时代的学者捏一把汗，怕其力有未逮，难以驾驭。然而，本书以并不算长的篇幅，通过对理论资源、历史资源和典型案例的有机调用，为读者勾勒了一幅在时间维度上跌宕起伏，在空间维度中错落有致的中国农村有线广播网发展历史画卷。

除了把中国农村有线广播的发展放在技术生成史的视野下和当时国际和国内政治经济变迁框架之中，这部书的最大亮点之一，在于作者在第二章"大国治理的文化技术：历史形成与近代转型"中，把现代农村有线广播网的发展及其意义放在了中国几千年"大国治理"框架之下及其信息结构的衍变过程之中加以审视。在这一宏大的历史性叙事中，作者不是就媒介论媒介，而是自始至终贯穿了传播技术发展和社会解放的视角。从文言文到白话文，从书面传播到民间口语文化，从主要迎合有消费能力的城市有闲阶层的无线电广播到农村有线广播网，在帝国历史中作为一个整体处于失语和无声状态的农民，通过有线广播网，有史以来第一次被纳入对于现代化国家、未来社会的想象之中。

虽然农村有线广播根植于基层，一般以县域为单位来组织，但是，它不是一个双向的传播模式，这一点毫无疑问。实际上，从一开始，自上而下全国性宣传网络的建设和"让农民知晓"，就是有线广播网的最主要的目标。值得注意的是，本书对这一目标的分析，既包含了共产党需要动员农民进行国家建设和把农民纳入全国大一统的信息网络之中的角度，也体现了农民作为社会主义中国的政治主体，对能听到党中央的声音充满热望的视角。无论是从历史真实角度，还是从挑战那些对"皇权不下县"的"美好过去"颇有怀恋的历史虚无主义意识出发，作者对"让农民也能听上广播"这一目标的确立与实现过程的描述，以及对其意义不遗余力的阐发，都有非常积极的意义。

与此同时，作者也力图显示"群众路线"在中国新闻历史上的双向性。从延安时代共产党如何培养和鼓励农民通讯员，到土改和解放初期农民的"诉苦"实践，再到1970年代的"土记者"和乡村通讯网建设，如何让农民"既能听得到党的声音，又能表达自己的诉求"这一问题意识，一直贯穿于全书。

如果说，"印刷资本主义"描述了西方现代传播的本质，"底层人能说话吗"提出了现代传播的关键问题，那么，"有线广播社会主义"和"解放了的农民如何表达"可否成为由这一段历史所开启的中国社会主义传播理论的相关命题？

未来指向

作为一名志在认识世界过程中改造世界的实践者，我认同本书所重构的中国农村有线广播历史所昭示的以人民为中心的中国社会主义传播体系的未来。

不可否认的是，正如本人在农村有线广播影响下成长的体验并不能代表所有农村人的体验，本书对农村有线广播网的历史叙事，并不是唯一的"正确"叙事。毕竟，在冷战意识形态中，在一个把"流动的藏私"等同于个人自由甚至个体的"自主"的市场自由主义框架中，没有比无孔不入的有线广播和中国"大喇叭"，更能象征性地被当作负面理解的共产党"宣传"和对"自主"的信息空间的侵蚀了。因此，有同人指出本书是否有浪漫化历史之嫌，也就不奇怪了。

也许，这种疑问的背后，是对当下大行其道的后现代历史观的本能警惕。在这样的历史观指导下，写作者会从想象出发"建构"历史，继而背离历史自身的逻辑，将历史浪漫化、神秘化或者黑暗化。从这种历史观出发，过去容易变成一种似是而非的情绪宣泄。不过，本书作者不但显然思考过这一问题，而且做了充分的方法论准备。正如书中所言，"历史学家的想象应该与证据呈现出一致性，'一切历史都必须与它自己相一致'"。这是历史写作者的治学要求，也是治史得其合法性的根基：尊重人类留存的痕迹，敬畏人类的奋斗与创造，达成"同情之理解、理解之同情"，从而中介过去与现在。

从一定层面，"浪漫"的确洋溢在本书之中。然而，依我的理解，这不是对历史进行浪漫化的想象与建构，而是勾勒出了中国农村广播网建设中的两个维度：浪漫主义与现实主义。从无到有，不仅横亘着物质条件方面的结构性阻力,而且存在着不同的技术政治路线、立场,甚至部门利益间的纷争。农村广播网是复杂的现代技术系统中的一部分,它受制于社会经济发展水平,受制于现实,也受制于人们的想象力。但是人类的社会意图与社会期待,往往会激发突破结构、重塑结构的能动力量。二十世纪的中国革命与建设实践,并不乏浪漫主义理想的挥洒,而这正是这个世纪留给今天的最伟大的历史遗产。毕竟,这曾经是一个"庶民的胜利"的时代。用历史逻辑去理解集体行动与个体情感,探知出人的活动轨迹和主观能动性,尤其是"人民本位"思想在克服物质与技术条件方面的局限,才能理解何以中国第一个真正意义上的全国性大众媒介能够产生。当然,在某些框架中,"人民本位"和"社会主义"理想本身,就是虚无缥缈的,因而也是"浪漫"的。

历史并不平滑如镜,它有不同横断面的立体棱镜,折射出不同的生命经验与灵魂面目。1949年到1978年中国社会主义建设历史中的新闻传播部分,时常在"放卫星""假大空""大字报""大批判"等叙事中显得满目荒唐。通过把自己的研究视角聚焦到几千年历史中占全国80%以上的人口如何第一次被纳入一个全国性的现代信息体系,这本书显然是意欲继续挖掘"前三十年"传播历史的丰富性、全面性以及复杂性,呈现曾经的历史主体在这个国度镌刻下的印记,展现一个公共的、普惠的文化基础设施如何诞生,如何编织入了亿万农村男女老少的人生经纬之中。将这个过程和在此过程中从最高国家领导人的主张到村中老农的体验打捞出来,既可以使这段历史免于被遗忘,也能帮助我们理解当下国家与乡村之间、正在经历数字化重构的传播体系与中国农民的情感与实践之间的关系。

当然,于当下回望过去,在距离感中寻求方向感,需更加审慎与深思熟虑。但也唯有对历史总体性和多重性的不断探索,才能在不同话语的对照中,真正体认"人民本位"的立场,进而将之用于构建一个"人民知晓"和"人民表达"相统一的社会主义公共传播体系的实践。实际上,在本书的开头,作者就明确提出,本书是为如何构建县级融媒体这一"横亘在我们面前的迫切的现实问题"而写的。书中总结的信息治理的中国制度与中国经验,对理解中国传播史有特殊的价值,社会主义信息政治实践所积累的历史经验,也为当下新时代社会主义基层媒介网络的继续建设提供了借鉴。

结语:多数人的传播网络

出版过程中,作者曾希望有一个更有诗意的书名。但是,我们建议她保留现有书名。

前面提到，当我看到《红色电波传喜讯》这幅农民画时，产生了强烈的希望用此画配此书的冲动。写到这里，我想起了已故学者邓英淘那本叫作《为了多数人的现代化》的书。从有线广播曾经是实现这一"多数人的现代化"过程中的"多数人的传播网络"的角度，也许可以给这部书起一个《多数人的传播网络》这样的别名？

不过，就像现在这套丛书的统一封面设计就很好，现在这个书名也很好。它既概括了本书的内容，又朴实无华，各类读者一看就明白。同时，因为它突出了发展研究的视角，让人感觉内涵丰富，而中国农村广播1978年之后的历史、现状以及它在正在构建的县级融媒体中的角色，也颇值得研究。对于此书，我只是爱之深，才控制不住自己的思绪，从封面到它的名字，不免多想了一些！

2021年6月

作者系清华大学人文讲席教授，加拿大皇家学会院士

目 录

第一章　导论 ……………………………………………………… 001
　　一、研究问题的提出 ………………………………………… 001
　　二、文献综述 ………………………………………………… 005
　　三、研究方法与行文结构 …………………………………… 022

第二章　大国治理的文化技术：历史形成与近代转型 ………… 025
　　一、古代中国的传播构型：历史形成及其特征 …………… 025
　　二、从天下到世界：拥抱现代的传播构型转型 …………… 037
　　三、乡村传播的现代形塑：从社会边缘到历史主体的农民 … 058
　　四、小结 ……………………………………………………… 072

第三章　全国收音网建设：新中国成立初期的"信息下乡" …… 074
　　一、"人民本位"：新中国建设指向下的传播构型重塑 …… 074
　　二、被选择的电子媒介：全国收音网建设 ………………… 084
　　三、广播下乡与集体收听：早期农村动员的听觉实践 …… 100
　　四、本章小结 ………………………………………………… 115

第四章　让农民都听上广播："在地现代化"的媒介基础设施 … 117
　　一、作为典型的地方创新：首个农村有线广播网建设 …… 117
　　二、全国推广："在地现代化"的配套信息方案 …………… 128

三、狂飙猛进与停滞不前："乌托邦"与"滑铁卢" ………… 140
　　四、本章小结 …………………………………………………… 165

第五章　信息网络的乡土实践：广播网深入社、队、农户 …… 169
　　一、重启广播网：中国人民公社与全球 60 年代 ……………… 169
　　二、广播深入社、队、农户：群众路线与技术政治 …………… 187
　　三、农民表达与乡村后勤：广播"嵌入"下的农民日常生活 …… 202
　　四、小结 ………………………………………………………… 218

第六章　结论与尾声 …………………………………………… 220
　　一、重新发现农民：联合大众的历史路径选择 ………………… 220
　　二、让农民听上广播：技术方案的社会选择 …………………… 222
　　三、命运不同的两次加速：技术系统的社会实现之旅 ………… 225
　　四、新历史主体与新声音：信息技术网络的社会潜能 ………… 228

参考文献 ………………………………………………………… 232

后　记 …………………………………………………………… 257

第一章 导论

一、研究问题的提出

到了21世纪的第二个十年，没有一个在中国土地上生活的人可以忽视媒介的力量——作为伴随性媒介终端的手机仿若我们新生的身体器官，如影随形又让人欲罢不能。人们已难以想象失去媒介的生活将如何展开，大众媒介规划日常生活的后勤属性一览无遗。也正是由于移动互联网的普及与各种社交、短视频平台的兴起，互联网使用者也迅速从都市中产阶级扩展到更广大的人群，其中最引人注目的群体就是农民。无论是土味文化的兴起，还是乡村直播的流行，农民们被卷入新媒体的世界里，他们形象鲜活，在虚拟空间内开始了各种体验、冒险与表达。

农民们拥抱新媒体，在这个国度并不是新鲜事。作为基础设施的媒介信息系统从来都没有均质地散布在社会结构之中，现代大众媒介技术的应用与扩散首先发生在城市，并成为信息知识传播、现代个性人格形塑的重要力量，[1] 因而以城市为中心的媒介研究吸引了大量的学术关注。但就中国而言，新媒体和农民之间有个更长的故事。早在20世纪的六七十年代，当时的新媒体——以广播为代表的电子媒介就已深入乡村，成为真正的大众媒介。矗立在田头或者墙头的小喇叭，与无垠的田野、芳香的泥土一样，能够开启一场回到六七十年代中国乡村的记忆之旅。

最新的一次关于农村新媒体建设的国家倡议就发生在2018年，中共中央总书记、国家主席、中央军委主席习近平在全国宣传思想工作会议上指出，"要扎实抓好县级融媒体中心建设，更好引导群众、服务群众"。[2] 这个倡议被视

---

[1] 陈崇山，孙五三. 媒体人现代化 [M]. 北京：中国社会科学出版社，1997：7.

[2] 新华社. 习近平出席全国宣传思想工作会议并发表重要讲话 [EB/OL].（2018-8-22）[2018-10-05]. http://www.gov.cn/xinwen/2018-08/22/content_5315723.htm.

为要打通"宣传的最后一公里",很显然是期待通过县级融媒体,辐射县以下的广大乡村。[1] 也是在同一年,中共中央、国务院印发《乡村振兴战略规划(2018—2022年)》,提出了新时代下中国农村未来的发展蓝图。[2] 对于乡村的媒介基础设施规划,与乡村振兴的国家战略几乎同步,这意味着国家并没有任由城市商业新媒体介入乡村空间的塑造中,而是有意识、有方向地投入资源、投入力量建设由国家主导的基层媒介。

在商业互联网逐渐下沉到农村基层的当下,为何国家要投入力量去进行以县级融媒体为代表的基层媒体建设?这些新的媒介信息基础设施建设,会给乡村的信息获取与传播带来什么新变化?是复刻都市的媒介消费与使用方式,还是会在各县域的不同乡土实践中显露不同的潜力与发展方向?国家对乡村媒介信息结构的规划和畅想,又会如何一步步成为一项投入现实资金、人力、物力的社会工程?这些更新的媒介基础设施又会如何规划乡村居民的日常生活,以何种方式深入乡村肌理、服务于乡村振兴战略目标?这一切都指向一个命题——未来的中国乡村将往何处去?

农民和农村问题,是关乎中国发展道路的重大问题,这一点已毋庸置疑。农民身处独特的历史位置,在中国革命以及社会主义建设进程中留下了浓墨重彩的一笔。中国革命走的是一条"农村包围城市"的道路,它的胜利离不开"小米加步枪"——其中最为关键的就是中国共产党带领之下的作为革命主体的农民。在社会主义建设过程中,农民依然是国家建设的主体,毕竟幅员广阔的中国大地上乡村地区依然占据着绝大部分的面积。哪怕城镇化步伐正在加速,2021年中国第七次全国人口普查公报显示,居住在乡村的人口仍然占据总人口的36.11%[3],而在1949年新中国成立之初这个数值则高达89.4%[4]。若要谈及全面建设中国社会,我们无法绕开农村与农民。

那新媒体,又在这一重大历史命题之中起到何种作用?虽然答案会在探索实践中逐步浮现,但探索过程中也亟需学术界"将学问写在中国大地上"。一

---

[1] 杜一娜. 县级融媒体中心建设 打通媒体融合"最后一公里"[EB/OL].(2018-8-28)[2018-10-05]. http://media.people.com.cn/n1/2018/0828/c40606-30256090.html.

[2] 新华社. 中共中央、国务院印发《乡村振兴战略规划(2018—2022年)》[EB/OL].(2018-9-26)[2018-10-08]. http://politics.people.com.cn/n1/2018/0926/c1001-30315263.html.

[3] 国家统计局. 第七次全国人口普查公报(第七号)[EB/OL].(2021-5-11)[2021-6-30]. http://www.stats.gov.cn/tjsj/tjgb/rkpcgb/qgrkpcgb/202106/t20210628_1818826.html.

[4] 国家统计局. 中国统计年鉴:1981[K]. 北京:中国统计出版社,1982:89.

种路径是直接扎入现实的实践中，从实践中总结理论，亦促成理论与实践的结合，到当下、到现场去将中国实践"对象化"，由此感知与升华中国经验的独特性。而另一种路径则是回到过去，尤其是回到中国革命与中国社会主义建设初期的实践中去，从历史经验中总结与归纳历史实践的方向性。人不能两次踏进同一条河流，历史自然也不会简单重复，但在"日光之下无新事"与"世事如棋局局新"之间，则是人类的能动性理解，即所谓的以史为鉴，毕竟今天的新媒体也将不可避免地成为未来的旧媒体，况且，历史在时间序列上的线性发展，也使得先人的行动后果成为后人既定的社会现状，这种继承性与延续性使得历史后果也能够成为下一阶段的历史动因。因而新一轮的乡村振兴倡议开始、乡村振兴建设启动之时，回看中国乡村中曾经最重要的、也是唯一的大众媒介——农村广播网，就有了十足的必要。这一段历史如此重要，但在以城市为中心的媒介历史叙事中却处于略为边缘的角色，这也是我们打捞这段历史的意义之所在。

就中国的状况而言，研究20世纪中叶开始产生的农村广播网是一个迷人的过程。20世纪的中国站在历史的分界点上，在它之前是千年大一统的农耕古国被现代工业文明的枪炮声惊醒，整个社会发出变革的呼声；在它之后则是社会主义政党带领人民披荆斩棘突破困境，在战争废墟中建设一个新中国。中国的农村也随之历经了翻天覆地的变化，短短几十年间见证了土地改革、农业合作化运动与人民公社化运动。要去理解农村广播网，就需要理解中国现代化、农村现代化与现代农民主体性产生的历史过程，也必须去理解中国共产党的社会动员、社会组织与社会建设模式，即人类如何想象新的社会、如何拥抱媒介技术带来的可能性以及如何调动媒介的能动性，最终建设好的媒介系统又是如何介入了农民的日常生产、生活，形塑了人与人、人与自然之间的关系，影响了人们对于周边世界的理解与想象。

本文就试图在人们逐渐遗忘农村广播网这个农村"旧媒介"时，重新显影农村广播网从一个"新媒介"成为广泛扩散的大众媒介，最后又归于历史尘土成为"旧媒介"的历史过程。值得一提的是，广播技术的发明由来已久，早在20世纪20年代，以商业电台为播出机构、以收音机为收听工具的现代商业广播，就已经出现在中国上海等大城市，这意味着中国几乎与全球其他国家同步进入广播时代。但直到20世纪中叶，在农村广播网出现之前，中国乡村中基本上没有现代意义上的大众媒介，因而对农村广播网的考察，实际上也是考察在农村"这一张白纸上"如何描绘现代媒介信息系统的历史轨迹。最先出现在城市的现代新媒介如何进入乡村，又如何作用于乡村的社会结构，如同"房间中的大象"一样长期被我们所忽视。对于这个新媒介在乡村"发生史"的动因考察，或可以从斯坦福所划分的四个领域中寻找答案：

> 当人们追问任何发生的事情的原因时……我们通常在四个领域中寻求答案。首先是纯天然领域，也就是不曾被人接触的自然……第二个领域则属于人为开发的自然……第三个领域则与人类社会及其法律、规矩、习俗、传统和技艺有关……第四个领域既是最熟悉，同时也是最令人困惑的领域。这就是意图领域。[1]

由此，本书将从多重视角去考察作为信息与文化技术的广播新媒介如何在乡村落地，最终成为一项社会工程与信息传播基础设置。要对这种落地做出阐释，就必须去梳理分析作为技术的新媒介是在何种社会状况之下产生，即在何种社会经济基础、组织模式和意识形态之下一种新的技术得以社会化应用；而人们的社会意图，即对这个新技术的社会期望或用之以达成的社会目标又是怎样的；行动者们（包括政党与大众）又是如何调动各种社会资源来将技术变成一个社会工程，并最终形塑了新的媒介信息结构，即包括媒介技术、媒介组织、媒介内容、媒介使用者在内的整体系统；而这个最终形成的媒介系统，作为人类生活的后勤系统与信息基础设施，又以何种面貌达成或者偏离了人类此前的社会期待。

去探索一个社会工程的"发生史"，实际上是去探索人类能动性与现实局限性、偶然性与必然性交织的历史过程。在信息基础设施和日常生活媒介的双重视域下，本文将会考察社会想象、社会期待将如何影响新媒介技术的扩散以及作为社会工程的媒介系统的建设，探查在新中国成立后的乡村变迁中，农村广播网如何成为一项进入农民日常生活的社会工程，如何在农村社群中发挥作用，中国共产党在乡村的组织、宣传工作如何通过其展开，广播又是如何与基层党组织、农民个体一起塑就了农民的日常生活，进而与转型时期的农民一起进入新中国成立后乡村嬗变的宏大历史之中。

同时，新中国成立之前乃至中国传统社会的媒介信息技术也将作为一个重要的参照系被纳入整体分析之中，以揭示媒介技术与社会转型之间的关系。如果说，近代中国面临的是向现代转型的天下大变，乡村现代化是一个农业大国必然遇到的课题，那么新中国成立后的中国乡村建设与而今的乡村振兴只是处

---

[1] 斯坦福. 历史研究导论[M]. 刘世安, 译. 北京：世界图书出版公司，2012：175-176.

于同一条历史河流的不同位置。通过对农村广播网历史的梳理、分析、思考与理解，我们可以感知曾经的新媒体在中国大地上演奏出何种合鸣变奏。而广播作为新媒介在中国农村的发展历程，它与农村社会结构变迁、农村现代化之间的互构，或能为今天的基层新媒体建设——县级融媒体中心提供一些历史的经验与启发。

曾经的乡村广播网与而今的县级融媒体中心，都是在探索如何将媒介信息技术应用到农村社会发展的实践之中，本书的历史书写过程是与过去和现在对话的过程。"历史是一个文明对其过去不断求索的智识形式"[1]，此前历史探索中采取的路径、遭遇的挫折、收获的经验，仍将是今天我们继续前行时宝贵的财富，从这个层面上来说，进入历史亦能够帮助我们开启未来。

二、文献综述

1. 技术、社会与历史：一个技术生成的视角

随着20世纪大众媒介，尤其是20世纪中后期电子媒介的普及与网络媒介的崛起，媒介技术深入渗透与扩散到大众文化的生产传播与人们的日常生活之中，这使大量研究者开始深入探究媒介与社会之间的关系。无论是认为媒介具有一击而中强大效果的"魔弹论"，还是此后应用认知行为主义方法而得出媒介具有情境化、功能性的有限效果，或是抛开媒介效果而将视线投向媒介在社会变迁的中介影响作用，这些研究的关注重点是已经存在的、体制化的大众媒介如何作用于社会结构并造成何种社会影响。

以麦克卢汉为代表的"媒介环境学派"学者，在对媒介的社会影响进行分析时，将技术拉入媒介研究的中心位置。麦克卢汉发出"媒介即讯息"的断言，"任何媒介或技术的'讯息'，是由它引入的人间事物的尺度变化、速度变化和模式变化"，[2] 以此强调媒介的决定性后果。麦克卢汉主义者力图证明"人是媒介的产品或结果，而不是相反"。[3] 他们截取麦克卢汉天马行空的隐喻中的片段，极力描摹媒介技术对于人类生存方式的规定作用。随着互联网时代的到来与信息社会的深入展开，新媒介渗入日常生活，展示其强大功能，也使得这种媒介

---

[1] 赫伊津哈."历史"概念之定义[EB/OL].（2018-1-27）[2018-06-01]. https://www.thepaper.cn/newsDetail_forward_1962374.

[2] 麦克卢汉. 理解媒介：论人的延伸[M]. 何道宽，译. 南京：译林出版社，2011：18.

[3] 莱文森. 数字麦克卢汉：信息化新纪元指南[M]. 何道宽，译. 北京：社会科学文献出版社，2001：260.

决定论的论调成为显学，并在"数字化生存"等新生术语中以不同身影显形。如在对电子媒介、网络媒介的分析中，研究者指出作为新交流系统的新媒体改变了人类思考主体的方式，"电子文化促成了个体的不稳定身份、促成了个体多重身份形成的连续过程，并且提出一种超越现代的社会形式这个问题，提出了后现代社会的可能性这个问题"。[1]

麦克卢汉及其追随者的观点实际上是"技术决定论"思想在媒介维度的一个反应。根据对技术因素自主性评估的不同，不同的"技术决定论"思想在"技术完全自主"和"技术在一定程度上自主"之间的宽泛谱系中存在。无论是强技术决定论还是弱技术决定论，两者均在一定程度上认可技术的自主性及其不可预料后果，并认为人类能够控制技术的三个基本前提——"人类最了解他们所制造之物；人造物处于人类的牢固控制之中；技术在本质上是中性的"是不可信的。[2]强技术决定论者将技术视为一个完全自主的、决定社会历史走向的变量，最终技术"依赖于技术本身，它作为一种'有机体'可以自身设定发展路线，趋于自我封闭和自我决定，技术本身就是目的"[3]。与之相对应的是另一种观念，在认为技术可以影响社会历史的发展方向的同时，也承认"技术是相对自主的，负荷着一定的社会、政治和伦理价值，且不是社会变迁的唯一因素"。[4]温纳指出，大规模的技术系统往往会提出"技术命令"，即构建维持技术系统运行的社会环境，并因此改变社会的风俗、习惯、观念甚至政治制度，"如果你需要X且你选择了获得X的恰当手段，你必须为保证这一手段的实施提供所有条件。换句话说，你不仅必须提供手段，而且必须提供手段所需的全部手段"。[5]

在我们绞尽脑汁去研究探索媒介技术是如何与具体的社会结构发生作用时，一个问题往往被忽略了，那就是这个媒介技术是如何孕育、发展并

---

[1] 波斯特. 第二媒介时代[M]. 范静晔，译. 南京：南京大学出版社，2001：85.

[2] WINNER L. Autonomous Technology: Technics-out-of-Control as a Theme in Political Thought[M]. Cambridge: The MIT Press, 1977: 25.

[3] ELLUL J. The Technological system[M]. New York: The Continuum Publishing Corporation, 1980: 125.

[4] 李三虎. 技术决定还是社会决定：冲突和一致 走向一种马克思主义的技术社会理论[M]// 殷登祥等. 技术的社会形成：当代科学、技术与社会STS前沿. 北京：首都师范大学出版社，2004：383.

[5] WINNER L. Autonomous Technology: Technics-out-of-Control as a Theme in Political Thought[M]. Cambridge: The MIT Press, 1977: 101.

进入人们的日常生活持续发生作用的。对此，从20世纪60年代开始形成的STS（Science, Technology and Society 科学、技术、社会）研究为我们提供了丰富的理论资源。以默顿、贝尔纳等为代表的科学知识社会学（Sociology of Scientific Knowledge，简称SSK）被视为STS研究的源头。1938年默顿在其博士论文《十七世纪英格兰的科学、技术与社会》中首先提出"科学、技术与社会"这一命题，阐述了以理性主义、功利主义等为代表的新教伦理的兴起推动了现代科学诞生，从历史发生的角度去探索科学技术的发展脉络。[1] 在20世纪70年代，SSK的指导纲领逐步滑向"技术的社会建构论"（Social Shaping of Technology，简称SST），[2] 进一步将人们的视线从"技术的后果"逐步转移到"技术的生成"上来。在对技术与社会的关系的理解上，SST研究否认了"技术决定论"的框架，认为其将技术当作一个自主的黑箱，未从技术内部去理解作为一项发明或原型或理念的科学技术如何成为社会应用，而SST研究更加注重对于技术生产过程的历史实证与阐释，认为科学技术是渗透着价值的社会过程。

因而，在SST研究中技术成为如美国技术哲学家米切姆所言的"社会过程"，即"将对象、知识、意志结合起来，进行人工物的制作，并使用人工物的活动过程……作为过程的技术的核心是包括工艺、发明、设计、生产、劳动、操作和维护在内的制造过程"。[3] 为了将技术的产生过程纳入到对技术的分析之中，通过对大量技术案例的探索性研究，研究者们提出了三种SST理论的研究进路，即技术的社会建构方法（Social Construction of Technology，简称SCOT）、技术系统方法（Technological System）和行动者网络方法（Actor Networks Theory），以此实现对技术研究的新转变，即"一是改变了以发明家个人（或'天才'）为解释的核心，二是不同于技术决定论，三是改变了传统的在技术发展中对技术的、社会的、经济的和政治的方面进行区分的做法，最后达成了用'无缝之网'的比喻来形容技术与社会之间的关系"。[4]

要窥视分析作为社会过程的技术，就必须理解这一人工产物如何充分浸润

---

[1] 默顿. 十七世纪英格兰的科学技术与社会[M]. 范岱年，吴忠，蒋效东，译. 北京：商务印书馆，2000：20-23.

[2] 黄瑞雄，邹顺宏. 从SSK科学观的演进看STS的实践化转向[J]. 科学技术哲学研究. 2005，22（6）：49.

[3] 张铃. 西方工程哲学思想的历史考察与分析[M]. 沈阳：东北大学出版社，2008：85.

[4] 肖峰. 技术的社会形成论（SST）及其与科学知识社会学（SSK）的关系[J]. 自然辩证法通讯，2001（05）：37.

在人类活动与人类选择之中，这种理解社会和技术间关系的视角被人类学家、文化研究学者、历史学者、技术哲学学者广泛使用。尤其是在对技术与人类历史过程的分析中，这种理解框架注重技术生成与扩散的时间维度，"某种特定技术或者社会-技术体系的功效可能不体现在戏剧性的突破上，而是在其他方面，比如体现在复杂的长期稳固效果当中"，因而被历史学视为是"更为细密"的一种从技术进入历史的方式，"为把'技术'重新整合到历史描写的洪流中做了道路铺垫：技术是一种行动方式……技术为史学提供了一个功效强大的透镜来检验帝国治理的根基和运行。物质性的外围环境和实践——福柯称之为'配置'——以多种方式形塑了日常经验，参与了主体性的构成以及权力关系的编织"。[1]

在对技术的生成过程的既有研究中，有几个关键概念和基模可以帮助研究者梳理繁复冗赘、错综复杂的历史资料与线索，在进入历史之时建立研究假设，并最终在历史资料的梳理与阐释之中证实与证伪。

第一个关键概念是"技术发展的多向模式（the multidirectional model）"。它表明，技术发展的路径是更加多元、开放的状态，围绕着技术产品的相关社会群体——包括发明者、生产者、销售者、消费者等，都能够在具体的情景之下提出不同的问题和解决方案，从而参与到对技术的建构活动之中，最终形成一个稳定的技术框架，塑就最终影响人类生活的技术应用形态。研究者们通过案例的历史分析认为技术发展并非是线性的、有着给定发展轨迹的，对于技术的解释也是高度语境化的、具有灵活性的。

这打破了长期以来占主导地位的技术发展模式，即"技术的发展被看做是一个以基础研究为起点、以技术转化为中介、以产品使用为终端的过程，按照这一观点，一项技术的进化周期可以描述为：基础研究—应用研究—技术开发—产品开发—生产—使用"。[2] 技术的原始研究目标与社会对其采用并非线性的决定关系，而从技术完成到技术普及之间起作用的，是那些能给使用者带来新的社会价值的技术融合与应用。[3]

---

[1] 白馥兰. 技术、性别、历史：重新审视帝制中国的大转型[M]. 吴秀杰，白岚玲，译. 南京：江苏人民出版社，2017：7-9.

[2] 郑晓松. 技术的社会塑形论的三重批判维度[M]// 陈凡，王健，庄穆. 科技与社会（STS）研究：2011-2012年 第五卷. 沈阳：东北大学出版社，2014：299.

[3] 吉川弘之，内藤耕. 产业科学技术哲学[M]. 王秋菊，陈凡，译. 沈阳：辽宁人民出版社，2015：54-60.

第二个关键概念是"社会意图",雷蒙德·威廉姆斯在分析电视科技的发展时,指出电视与收音机传输与接收的技术条件都是先于其内容出现,并不是科技条件成熟后就会出现电视,"电视是科技的一环,有赖于社会制度的配合,更是文化生活的寄托;科技、社会制度与文化三者等于是在电视身上找到了聚合的焦点",[1] 人们的社会期待使得他们去发展出电视这样的科技,因而电视可以被看作一种包含有多种社会关系的文化形式。类似的概念还有"社会想象",技术并不被视为一个脱离人类文化的自主物,而是被文化所形塑的社会结果。

在对新媒体社会史的研究中,与"社会意图""社会想象"相关的文化思潮、意识形态偏向成为分析新媒介技术发展的重要动力因素,大量研究发现"任何新技术在特定社会中的使用方式、社会组织,以及对人类行为的影响都是被人类的价值观、想象力,以及文化传统所干预与塑造的"。[2] 如在对互联网历史的研究之中,特纳指出了以新公社运动、新左派为代表的青年反文化运动,成为对冷战时期军工学联合体文化的一种替代。[3] 这种文化思潮也使得20世纪60年代代表了冷冰冰的、非人性的技术和官僚制度的电子计算机,成为90年代团结、合作、个性与赋权的象征。

第三个关键概念是"技术内码"与"待确定的技术设计",即"技术选择是'待确定的',对可选择事物的最终决定归根到底取决于它们与影响设计过程的不同社会集团和信仰之间的'适应性'"。[4] 这一观点由芬伯格提出,他认为技术的设计是受阶级利益、意识形态影响的,是蕴含了代表着一定阶级利益的"技术内码"的。芬伯格将阶级与斗争等拉入到了对于技术生成的分析之中,他认为,"技术不是一种天命,而是斗争的舞台。技术是一个社会的战场,或者用一种更好的隐喻来说,把技术比作一个文明的替代形式互相竞争的'事态的议会'"。[5] 而"资本主义的独特性在于它的霸权很大程度上建立在通过

---

[1] 威廉姆斯. 电视:科技与文化形式[M]. 冯建三,译. 台北:远流出版事业股份有限公司,1994:3.

[2] 吴靖,云国强. 未来信息社会向何处去:中国语境中的技术变革与"互联网+"[J]. 人民论坛·学术前沿,2015,15:53.

[3] TURNER F. From Counterculture to Cyberculture: Stewart Brand, the Whole Earth Network and the Rise of Digital Utopianism[M]. Chicago: The University of Chicago Press, 2006: 240.

[4] 芬伯格. 可选择的现代性[M]. 陆俊,严耕,等译. 北京:中国社会科学出版社,2003:4.

[5] 芬伯格. 技术批判理论[M]. 韩连庆,曹观法,译. 北京:北京大学出版社,2005:16.

技术抉择来再生出自己的操作自主性的基础上"。[1] 苏联对资本主义技治主义、官僚主义治理方式的沿袭，使得其没有实现"技术内码"的社会主义改造，芬伯格呼吁社会主义制度能够产生新型技术体系，"社会主义将是一种新的文化，不同的价值，不同的生活方式和不同的组织原则将在这种新文化中产生一种和谐的、充分综合的新型社会主义体系，这种新型社会主义体系也将具有自己的技术体系"。[2]

芬伯格将技术与主体之间的关系分为两个层次——初级工具化和次级工具化，"它们分别源于技术与现实的功能关系和技术的社会参与及应用"。[3] 前者讲述技术客体和主体的构成，后者则强调技术的主客体在具体技术框架中的实现，在次级工具化中主体是可以从内部重建技术价值观、重写技术代码的，他呼吁所有行动主体的经验和主张构成的"被抑制的知识"能够参与到技术决策之中，甚至以此获得真正的技术民主。

第四个关键概念是"无缝之网"，这个概念是由休斯在对电力系统的历史进行考察时得出。他认为，现代技术的特征是一个由物质性人工制品、组织机构、司法和规章制度以及发明家、工程师、管理者、投资者、工人等各种要素组成的异质系统，技术系统发展的"动量"由大量的物质产品、组织机构等和系统目标、发展方向、增长率等参量共同确定。由此，休斯认为这更应该被指认为社会技术系统，而非单纯的技术系统。[4] 这种技术观拒斥技术－社会的二分法，而是将其作整体观，因而得出了这样的结论："我们应该拒斥那种对社会关系的简单关注，而应该将它编织到一个涵盖人类行为体与非人类行为体的关系网中，人类行为体与非人类行为体的共同存在，使得社会能够成为可持续发展的整体。"[5] 这种整体性的技术社会观，揭示了现代社会中技术系统，尤其是复杂技术系统、大型社会工程的生成特征。这种系统性的分析思路也可以用于理解长时间维度之中人类文明与技术的共生、互动与互构。

第五个关键概念是"技术的效用过程"。这个概念指的是成熟形态的技术

---

[1] 芬伯格. 技术批判理论[M]. 韩连庆，曹观法，译. 北京：北京大学出版社，2005：92.

[2] 芬伯格. 技术批判理论[M]. 韩连庆，曹观法，译. 北京：北京大学出版社，2005：169.

[3] 芬伯格. 在理性与经验之间：论技术与现代性[M]. 高海青，译. 北京：金城出版社，2015：80.

[4] HUGHES P. Networks of Power: Electrification in Western Society 1880－1930[M]. Baltimore: Johns Hopkins University Press, 1983: 465.

[5] LAW J. A Sociology of monsters? Essays on Power, Technology and Domination[M]. London: Routledge Sociological Monograph, 1992：103.

在物质生产过程或其它社会实践活动中被使用的过程,孟翛然、郭安沁在提出"技术发生学"概念时指出应将技术的效用过程纳入技术发生过程,"效用过程是技术的最初孕育阶段,没有效用过程,技术发生的信息环路就不能闭合……效用过程的重要性在于,它既是技术创造活动的出发点,又是技术创造活动的归宿。效用过程产生技术孕育的初始冲动,它的规模和水平根本上决定技术的发展水平"。[1]将技术效用过程纳入到对技术发生系统的分析中来,清晰地展示了人类借由技术开始的创造性活动的不同阶段。同时,也是在这个过程中,技术与社会大众之间产生了大量的互动,而其中传播媒介起着重要的作用。

上述的几个关键概念,能够帮助我们进入到技术产生、应用、扩散、流变的具体过程之中。也正是将我们所关注的媒介视为"技术人造物",对媒介技术史的深描才得以成为可能。只有通过对人在技术生成过程之中的能动作用及其过程进行描摹,才能够透过媒介技术生成史去观察与分析更广泛的历史命题,来理解制造技术的过程是如何成为塑造政治、社会与文化的过程的透镜,帮助历史写作者更加深入地进入更广泛的历史事实之中,并理解媒介技术如何构型成一个传播系统,如何成为一种文化实践,如何与现实进行"接合"、与社群建立联系、激起社会结构的变化并最终汇入历史洪流之中。

2. 媒介技术与现代性:相互促进的历史

就新近的历史而言,我们依然被笼罩在发生于17世纪的欧洲,进而扩散到全世界的西方"现代性"历史进程之中。以媒介技术的历史演进作为观察视阈,通常可以将人类媒介使用史分为口语媒介时代、文字媒介时代、印刷媒介时代与电子媒介时代。[2]西方现代性的历史过程对应的就是印刷媒介时代与电子媒介时代,因而大量对媒介技术史研究的着眼点就是在现代与传统的断裂与转型过程之中,媒介技术处于何种位置、又起到何种历史功用。

人类世界的发展与存续离不开物质的交换与符号的传播,阿芒·马特拉用"传播构型"一词来涵盖人类财产、人员、信息交往活动的整体性特征,"传播构型的历史既是人类多种相互依赖关系的历史,又是大众管理所需要的控制他们情感与冲动形式的历史",而"每个历史时期与社会阶段都有自己的传播构

---

[1] 孟翛然,郭安沁.技术发生学的发轫及其背景[J].科学技术与辩证法,1989(05):59-60.

[2] 许立勇,于翠玲.中国近现代媒介技术演进与文化传播途径研究[M].北京:红旗出版社,2015:1.

型"。[1]传播构型中既有物质的交换，又有非物质的交换，而促使非物质的文化、知识、理念、信息得以交换的中介物，即构成人类信息传播结构的媒介技术。

历史的展开是在空间－时间结构中进行的，因而离不开媒介信息系统在时间与空间之上的调度与维系。伊尼斯等学者也探讨了媒介与人类存在之间的关系，并提出了"倚重时间的媒介"与"倚重空间的媒介"的概念，揭示媒介在文化传承与社会控制方面的作用。伊尼斯认为，空间问题是"军事问题"也是"政治问题"，而时间问题"既是朝代问题和人生寿命问题，也是宗教问题"，一个成功帝国的运作离不开对"倚重时间的媒介"与"倚重空间的媒介"进行平衡。[2]彼得斯在分析为何人们感知到互联网新媒体的强大作用时，指出互联网只是全方面地展示了古往今来所有媒介技术均拥有的特性，它们能够渗透到人类的整体生活之中，起到"基础设施功能"和"后勤功能"，即通过信息的传递起到组织、统筹、协调人类社会的作用，这种组织、统筹与协调之中甚至可以暗含政治或宗教偏向。[3]

无论是印刷媒介技术还是电子媒介技术，都为信息的广泛传播提供了可能，从而开启了大众传播和公共知识普遍扩散的新时代。爱森斯坦将15世纪50年代初德意志美因兹地区的机器印刷这一生产方式的变革称之为"传播革命"，她指出古登堡发明的印刷机推动了此后的文艺复兴、宗教改革、启蒙运动以及工业革命等西方现代历史进程。印刷术具有强大的保存威力，其固化功能及其带来的累积性变化深刻地嵌入到社会重构的不同层面，成为西欧变革的动因之一。爱森斯坦认为，"印刷机成了催化剂和协调的力量……使主流的连续和变革模式发生了根本的变化"。[4]

里尔斯和霍尔指出，古登堡将"所有这些印刷领域的技术革新结合成一种有效的生产系统……他创造的不是一种小配件、小仪器，甚至不是一系列革新，而是一种完整的生产工艺"，[5]这使得大规模的文字复制成为可能。公共知识的广泛传播"为脑力劳动的所有未来发展开启了书面文献资料的新道路……

---

[1] 马特拉. 全球传播的起源[M]. 朱振明，译. 北京：清华大学出版社，2015：8-10.

[2] 伊尼斯. 帝国与传播[M]. 何道宽，译. 北京：中国人民大学出版社，2003：5，19.

[3] PETERS J. The Marvelous Cloud: Toward a philosophy of Elemental Media[M]. Chicago: The University of Chicago Press, 2015: 8-38.

[4] 爱森斯坦. 作为变革动因的印刷机：早期近代欧洲的传播与文化变革[M]. 何道宽，译. 北京：北京大学出版社，2010：437.

[5] 里尔斯，霍尔. 技术的历程：中世纪到文艺复兴[M]. 汪前进，译. 杭州：浙江教育出版社，2013：70.

册子本的巨大容量直到16世纪古登堡之后的两代人才得到充分开发：它涵盖了资料的大众化和参考系统的发展这双重逻辑，而其全面完善是伴随着印刷术问世所促成的书籍数量的剧增才到来的"。[1] 这种知识信息的海量爆炸被认为与近代科学的崛起有直接关系，如默顿表示，"近代科学在……印刷术之后很快崛起……这绝非偶然……力量稍逊的技术不可能提供科学界需要的这种传播系统"。[2]

大众传媒的发展也推动了文字技术的民主化进程，"到了这个（15）世纪末，欧洲已经出版了上百万册的书籍，而截至1800年，这个数字已经上升到20亿"，"思想、知识和理念的洪流通过书籍、报纸、叙事诗和小册子等形式广泛传播，并大幅地提高了识字率——之前，这一直是修士和小部分世俗精英的禁脔"。[3] 对文字的掌握——包括写作与阅读能力——影响了"16、17和18世纪的个人化进程"，"读和写的能力使人们能与他人及政府建立新的关系。个人与写的关系越密切，他就越能从传统的生活方式中解脱出来"，识字率的提升和阅读的广泛流行使个人能够摆脱旧式生活的团体束缚。[4] 同时，哈贝马斯认为"市民阶级阅读公众在私人信件交往过程……能够培植一种具备文字能力并且与公共性相关的主体性"。[5]

因而大众媒介长期以来被认为是促进了现代主体意识，形塑现代人格的重要力量，能够帮助人们"意识到自身是社会发展的现实主体，以及对人类的内在本质、价值和自己在社会中的地位作用的明确意识，从而使组成人类社会的每个个体成为……肩负着一定社会责任感和历史使命感的现实人"。[6] 在电子媒介时期，也有着大量媒介与人的现代化关系的研究，均证明了信息媒介技术可以带来个体层面的改变。如丹尼尔·勒纳在分析大众传媒是否能够散播西方价值、实现中东传统社会转型的研究中，指出大众媒介能够通过"移情"（empathy）和"精神活动"（psychic mobility）的手段促进人的现代化，因其能使得局限在一定地理位置中的人了解外部的世界与外部的人，从而能够

---

[1] 巴比耶. 书籍的历史 [M]. 刘阳，等译. 桂林：广西师范大学出版社，2005：36-37.

[2] 何道宽. 凤兴集：闻道·播火·摆渡 [M]. 上海：复旦大学出版社，2013：250.

[3] 克夫顿，布莱克. 简明大历史 [M]. 于非，译. 长沙：湖南文艺出版社，2018：189.

[4] 阿利埃斯，杜比. 私人生活史3：星期天历史学家说历史（文艺复兴）[M]. 杨家勤，等译. 哈尔滨：北方文艺出版社，2013：101-102.

[5] 胡惠林，单世联. 文化产业研究读本：西方卷 [M]. 上海：上海人民出版社，2011：211.

[6] 戴俊潭. 电视文化与农民意识变迁 [M]. 济南：山东人民出版社，2012：67.

"站在别人的地位来看自己",实现角色的转换。[1] 在罗杰斯对于亚、非、拉三个国家的农村调查中,也发现农民的媒介接触状况与农民的现代化程度呈正比。[2] "国家的经济要有发展,必须有社会的改造,为了使社会得到改造,就必须动员人力资源,必须解决难弄的人的问题"[3],而大众媒介能够实现"人的转化",被视为解决了现代化国家建设的首要难题。

同时,大众传播时代的到来也促成了新的群体认同形成,"印刷术使得政治宣传成为可能。它凸显了不同社会集团,如国王和贵族、教会和国家之间的差异,这些差异为不同政治党派的形成打下了基础。印刷材料可以散布到公众中,那些看上去无足轻重的个人受到影响,开始加入某一社会集团。这样,被地理界限分割的人群便可以达成共同的认识,取得共同的身份"。[4] 洛文塔尔在对18世纪英国历史进行研究时发现以杂志为代表的大众媒介成为文学传播的重要场域,并根据不同阅读群体实现了分类传播,"它们中的大多数承担着'面对每个人的角色',包括对个人生活、新闻、流言蜚语和小说等方方面面的回答"。[5] 本尼迪克特·安德森认为印刷资本主义促成了想象共同体的形成,它使得被隔离在各地的人群有可能找到彼此间的文化关联,"印刷资本主义赋予了语言一种固定性","生产体系和生产关系(资本主义)、传播科技(印刷品)和人类语言宿命的多样性这三个因素偶然的,但又富有爆炸性的相互作用",促使了近代欧洲各国民族语言的产生和民族意识的形成。[6]

这些历史进程共同展现了西方现代化的世俗取向——将人从神学中解放出来,在历史意识上表现为人类从上帝手中接管了设计世界图景、创造历史的权力,因而"未来"被拉入到人类理性认知的范畴之中,"这个社会……生活在

---

[1] LERNER D. The Passing of Traditional Society: Modernizing the Middle East[M]. Glencoe, IL: Free Press,1958:47-65.

[2] ROGERS E. Mass Media Exposure and Modernization among Peasants[J]. Public Opinion Quarterly 29, no. 4(1965-1966):620.

[3] 施拉姆. 大众传播媒介与社会发展[M]. 金燕宁,蒋千红,朱剑红,译. 北京:华夏出版社,1990:9.

[4] 巴克勒,希尔,麦凯. 西方社会史[M]. 霍文利,等译. 桂林:广西师范大学出版社,2005:75.

[5] 洛文塔尔. 文学、通俗文化和社会[M]. 甘锋,译. 北京:中国人民大学出版社,2012:78.

[6] 安德森. 想象的共同体:民族主义的起源与散布[M]. 吴叡人,译. 上海:上海人民出版社,2016:42-46.

未来而不是过去的历史中"[1],"这是一个为未来而生存的时代,一个向未来的'新'敞开的时代"。[2] 印刷媒介的诞生促进了西方现代化转型,并深入参与到政治、经济与社会的变迁之中,同时也应该看到现代社会的深入开展也促使了媒介技术的扩散。人类在从"神学"手中接管历史的"祛魅"过程中,产生了理性与进步的时间观,从而有了对于社会的整体性的、有方向的安排,试图通过各项措施和制度使社会处于"合理化"状态,而以媒介为代表的中介工具在"理性工程"中也占据重要位置。

  这一历史时期见证了各种媒介创新发明的涌现,以及全球范围内媒介基础设施的广泛建设。在总体性的现代民族国家规划之中,物质、信息、财富的流动被视为能够促进社会的进步,民族国家既是媒介技术与社会各方面作用的社会后果,又成为塑造现代传播构型的重要力量,推动着社会的"理性化"发展。马特拉指出,"传播后来成了度量一个民族实力、社会福利、繁荣、文明和国民政治自由程度的尺度"。[3] 从物质性的基础设施来看,无论是18世纪的法国试图用理性来打破"恶"自然带来的隔离,以联合人群克服偏见,并在民族国家的框架下将道路等物质性的"中介"赋予公共载体(common carrier)的概念,促进民族国家作为有机体的良性发展;还是美国在19世纪建立了庞大的、低廉的邮政系统,将媒介基础设施纳入国家规制、赋予公共价值,以保证民众对公共信息的最广泛获取,[4] 都是试图用"理性"的媒介规划以增加整体社会财富。因而,长期以来媒介所有权与基础设施受到强有力的国家管制,以保证在民族国家范围内能够实现理性的社会规划,增进传播带来的福利。

  商业力量也被视为促进现代媒介发展的重要力量,商人群体通过对技术发明的市场价值进行预估,并匹配现代人群的信息需求做出商业投资决策,使得技术发明得以应用与扩散。在早期的电报发展过程中,摩斯就求助于私人资本的力量建设了跨越美国数个城市的电报网络。而广播电视媒介的发展则更是如此,大工业时代集聚经济的模式造就了城市化与人口的迅速集中,同时产生了相应的社会问题——原子化的个人应该如何适应复杂、流动的都市性。在职住

---

[1] 吉登斯,皮尔森.现代性:吉登斯访谈录[M].尹宏毅,译.北京:新华出版社,2001:69.

[2] 汪晖.我们如何成为"现代的"? [M]//张颐武.现代性中国.开封:河南大学出版社,2005:31.

[3] 马特拉.全球传播的起源[M].朱振明,译.北京:清华大学出版社,2015:59.

[4] 约翰.网络国家:美国电子传播的发明[M]//清华大学新闻与传播学院.全球传媒评论8.周洋,许有泉,译.北京:清华大学出版社,2013:50-55.

空间分离、公共空间衰退的状况下，一种新的生活形态开始浮现，即威廉姆斯所言的"流动的藏私"，这种状况是人"在闭锁空间里，却短暂地以为他是独立自主的中心"，回应"流动藏私"需求的是新的大众传播模式的出现——集中化的传播和私人的接受，以及以电视等为代表的私人大众媒介产品的出现。[1] 随着工业化的发展，尤其是消费社会的到来，媒介电子产品成为重要的消费种类。以美国为例，"20世纪头十年末期的一个特征就是，工业生产初次面向家庭消费者，在此之前，后者一直是靠非工业化的生产者来提供产品的。在此环境下，报纸拥有数十万的读者，钢琴制造变成了一种工业，留声机进入大众消费，照相机也出现了。钢琴、留声机、照相机和电话（1925年北美平均每两个家庭拥有一部电话）成为家庭财产的象征，以后又补充了收音机、电视和电脑"。[2] 在这样的历史过程之中，大众媒介通过私人消费的方式渗透到了人们的日常生活，也开启了深度媒介化的社会生活方式。

同时，资本主义的世界扩张也使得西方发明的新媒介技术得以遍布全球，交通基础设施的建设是用来获取物质性的原材料以及加快商品流动，而通信媒介工具尤其是电子媒介使得信息的传播脱离了物质性的交通概念，通过速度消灭了时间，实现了信息的实时全球性流通。同时媒介信息技术的全球扩张也成为一种政治跨国治理的工具，如英国殖民者在尼日利亚建立广播网络和移动影院的意图，是为了教育尼日利亚人，将他们发展为现代的殖民地公民。[3] 因而，媒介技术的扩张可以用以维持不平等的国际秩序，如固定的宗主国－殖民地体系，维持西方国家的经济、军事甚至意识形态在全球范围内的主导地位。另外，在全球的意识形态竞争中，尤其是20世纪社会主义与资本主义意识形态的短兵相接之中，各个阵营的领导国家都需要通过媒介来确定在全球的文化领导权。以美国为例，巴布鲁克指出在二战之后美国通过军事情报机构以文化赞助等方式，支持亲美的大众媒介，使得美国成为成功与进步社会的象征，以此贩卖关于"未来"的定义权。比如美国的冷战左派通过各种宣传活动，表明美国

---

[1] 威廉姆斯. 电视：科技与文化形式[M]. 冯建三, 译. 台北：远流出版事业股份有限公司，1994：13.

[2] 龙卡利奥洛. 新闻界与大众媒介[M]//戈帕尔, 齐赫文斯基. 人类文明史7：20世纪. 中文版编译委员会, 译. 南京：译林出版社, 2015：444.

[3] 拉金. 信号与噪音：尼日利亚的媒体、基础设施与都市文化[M]. 陈静静, 译. 北京：商务印书馆, 2014：10.

与正义事业为友，一举扭转此前欧洲人对美国人的负面印象。[1]在此背景之下，以美国为代表的发展传播学将大众媒介视为推动以美国现代化为方向的"全球一体化"的重要力量，并认为落后国家通过破除文化传统、复制美式民主可以实现向现代化的过渡，用西方的方式进行现代化转型。[2]

这种媒介的全球扩张模式也遭遇了巨大的挑战，以现代化为名的技术扩散、文化传播所服务的是谁的现代性？促成的又是什么样的现代性？对此，最为观点鲜明的批评者认为这种以中心－边缘的不平等秩序为特征的全球传播构型，所造就的只能是"文化帝国主义"。通过电视、电影、收音机、印刷媒介等，全球性的大众媒介在地方的社会结构中产生作用，"媒介帝国主义可以是论述文化帝国主义的方式之一……大众媒介正以平稳而快速的步调扩张其技术能力，在西方社会当中，它们对于公私领域的生活，夹其渗透、报道及再现的能力，已经具备非凡的影响效果"[3]。大众媒介被视为可以用以维持殖民秩序，这使得媒介技术的跨国扩散遭遇到民族主义的审视，如电报进入中国之初清政府认为电报的设置会使得本国的"利"（利益）与"权"（主权）受到侵害，因而默许各阶层对于电报建设的抵抗。[4]尤其是在20世纪各国民族解放运动的背景下，西方主导下的媒介全球扩散在进入具体社会结构时遭遇到各种质疑与反抗，展示出西方现代性在全球扩张时的不同历史命运。

3. 曾经的"新媒体"：社会与历史视角下的广播研究

新中国成立以来，各级人民政府的志书编纂部门，以时间为经、以事件为纬来记载广播电视发展历程，搜集的史料包括部门的历史沿革、重要制度、重大事件与重要历史人物行为事迹等。如中华人民共和国史广播电视编辑部编纂了《中华人民共和国广播电视简史1949－2000》（2003），各省、市、县在编撰省志、市志、县志的时候，内容中会循例涵盖本地的广播电视志，如四川省地方志编纂委员会编纂的《四川省志·广播电视志》（1996）、辽宁省地方志编纂委员会办公室主编的《辽宁省志·广播电视志》（1998）等。各地的广播电视局也编写了一系列广播电视志，如铜梁县广播电视局编纂的《铜梁县广播电视

---

[1] BARBROOK R. Imaginary Futures: From Thinking Machines to the Global Village[M]. London: Pluto Press, 2015: 186.

[2] 李彬. 欧洲传播思想史[M]. 上海：复旦大学出版社，2016：230.

[3] 汤林森. 文化帝国主义[M]. 冯建三，译. 上海：上海人民出版社，1999：44-45.

[4] 周永明. 中国网络政治的历史考察：电报与清末时政[M]. 尹松波，石琳，译. 北京：商务印书馆，2013：43.

志》（1986），《黄岩广播电视志》编纂委员会编纂的《黄岩广播电视志》（2005）等。这些广播电视志的重点在于对行业发展成果进行呈现，包括广播政策、用户数量、覆盖率、播放节目与内容、获得荣誉以及广播从业人员的工作心得等。

广播行业从业者所书写的回忆录也成为重要的广播史料来源。一些以广播工作者回忆文章为主题的书籍已经出版，如中华人民共和国史广播电视编辑部编的三本《当代中国广播电视回忆录》（1994、1995）、覃信刚主编的《声音的记忆：我与云南广播的故事》（2011）等。在各地政协编纂的文史资料中，也会散见广播从业者的回忆文章。同时，学术界也在进行大量的史料搜集整理工作，出版了一系列的史料汇编，如《新修地方志早期广播史料汇编》（2016）、《中国现代广播史料选编》（2007）等。广播史教材的编写也均是以史料考据作为基本内容，按照历史事实的时间顺序对中国广播发展历程进行如实叙述，如陈尔泰的《中国广播史考》（2008）、郭镇之的《中外广播电视史》（2005）、艾红红的《中国民营广播史》（2016）等。这些书籍中对史实的呈现能够让读者对中国广播发展历程有个大致的了解。

除了这些资料，中国广播史作为学术性的专业研究领域是从20世纪70年代末开始的。虽然研究对象的时间跨度不同，中华民国时期的广播史研究与新中国成立之后的广播史研究都吸引了一定的学术关注。龙伟、赵莉对1923年至1949年的民国广播做了全景式的描绘，指出作为新兴行业的广播给中国的文化、政治以及市民的日常生活带来了改变，广播起到构建影像世界、"观念的导航"的作用，"为民众提供了新的信息获取渠道，也为受众带去了新的感官体验"。[1] 李煜则从制度变迁的角度，探究民国时期的广播由"文明利器"向"党化工具"蜕变的过程，并进一步探讨了中国国民党确立的"国家决定性"广播制度及其获得的有限效果。[2] 李煜进一步指出，这种广播"国家决定性"的制度惯性，最终"丧失了广播作为大众媒介的现代性特征，成为附着在国家公权力之上的党国喉舌"。[3]

新中国成立之后的广播史研究多沿袭报刊（革命）史的研究范式，注重广播内容的分析与意识形态宣传功能的探讨。徐建飞在文章中指出，广播机构服

---

[1] 龙伟，赵莉.媒介与社会：民国广播史论.北京：中国广播影视出版社，2016：212.

[2] 李煜.中国广播现代性流变：国民政府广播研究（1928—1949年）.北京：中国传媒大学出版社，2017：4.

[3] 李煜.历史视野下的国家与广播[J].现代传播（中国传媒大学学报），2013，35（7）：24.

务于社会主义建设需求，配合政党进行意识形态宣传与政策方针贯彻。[1] 在对新中国成立后的广播大会的研究中，"集体收听"被视为一种有效的群众收听形式与政治动员的重要手段，"强化人们对新型社会的预想和热情"。[2] 无论是对广播"为广大人民服务"宗旨的强调，还是其在内容议程上对社会共识的制造、在传播范围中跨越城乡的努力，均表现出了建国后广播的"公共性"和人民主体性。[3]

对乡村有线广播的研究也已经展开，李盛指出新中国成立初期农村有线广播网的兴起有三个原因：整合基层党组织的需要；普及社会主义思想文化的需要以及人民公社运动高度动员能力的需要。[4] 作为全新政治宣传渠道的农村有线广播网有效地推动了农业合作化的进程，有力的证据是"有线广播在1956年和1958年有两次较大的发展，这与1956年高级合作社的急速发展和1958年人民公社的迅速成立正好吻合"[5]。同时，乡村广播的内容配合国家政策展开，在乡村中宣传了新婚姻制度、新的土地观念和新的民族国家观念，这些节目内容的宣传，极大地改造了乡村旧有的思想观念。[6]

同时，社会主义文化形态如何与广播这一听觉媒介相结合成为重要的研究问题。广播收音网、有线广播网和田头广播被认为是中国共产党动员乡村民众走社会主义道路的重要媒介，乡村广播以其新颖、广泛、流动的性质在乡村社会赢得了听众，并让他们从听觉中感受到了社会主义形象。广播电影与视听中的社会主义改造、戏剧展演、日常生活的革命化、冬学民校与识字中的政治教育、办报读报与文字媒介的接触和使用共同构成了乡村的政治传播网络。李乐认为乡村政治传播网络成立的动因中，"最根本的乃是教育农民进而引导他们

---

[1] 徐建飞. 新中国成立初期的大众传媒发展与马克思主义传播：以《人民日报》《学习》杂志、中央人民广播电台为中心的考察 [J]. 编辑之友，2014（7）：108.

[2] 武慧芳. 从媒介形态视角看新中国成立初期的广播大会：以20世纪50年代天津广播大会为例 [J]. 山西高等学校社会科学学报，2012，24（7）：112.

[3] 黄艾."人民本位"：建国初期广播事业的"公共"话语实践 [J]. 现代传播（中国传媒大学学报），2014，36（12）：167-168.

[4] 李盛. 建国初乡村有线广播兴起的原因探析 [J]. 新闻研究导刊，2014（7）：123.

[5] 刁小行. 政治传播视角下的中国乡村有线广播 [D]. 武汉：华中师范大学，2008：26.

[6] 朱沁远. 有线文艺广播与乡村文化改造（1952－1966）[D]. 南昌：南昌航空大学，2015：38.

走集体化道路"。[1] 徐志伟指出，全国电台在农村播出的文艺节目起到了政治整合的作用，参与了新中国"共同的价值观、理念、信息和文化表达方式"的建构。[2]

Wei Lei 指出"宣传"是解释毛时代媒介作用的主导概念，但要探索广播在中国现代化过程中的作用，需要有一个超越宣传的框架，去审视广播如何介入日常生活，包括分析聆听的物质性与形式、广为流行的不同广播类型等。[3] 云国强、吴靖对中外广播制度的生成历史进行钩沉梳理，从19世纪电报、留声机、电影等传播媒介和储存媒介的社会使用开始，考察了广播制度的建立过程与现代国家秩序生成之间相互塑造的关系，指出围绕着视听媒介的集体消费建立起了20世纪人类社会以民族国家为单位的共同文化和集体记忆，但在"公共利益"和"自由企业"意识形态摇摆中，各国确立不同的广播制度。他们指出，对"公共性"的维护是一个不断博弈的复杂过程，并呼吁促进公共服务视频业的发展。[4]

在对苏联广播史的分析中，Lovell 指出广播是苏联社会主义革命后产生的全新媒介，但对苏联广播史的研究需要超越宣传和媒介审查的框架。他指出文化并不仅仅是政治的附庸，并将重心更多地放在广播基础设施建设、广播内容、受众分析以及社会影响上。Lovell 认为建设广播基础设施以及制造广播内容的过程中需要经常性的政策决定，这些决策有各方力量的参与，如在战争过程之中动员民众的需求开辟了公众广播表达的空间，1920年关于建设苏联有线广播的决定以及战后对无线设施的转向，形塑了此后国家的政治、社会和经济图景。作者写作的历史时段横跨半个世纪，描述了广播从一个僵化的国家垄断事业逐步分裂成活跃的由多元化主体运行的过程。[5]

Craig 描绘的是两次世界大战期间占据美国一半人口的农村家庭听上广播

---

[1] 李乐. 教育农民：浙东乡村社会变迁中的政治传播1949－1962[M]. 上海：复旦大学出版社，2016：56.

[2] 徐志伟. "十七年"时期农村广播网的建立及其对农村文艺生态的重塑[J]. 文艺理论与批评，2020（06）：50.

[3] LEI W. Beyond propaganda: The role of radio in modernizing China in the socialist era 1949－76[J]. Interactions Studies in Communication & Culture, 2016，7（3）：297.

[4] 云国强，吴靖. 重新寻找公共领域：时间、空间与"广播"的生产[J]. 新闻与写作，2018，No.408（06）：55.

[5] LOVELL S, Russia in the Microphone Age: A History of Soviet Radio1919－1970[M]. Oxford: Oxford University Press, 2015: 216.

的故事。他指出，进步主义时期是乡村广播出现的历史语境，当时美国社会改革者们试图通过各种方式增进农民的福祉。与汽车、电话、电力等现代化技术相比，广播是唯一无需太多基础设施建设的现代化技术工具，因而广播被美国政府以及商业机构所运用，将城市文化与消费方式介绍给乡村听众。通过详细描述两次世界大战期间农村广播节目内容、商业推广模式以及农民收听状况的演变，他指出广播在两次世界大战期间美国乡村的社会转型中起到了关键的作用，广播声音弥补了城乡的沟通鸿沟，参与到对农民的国民性建设和现代化转型之中。[1]

Elena Razlogova 在对美国早期广播的历史分析中指出受众的声音是美国广播内容生产、类型建构和社会运作的重要组成部分。[2] 在美国早期的广播历史中，有两种竞争性的广播声音，一种是理性的、个人主义的、清晰的、公司化的，而另外一种则是感性的、公共的、嘈杂的以及大众的。听众们通过写信、发电报、在粉丝杂志上写评论等方式与商业广播体制下的公司"作对"，并在1940年代、1950年代试图复兴地方广播。

对广播的使用史的研究也开始浮现，研究者将"听广播"视为一种具身性的建构（embodied articulation），广播规训出一具具听众身体，教会了人们应该如何去听广播，听广播作为一种文化活动创造出了现代性的听觉行为，其特征涵括声学空间的个人化、声音的层级化以及听觉与其它感觉的分离等。听广播行为的私人化也创造了"分心的公众"，广播声音通过肥皂剧等方式编织入人们的常规生活之中，成为交谈、闲聊和幻想的素材，同时受众也被大公司通过声音诱入消费文化之中。[3]

从国外对广播的历史研究中可以看到，新文化史的兴起使得社会-文化史框架成为广播史研究的新趋势，由此产生了许多新的问题意识。同时，逐步增多的从社会物质性（socio-materialism）维度开展的研究，使得对广播史的考察融入到媒介技术与现代性变迁的整体历史书写之中。既有的中国广播史研究，多将广播内容、广播机构、广播机制作为研究对象，鲜有将广播作为社会

---

[1] CRAIG S. Out of the dark: A history of radio and rural America[M]. Tuscaloosa: The University of Alabama Press, 2009: 162-163.

[2] RAZLOGOVA E. The Listener's Voice: Early Radio and the American Public[M]. Philadelphia: University of Pennsylvania Press, 2011: 3.

[3] LACEY K. Listening Publics: The Politics and Experience of Listening in the Media[M]. Cambridge: Polity Press, 2013: 131.

工程加以考察的。这导致对广播的历史分析缺乏一种系统性的视角，甚至忽视了对广播扩散的社会效用过程进行分析。同时，现有的广播史研究呈现出一种内在的断裂性，将广播发展史按照新中国成立前后划分为两种研究方向。这样的研究取向忽视了断裂和连续同时出现在现代中国的发展过程之中，由此放弃了对很多问题的进一步探索。本书试图将技术和基础设施放在广播史研究的中心位置，试图将对农村广播网历史的研究放置到更长时段的历史洪流之中，探索媒介与现代中国这一议题的历史延续性。

三、研究方法与行文结构

本研究将采取历史研究的基本方法，试图通过对史料等历史存留痕迹的考察，重现人类过去的场景。因而，在研究中需要应用到获取、鉴别史料与书写历史的一整套技术，包括将真实与或然的相关证据逐一比较，以了解历史境况中所有行动者的行为动机和过程，并最终将历史过程进行合乎逻辑的解释重述等。

历史研究需要一个明晰的研究问题，并由此问题开始着手进行材料的收集、甄别与史料考证。在本研究中，要去历史性地考察农村广播网的生成历史，首先要大量地搜集各种与农村广播相关的官方史料、档案资料、地方志、个人口述史、回忆文章、回忆录等相关史料，并且要对文献进行评估与考证，将其放置到具体的历史语境中进行分析研判。由此，"何人、何事、何地、何时、何以为此"等诸多问题伴随着好奇心依次浮现[1]，研究者在获取史料的过程中对农村广播网发展历史过程中参与各方主体及其社会行动有了更加清晰的了解与认知。

历史学者需要在海量的资料之中建立自己的理论分析框架，对历史资料做出理解与阐释。因而写作者需置身于历史资料之中，通过对资料的汇集、分组寻找历史资料内在的模式，并以诠释、构建等方式去勾连历史资料之间的联系、嫁接历史资料之间的断裂性。诠释历史事实的过程实际上是让"过去和现在经常地得以中介，"[2]而中介者身处现在，位于线性时间的下游，其掌握材料充分与否、对历史本体的理解是否贴切真实，均会影响其对于历史的叙述。因而，

---

[1] 马里厄斯，佩吉.历史写作简明指南[M].党程程，译.成都：四川人民出版社，2018：12.

[2] 加达默尔.真理与方法：上卷[M].洪汉鼎，译.上海：上海译文出版社，1999：372.

并不存在一个客观主义的、唯一的、排他的历史讲述,写作者只能依据自己掌握的材料,在史实分析与理论辨析的基础上无限追逐对过去的历史再现,正如斯坦福所叙述的:

"我们能做到的最佳程度,就是将较理想的观点(真理的符合理论)用于现有的证据。当我们开始从证据进行推论时,我们所思所论的乃是往昔是什么(因此,不是现在)。这样,我们就不能运用符合理论,只能运用一致性理论。只能说,历史中的真相是我们追求的目标。它就好像是罗盘上的磁针指向北极,我们则是以前的航海家,几乎不敢奢望有朝一日能抵达那里。"[1]

因而,历史学家的想象应该与证据呈现出一致性,"一切历史都必须与它自己相一致"[2]。历史学者能做的,就是尽力地获取史料并在此基础上寻求一种"逻辑自洽",帮助历史的旁观者建立一道进入历史之中、理解历史行动者逻辑的方便法门。历史写作就是将各种各样的史料编织到历史社会结构中的过程,最终的文本呈现也将依照历史流转的线性逻辑,在宏观的社会经济结构与微观的人类日常生活之间搭建一个共时性的对话空间,让读者得以进入具体而微的过去之中。在本书的历史写作中,具体的章节安排如下:

第二章讲述的是古代中国的传播构型及其近代转型,这一章叙述的时间跨度较长,首先是整体性地描述了漫长的古代中国用于信息、人、财、物流动的传播构型及其特征,并指出将知识阶层和农民大众二分的传播构型如何服务于农耕社会的稳定运行,又如何在近代帝国危机之中成为被打破的对象。也正是在寻找出路的过程中,农民从话语结构的边缘,成为民族苦难的缩影,又成为开启新社会的潜在力量。而新的传播构型转型也是试图通过信息文化技术凝聚人心,实现民众的团结与民族的振兴。

第三章将目光投向百废待兴的新中国。"时间开始了",这意味着一个崭新的国度将延续大一统的治理格局并开启社会主义建设的实践。为了在文盲众多、地域广阔的国度实现"人民知晓",打破各地获取信息不同步的固有局限,作为新媒介的广播被寄予厚望,并以全国广播收音网的形式加以建设。由此,从中国共产党治理之下的县域开始,通过广播收音网与乡村宣传网的联动、收音员下乡、农村收音点建设等方式,中国的全体农民逐步被纳入全国同步的信息获取网络之中。

---

[1] 斯坦福.历史研究导论[M].刘世安,译.北京:世界图书出版公司,2012:248.
[2] 柯林武德.历史的观念[M].何兆武,张文杰,译.北京:中国社会科学出版社,1986:279.

第四章讲述的是有线广播这一技术方案何以被选择为一个主流的信息传播方案，并在中国农村得以普及的过程。将有线广播用于对农民传播信息，这是吉林九台县（今长春市九台区）的一个偶然性地方技术创新，但最终它成了新中国第一个对农民中长期规划所确立的全国性方案。本章探讨了这个方案获得全国推广的社会历史背景，并阐述其背后所暗含的社会规划与文化想象。农村有线广播网的建设在20世纪50年代末60年代初，经历过扶摇直上的高速发展，也经历了飞流直下的重大挫折，为何它会遭遇如此命运，本章也将会做出详细的探讨与分析。

第五章谈及50年代末遭遇挫折的农村广播网何以在六七十年代复苏，并最终成为中国农村唯一的大众媒介。无论是对工农业关系的调整，还是备战与"文化大革命"的需求，60年代末又一次兴起了"大办广播网"运动。通过赤脚广播员制度和群众通讯网络的建立，农村广播网成为公社、大队以及生产队部分自主的信息系统，参与到了乡村的日常生产建设与社会组织过程之中，也渐进地改变了农民的日常生活与对世界的感知。本章将重点探究这一套乡村信息系统得以顺利运行背后所蕴含的文化政治与技术哲学。

第六章为本书的结论部分，它对整本书的历史叙述做了更为精要的总结，既探讨了作为信息与文化技术的广播网何以跨越城乡的鸿沟，成为乡村唯一的大众媒介，又分析了何以50年代末和60年代末的两次大建有线广播网热潮有着不同的历史命运，探讨这背后的历史逻辑与经验教训。本章还试图让过去与未来对话，指出农村广播网作为组织、动员最广大民众的重要基础设施，展示了联合人群的巨大潜力，而这些具有能动性的人可以在实践中创造新的历史。

第二章　大国治理的文化技术：历史形成与近代转型

一、古代中国的传播构型：历史形成及其特征

1. 大国治理的文化信息方案："大一统"取向的传播构型

当我们回望过去，通常将漫长的传统中国以"古代帝国"的名义冠之，如果以不同的景深、焦点去观察，在不同的语境、时空之中去辨析，多样性与复杂性、变与不变一直萦绕在帝国历史的上空——无论是在战争与和平、分裂与统一、乱与治这些重大历史转折时刻，还是在制度人事、习俗神话、物资运转等维系帝国运转的琐碎日常中。如果要论所谓古代中国的"中国性"，即自秦以来两千多年的历史中较为稳定的部分，如下两点不可或缺：

一是长久以来中国是一个由自给自足小农经济为主体构成的农本社会。农业是古代社会最主要且最重要的经济部门，农民是占绝大多数人口的职业群体，散落在各地的村落是容纳帝国人口最主要的物理空间。农业社群也形成了中国经济结构的基本单元，也塑就了农业人口的生产生活方式，如冀朝鼎所观察的，"中国的经济结构，最初是由千百万个在不同程度上能自给自足的村落所组成，这些村落一般都是为了行政管理与军事行动上的需要而编制成的一种较大的组织形式……这些地区性的组织是高度自给自足的，且彼此间又互不依赖"。[1]

二是在这样一个农本社会中，"大一统"被选择为维持社会持续的组织方式，并且在两千余年的帝国历史中，中国统一的时间要远大于分裂的时间。"九州同""天下定于一""天下一统""天下为公""以天下为一家、以中国为一人"被自然化为应然的中国人的存在方式。即便是近代巨变、军阀混战、外敌入侵之后，"中国历史与疆域仍旧大体在'大一统'的格局下延续"，"大一统"也

---

[1] 冀朝鼎.中国历史上的基本经济区[M].朱诗鳌，译.北京：商务印书馆，2014：10.

被视为"'中国'作为一种知识体系,以及中国作为一个政治区域,在世界范畴内所具有的最大独特性"。[1]

古代中国的这两个特征之间充满了矛盾,前者意味着在自给自足、生产力极低的状态下,对分散的农业村落进行统一管理是个天然的难题。在传统社会落后的交通状况之下,分散在四处的村落加大了统一的精细化管理成本,而这是生产工具落后状态下的小农经济生产方式所难以支付的,即时、有效的跨区域管理难以成为可能。如果用目光扫视一下中国乡村,会发现不同生活群落的异质性随处可见,呈现出"十里不同风,百里不同俗"的状况。以山川河流、通用方言、宗教习俗为界,中国大地上的人群被划分成一个个不同的文化共同体。在自给自足的小农经济下,区域内部的经济生产和交换已可以满足大多数人口的存续与再生产。加之古代交通、通信状况均不发达,很容易形成某个区域偏安一方或者几个区域群雄割据的局面。

而"大一统",则是通过郡县制等一整套制度设定实现了中央对各地的直接、统一管理。很显然,这是一种对于分裂与各自为政的克服,也是对分散的自然经济聚落式生存方式的一种超越。作为一项长期的制度设计,郡县制自秦而始。在北却匈奴、南开百越之后,秦王朝设立各郡,使得"六合之内,皇帝之土……人迹所至,无不臣者",自此打破了各地封建贵族各自为政的旧格局。这一制度设定,最直接的目的是防止分封制导致的潜在动乱分裂危机,并由此开辟了官员由君主任命、也仅对君主负责的中央集权治理模式。"中国,从秦代起,一直是'大一统'的帝国。'大'是国土大、疆域大,'一统'是制度统一、政令统一、文化统一",[2]自此"海内为郡县,法令由一统",并成为一种绵长有力的历史惯性,在现实政治的真实世界中持续运作。

对于中央集权的制度路径选择,魏特夫曾用"治水社会"一词试图说明中国这一东方文明的本质,他指出,"治水社会的建设、组织和争敛财富的活动往往把一切权力集中在一个指挥中心:中央政府和最后集中到这个政府的首脑即统治者手里。自从治水文明开始以来,国家的不可思议的权力往往集中在这个中心……"。[3] 这种单一中心的高度中央集权的治水社会,在魏特夫看来

---

[1] 殷之光."大一统"格局与中国两种延续性背后的普遍主义:评《儒法国家:中国历史的新理论》[J]. 开放时代,2016(5):44.

[2] 李零. 我们的中国:第 1 编 [M]. 北京:生活·读书·新知三联书店,2016:12.

[3] 魏特夫. 东方专制主义:对于极权力量的比较研究 [M]. 徐式谷,奚瑞森,邹如山,等译. 北京:中国社会科学出版社,1989:19.

是前工业文明时代资源匮乏状态下的一种生活秩序和治国手段,"会阻止一切非政府性质的团体在组织上的结合……国家是一种名副其实的'工具'国家",中央集权被命名为"东方专制主义",并被有偏见地认为是极权主义的东方来源。

这种思维路径将国家与社会置于抽象的二元对立的两端,抽离了具体的历史语境,但撇开魏特夫历史话语建构中的东方主义视角和意识形态滤镜,治水的确可以作为象征,用来理解为何古代中国人选择中央集权作为国家组织方式。尽管古代中国最重要的经济部门——农业的生产方式是小农个体生产为主,但农业生产依赖周遭的自然环境并受当时的技术条件制约,这使得"联合"在某些特殊情境下成为必要之举。而水,就是一项至关重要的制约农业生产的资源要素,无论是旱魃为虐还是洪水横流,都会冲击到农业生产的顺利进行,进而影响到社会生活生产的正常运转,乃至最基本的人类族群生存。水的匮乏或者泛滥莫测,使治水成为一项重要的、必要的与长期的社会实践。水善利万物,古人早已觉知其对于人类的重要意义,也早已觉知其固有属性——"水者,地之血气,如筋脉之通流者也",它是流动的、跨区域的,于四面八方融汇,又流向大地各处。面对这样一种强有力而又跨区域的自然存在,要治理好水,必须要有一个中心进行全面有效的人员组织与资源调配。

要维系"大一统"在广泛空间内的实际展开,能够有效地利用中央集权的郡县制对全境进行治理,则需要一系列社会制度与文化传统的联合运作,使得中央能够对全境范围内的人员、物资进行有效控制与调动,保证军队、官僚系统等国家机器以协同节奏运转。其中,最重要的政治经济基础是中央一直保持着对国境内基本经济区的控制,冀朝鼎论述了基本经济区对于统一全中国的重要意义:

> 在缺乏机械工业、现代运输与通信设备和先进经济组织的条件下,要实现现代意义上中央集权的国家则是不可能的。在这种情况下,中国的统一与中央集权问题,就只能看成是控制着这样一种经济区的问题:其农业生产条件与运输设施,对于提供贡纳谷物来说,比其他地区要优越得多,以致不管是哪一集团,只要控制了这一地区,它就有可能征服与统一全中国。[1]

---

[1] 冀朝鼎.中国历史上的基本经济区[M].朱诗鳌,译.北京:商务印书馆,2014:11.

鲁西奇进一步论述，这些被帝国首要控制的区域为核心区，"通过控制核心区以控制全国，亦可概括为通过控制局部以控制全局"。在"核心区之间，是王朝控制力相对薄弱的'内地的边缘'……通过控制这些核心区，实现并不断强化对'内地的边缘'与'帝国的边疆'的控制"。因而，核心区是"帝国政治体系下中央集权制得以确立的政治与经济基础之一"，要保证核心区的稳定，就需要"通过剥夺其他地区的利益，将武力、财赋、人才及文化资源集中于核心区，并以给予核心区以特殊优惠政策等途径，强化其相对于其他地区的优势地位"。[1] 由此，对核心区的绝对控制、保持核心区的优势成为帝国统治最重要的一环，也形塑了用于人、财、物、信息流通的帝国传播构型，并以此开展了帝国范围内的基础设施建设，用于流通或者隔绝。

为了实现人员、物资、信息的全境流通，自秦统一六国以来，"车同轨"解决了各区域交通工具尺寸不一的问题，使得车辆能够在全国的道路上自由行驶。在控制了核心区之后，中央政府需要建设各种交通基础设施加强帝国中心对于其他部分的辐射，秦朝就通过驰道、直道等的建设，形成了以都城咸阳为中心的交通网络系统。[2] 以政治中心为核心发散建设的秦驰道模式，成为此后历代王朝道路建设的一贯逻辑。当然，随着政治重心、经济重心的改变以及边疆关系的变迁，不同王朝会重新调整交通网络的重心。以隋朝的大运河工程为例，隋炀帝"发民工百万"而形成的以洛阳为中心的水路网络，用两千多里的运河连接了黄河、长江、海河、淮河、钱塘江，并成为南北贯通的经济命脉，使得繁荣的江南能够为北方边境军事提供快速的后勤响应。

嫁接在道路、河流之上的亭、邮、驿、传，是设立在道路交通基础设施之上的组织机构，用以襄助人员与物资以及信息的流动，保证对于管理疆域的有效控制。根据实际需求，这些组织机构的设置密度不一，在秦汉时期，"大率十里一亭，亭有长……其民稠则减，稀则旷……'邮'是传书的机关，也可供人止宿，其设置较亭为密，而是'五里一邮'；'驿'是供给传书者交通工具驿马的机构，'传'是供官吏乘坐车的机构，驿与传多共置。并规定'三十里一置'"。[3] 中国历代的邮驿制度用以远距离运送物质、人员与传播信息，邮驿除了"传命"的职能，还要送往迎来，为出差官员们提供食宿和交通条件，有时

---

[1] 鲁西奇. 中国历史的空间结构 [M]. 桂林：广西师范大学出版社，2014：164-165.
[2] 王育民. 中国历史地理概论 上册 [M]. 北京：人民教育出版社，1985：403.
[3] 王育民. 中国历史地理概论 上册 [M]. 北京：人民教育出版社，1985：405.

还要运送公物，是一种融官方通信机构、交通设施和馆舍三者于一体的存在。[1]通过步行和车辆、马匹、船只等交通工具，邮驿支撑起了广阔空间内的信息传递活动，使得政治中心与其所管辖的各地顺畅连接起来，消息可以四通八达，人物可以畅通无阻。驰道及运河等道路基础设施，保证了赋税、物资、人员从"内地的边缘"汲取并运输到核心区域，也使得进行公共工程建设时——如大型水利工程或战事防御工程等在面临危机状况时，如饥荒、边疆战事或者内部叛乱时——中央可以自由调用境域之内的各种资源。

除了用以促进流通，亦有人造的基础设施用于人、物、信息的隔绝，这是基础设施的另一面——用以隔绝传播或者控制传播的速度、方向。正如《资治通鉴》中表明的，"天设山河，秦筑长城，汉起塞垣，所以别内外，异殊俗也"。在农耕民族与游牧民族长期共存的历史时空中，把长城、塞垣等设置在农耕文明和游牧文明的交界之处，是为了阻挡游牧民族跨越边境进行掠夺，压制挥之不去的动乱隐患，服务于农耕文明的长期稳定发展。这些"隔阂华戎"、隔绝流通的人造物，与促进流通的人造物，尽管作用方向不一致，是为了实现帝国对于资源的跨空间调用、对空间的排他性有效统治，防止潜在的分裂与竞争造成的动乱，但这共同形成了"大一统"政府主导的公共工程景观。

在电子媒介产生之前，信息传播的渠道与物资流通的交通基础设施尚未分化，用于人员、物资、信息交流的物质性基础设施如道路、桥梁、运河等交通基础设施状况，能够决定信息传播的速度与方向。服务于中央"大一统"统治秩序、服务于沟通帝国核心区域的交通网络也形成了一种不平等的信息传播格局——在中央、在帝国的核心区域，可以通过陆驿、水驿等方式获知帝国其他区域的消息，而在交通网络之外的区域，想要互相了解对方的讯息便难于上青天。修路架桥所需要调动的人力、财力资源众多，尤其是在古代的技术条件下，物质性交通基础设施的建设并非易事，"普惠"几无可能。因而，服务于核心区、服务于统治中枢的交通传播网络，保证了对帝国核心区域的掌控，从而成为当时历史情境之下"大一统"治理的配套措施，构成了中国古代传播构型的物质性基础。

但欲达成"令海内之势如身之使臂，臂之使指，莫不制从"的理想状态，则需要"天下归心"，有着对一统国家的文化认同。"一统的国家需要一统之观念与之对应"，萧延中论证了从祖先崇拜到"圣王"崇拜乃至构成新共同体政治认同的历史脉络，"春秋战国时期各诸侯'追根寻远'，宣其祖先功德以为

---

[1] 刘广生，赵梅庄. 中国古代邮驿史 [M]. 修订版. 北京：人民邮电出版社，1999：3.

其正当性之凭据的各方神圣渊源被集中起来，汇集成了一条想象的政治-文化'血脉'，分散的氏族祖先凝聚成统一的圣王-象征'系列'，而由这一'文化血脉'和'象征系列'发挥新共同体政治认同的功能"。[1]作为政治象征的天子治理着"车同轨、书同文、行同伦"的天下，襄助天子实现帝国治理的就是由人组成的文武官僚系统，调动着人、物、信息在全境范围内流动，沟通核心区与边缘区、中央与地方。要实现中央、地方的信息协同，使得全国在同一的法令之下运转，就只能借助于文字，因而古代中国的官僚系统是以文字为中心进行运转的。帝国的管理精英只能在识字阶层中进行选拔，而这个阶层的规模也是处于变动之中的。在纸张尚未发明并普及的年代，作为书写工具与信息存储介质的甲骨、金石、简牍与绢帛价格高昂，因而识字的成本是普通平民百姓难以承受的。识字作为垄断性小众技能的状况，直到唐宋才得以改变，包伟明详细论述了9到13世纪即唐代后期到宋代中国社会出现的识字率变化，指出识文断字者比例大幅度增加是多种力量作用的结果：

> 促进唐宋转折过程中社会识字率提高的原因是多方面的，例如由于商品经济发展所引起的经济关系的契约化，商业经营规模扩大，信用制度发展等等，都有赖于经营者识字水平的提高；城镇经济的繁荣，面向市民的新型娱乐形式如说书、话本等发达，也离不开识字率的提高。此外，当时人们思想倾向的转化，变得更钟爱儿童，更细腻、更情感化，也促使他们更加重视对儿童的教育。不过最为直接、影响最深刻的原因，恐怕还在于科举制度发展和雕版印刷术普及这两个方面。[2]

科举制度成为选拔官员的主要途径以及雕版印刷术的发展，使得平民阶层更加有动力且有能力去读书识字，试图成为官僚阶层的后备力量。也是此后，整个中国社会崇文之风盛行，士人阶层人数膨胀，使得"凡今农工商贾之家，未有不舍其旧而为士者也"。这个数量可观的识字阶层，散落在帝国各个角落，他们均可能通过科举选拔考试成为统治阶层中的一员。他们的一头是自己所生长的乡里乡土，另一头则是处庙堂之高的中央帝国，成为帝国的毛细血管联系上下，既是维护等级制度的中坚力量，又是维护地方社会与中央关系的黏合剂。同时，文字也形塑了中国的政治文化，苏力在其《大国宪制：历史中国的

---

[1] 萧延中. 中国思维的根系研究笔记[M]. 北京：中央编译出版社，2020：156.

[2] 包伟民. 传统国家与社会 960－1279 年[M]. 北京：商务印书馆，2009：304-305.

制度构成》中将"书同文"论述为一项重要、根本的宪制,他指出,"文字的出现与政治无法分离,是政治中心通过代理人对较大区域展开规则统一的治理之必备……一个和平的、理性的,依据法令由政治/文化精英治理的,疆域人口均史无前例的统一大国。其中就有书同文的制度塑造",而"精细表达、阅读和琢磨的习惯,迫使人们注意力持续高度集中,反复思考和琢磨文字,重视准确交流和细细体味,培养出精细入微的文字表达能力以及与之相伴的文字理解力",也形成了规范中国社会运行的"深思熟虑的政治"与"理性政治"。[1]

古代中国通过"书同文"统一了文字符码,当掌握文字工具的"士人阶层"遍布各郡县时,从中央到地方的"大一统"国家信息协同得以成为可能。各地的士子通过统一的选拔考试进入国家管理序列,被中央分配到政权所辖的每一个角落,他们都能用文字进行沟通,保证了政令、信息能够在中央、郡县之间顺畅流通。文字不仅造就了帝国治理的日常信息交流系统,它也打破了面对面交流的局限性,使得人类的情感、经验可以跨越时空进行交流,既锻造了知识阶层的思维方式和表达能力,也使得他们进入共同的历史叙述之中。统一的帝国法令、统一的经书典籍、统一的科举晋升之路,使得来自各地、背景迥异的帝国精英们有了统一的文化和认同感,从而"弥补了帝国控制能力的不足",[2]将异质性空间纳入有效的统一管理之中。

因而,古代中国"大一统"取向的传播构型形塑了大国治理的文化信息方案,这一传播构型由几个层面构成:首先,在物质性的基础设施层面,以交通基础设施为代表的信息传播渠道是有中心、有重心、有方向的,其优先保证的是物资、人才、信息在帝国核心区之间的流动,而帝国的政治中心也正是整个物资、人才、信息流动网络的中心。其次,在传播工具层面,文字成为高效的信息符码被运用,通过以文字为中心的信息系统,帝国代理人可以有效地管理辖区,使得各地的资源在皇权的指挥下调动自如,以应对影响帝国稳定的一切变数。即金观涛等人所说的封建社会通过拥有"通讯工具"的"儒生"来管理官僚机构、实现国家统治,从而形成了政治结构与意识形态结构的一体化。[3]以能否熟练掌握文字为分水岭,皇权的代理人——识字的帝国政治、文化精英开始有别于不识字的庶民,拥有了与不识字者泾渭分明的人生路径。精英们是

---

[1] 苏力. 大国宪制:历史中国的制度构成[M]. 北京:北京大学出版社,2018:347-354.
[2] 赵鼎新. 中国大一统的历史根源[J]. 文化纵横,2009(6):102-106.
[3] 金观涛. 在历史的表象背后:对中国封建社会超稳定结构的探索[M]. 成都:四川人民出版社,1984:13.

国家的,他们的脚步可以遍布全国,他们的实践可以进入历史。也正因为其生活实践与自我认同均具有某种程度的时空超越性,中国的知识精英才能够孕育并推崇一种更广泛意义上的天下观——以我为中心的、对于更大世界的认识论与知识论,乃至于追求一种涵盖天下地理空间、天下人民公意的一种行之有效的世界制度。[1]

2. "县以下"的文化信息传播构型:农民的生命世界

对于古代中国的运行状况,不同的学者有着一个较为一致的判断:在古代中央集权的农本社会,正式的中央行政管理体系通常下探至县,而"县以下"的人群在组织方式、治理模式甚至生存方式上与"县以上"均有所区别。"县以下"的区域,即广大农民的栖身之处,它是与天下中国相对应存在的、深植于本地实践的乡土中国。

这种"县以上"及"县以下"的分野,首先是因其生活世界的不同。"县以上"的城市,在古代表现为大大小小的城郭,它们政治经济地位重要,通常为各级行政管理组织的驻地。城市从一开始的军事防御空间,到后来形成了城中有市的混杂居住空间,里面居住的人群从周公建立东都成周时候的"国人、迁居殷民和驻屯军队",逐渐演变为"官僚、地主、商人、手工业者"以及人身依附于这些群体的奴仆,其实就是帝国统治精英以及服务于统治精英的各色人群。[2]而城郭之外的广大乡野中,居住的多为从事农业生产的农民(包括佃农、自耕农、雇农等)。由于土壤、气候等特定自然环境制约,长久以来中国农民最基本的耕作方式为精耕细作,播前耕地、播种、中耕、收割以及水利灌溉、施肥、除草除虫等一系列工艺使得农业生产中的劳动力投入十分密集。[3]于是农民的日常生活围绕着土地,过着较低水平、自给自足的生活,当然也会频次较低地前往周期性集市参与商品交换。

城市空间往往是一个区域的核心,是政治、经济、文化中心,而农民则生活在"中心"之外的更广阔乡野,官僚系统通过户籍制度、赋税制度等对农民进行管理并汲取赋税、劳役资源。对于这些处于边缘位置的乡村,费孝通用"皇权与绅权"的"双轨政治"结构来描述中央集权下的地方治理形式,同时也揭示了"天高皇帝远"之处地方民众的政治日常:

---

[1] 赵汀阳.天下体系的未来性[M]//张利华.中国文化与外交.北京:知识产权出版社,2013:83.

[2] 杨宽.中国古代都城制度史研究[M].上海:上海人民出版社,2016:89.

[3] 齐涛.魏晋隋唐乡村社会研究[M].济南:山东人民出版社,1995:238.

在这简单的叙述中我希望能说明几点：一、中国传统政治结构是有着中央集权和地方自治的两层。二、中央所做的事是极有限的，地方上的公益不受中央的干涉，由自治团体管理。三、表面上，我们只看见自上而下的政治轨道执行政府命令，但是事实上，一到政令和人民接触时，在差人和乡约的特殊机构中，转入了自下而上的政治轨道，这轨道并不在政府之内，但是其效力却很大的，就是中国政治中极重要的人物——绅士。绅士可以从一切社会关系：亲戚、同乡、同年等等，把压力透到上层，一直可以到皇帝本人。四、自治团体是由当地人民具体需要中发生的，而且享受着地方人民所授予的权力，不受中央干涉。于是人民对于"天高皇帝远"的中央权力极少接触，履行了有限的义务后，可以鼓腹而歌，帝力于我何有哉！[1]

其他学者对于这种历史上的基层治理模式持有类似的观点，温铁军提出其呈现出"皇权不下乡"的状况，[2] 即有着足够的乡村自治空间用于乡村秩序的维系。这种"乡里制度"的有效运行依托着除中央政府权力之外的其他力量，使得乡村这一帝国的神经末梢依然处于有效管理之下，其中最为重要的就是代表宗法血缘力量的家族制度，它形塑着农民的生命日常，实现了对于乡村的社会控制。正如干春松所指出的，家族制度是基于血缘的强有力的地方组织，也是地方秩序的主导力量：

> 从制度的结构上来分析，宗族制度有如下功能："（1）有一个明确的组织，该组织并且拥有一套明确的行为规范；（2）将领导权授予一位公认的首领，或者组织宗族会议，行使领导力量；（3）拥有一个受到成员尊敬并能够对其行动发挥支配作用的领导力量；（4）拥有关于成员资格的明确标准，以及有关成员的记录；（5）缺乏由内部紧张和分离造成的分裂；（6）成员以具有宗族的资格为荣，并且有团结心；（7）成员间有社会、经济和礼仪上的密切关系。"在宋明以后，宗族是乡村权力体系重要组成部分……在许多地方，乡里组织与家族组织往往合二而一，而族

---

[1] 费孝通．费孝通全集：第5卷 1947[M]．呼和浩特：内蒙古人民出版社，2009：40．

[2] 温铁军．中国农村基本经济制度研究："三农"问题的世纪反思[M]．北京：中国经济出版社，2000：411．

长才是乡村秩序的真正主导者。[1]

血亲宗族造就的农民聚落使得农民以一种集体的方式生活，他们与周遭的宗族社群互动频繁，联系紧密，出生、婚嫁、死亡等重要的人生节点都需要群体性的仪式加以确认，遭遇的纠纷通常也依据家规乡约进行调节，以至于"自上而下"的皇权在乡村的渗透也需凭借宗族的力量。农民对外交流或交往较少，但在宗族内部有着大量的社会互动，这也使得农民的生活世界中有着众多的群体传播活动，包括出生、婚丧等人生重大节点的家庭仪式，还有祈求祭奠天地神灵和祖先亡灵的宗教活动与祭祀活动，还包括以各种时令节庆为代表的庆祝活动。这些群体传播活动作为一种仪式，让具有同一个地缘身份、家族血缘身份的人聚到一起，既是一种族群的信息沟通方式，也是一种文化象征，加深了群体的归属感，使得农民的价值体系、习俗传统得以统一并代代传承。也正是在这些群体传播活动中，农民们才得以消费以戏剧为代表的各种文化娱乐表演。在古代社会，文化休闲品的私人占有是件奢侈的事情，辛苦劳作的农民只有在特定时刻才得以暂时休憩、休闲、娱乐。看戏之类的集体活动，将家国同构、惩恶扬善、因果报应等主题内化于农民心中，感召农民成为更大的文化共同体的成员：

> ……在中国的广袤土地上，农村的人群，甚至一些穷乡僻壤的人们，他们可能还没有融入现代社会的结构（没有进入科层组织体制），但是对于看戏等集体性的活动，他们却并不陌生，甚至还有介入的几率。族群的祠堂、村里的广场、山间的草坪以及田头的过道，都可能成为他们接受以戏剧演出、图腾仪式为载体的"社会感召"……社会事实与社会感召的结合便不断地通过宗教仪式、戏剧演出、民间传递等形式，向往着族群的繁荣，喷发着民众的情感，暗喻着人生的悲欢。在此过程中，社会现象滋生了一种"新的性质"，它把原先只是个体化、局部化的一种物品或存在，转换成群体化、整体化的一种文化或场景。[2]

这种文化娱乐活动多数情况下是由宗族组织的，向农民群体提供基本的公

---

[1] 干春松.儒家观念与传统中国地方社会秩序的建构[M]//黎红雷.治道新诠：中山大学中国管理哲学学科创立二十周年纪念文集.广州：中山大学出版社，2011：167.

[2] 张生泉.戏剧认知导论[M].上海：复旦大学出版社，2017：62.

共服务品，同时也起到了"社会感召"、社会教化的功能。通过以戏剧为代表的文艺表演，农民们得以了解帝王将相、才子佳人、历史典故与趣闻轶事，而这些是远离他们生活的世界的。终其一生在一方天地打转，是古代中国农民的基本生活形态。一方面，繁重的农业生产活动与落后的交通状况，使得许多农民终其一生都未出过远门；另一方面，帝国的户籍制度对于农户迁移进行着严格的管理，甚至从意识形态层面期冀农民能够安守一方。《吕氏春秋》的《上农》篇对此有所解释：

> 古先圣王之所以导其民者，先务于农。民农非徒为地利也，贵其志也。民农则朴，朴则易用，易用则边境安，主位尊。民农则重，重则少私义，少私义则公法立，力专一。民农则其产复，其产复则重徙，重徙则死处而无二虑。民舍本而事末不令，不令则不可以守、不可以战。民舍本而事末则其产约，其产约则轻迁徙，轻迁徙，则国家有患，皆有远志，无有居心。民舍本而事末则好智，好智则多诈，多诈则巧法令，以是为非，以非为是。后稷曰："所以务耕织者，以为本教也。"[1]

有安居之心的农民，较之诡诈多端的商人，更为君主所着重。因为他们"少私义""力专一"，在国家遭遇患难时会全力以赴，而不是想着远走高飞，因而耕织才是国家的根本，商业的流动性被认为需要抑制，并不符合帝国的根本利益。这种社会生产状况与国家政策、意识形态导向，使得农民散落在乡土世界之中，依靠历史惯性与传统生活，与外部世界交流甚少。在这样的生活境况中，农民通常运用口语作为其日常信息交流系统，交流的对象也囿于本地。这就导致绝大多数的农民与文字世界"绝缘"。在他们的生活之中没有文字，费孝通甚至进一步论述农民们在当时的历史状况之下也并不需要文字："在一个乡土社会中生活的人所需记忆的范围和生活在现代都市的人是不同的……向泥土讨生活的人是不能老是移动的……经验无需不断积累，只需老是保存……不论在空间还是时间的格局上，这种乡土社会……没有用字来帮助他们在社会中生活的需要。"[2]

正如交通基础设施的建设决定了后续百年的物资、人员、信息流通的渠道、方向与速度，决定了不同经济地理位置的重要性，甚至加剧了区域之间的不平

---

[1] 张文治. 国学治要：集部 子部 [G]. 北京：北京理工大学出版社，2014：871.
[2] 费孝通. 乡土中国 [M]. 修订版. 上海：上海人民出版社，2013：21.

衡。对于不同信息传播工具的掌握，也形塑了不同群体的知识经验、时空感觉与对世界的认知。历史学家阿斯曼曾用"沟通记忆"与"文化记忆"两个概念来说明包括了风俗、仪式与共同故事的知识信息传承模式。他指出在一个事件或者一连串事件发生之时，人们通过自然而然地彼此交换经验而形成了"沟通记忆"。"沟通记忆"可能随着人们停止流传而消失，也有可能通过文字转化为"文化记忆"的一部分，而以文字为载体的"文化记忆"作为认同的具体结果与人造物，其存续时间将远长于"沟通记忆"。[1]

统治精英、知识阶层可以通过阅读与书写来学习更加广泛的经验，并在帝国的官僚管理体制中获得游历四方的经历，他们的时间观是超越个体生命的，他们的空间观也超越了自己出生的那一方天地，他们可以通过书写记录下生命经验。而农民的生活世界是地方的，是被限制流动的，除了通过口口相传的方式传递农业日常生活生产经验，难以有学习其他经验与拓宽视野的生活实践，也没有文字记载他们作为个体的、具体而微的生命经历。除却家族内部以举族之力维系的族谱记事，农民们的经历难以成为全国性的"文化记忆"。因而，在帝国的历史中，作为整体的农民是面目模糊的、失语的、无声的。在文字中心的帝国历史建构与"文化记忆"建构的过程中，毫无疑问，作为乡土的农民处于边缘位置。

胸怀天下和躬身乡土体现了古代中国的丰富性，它划分了两类人群的生活世界：一类是人群中比例极低，但掌握极其丰富资源的帝国管理者，有一整套信息系统襄助其进行知识生产、行政管理、文化传承；另一类人则是人群中比例极高，但只能躬耕于田地之上的农民，他们以极低的生产效率在土地上劳作，生活在社群之中，以面对面的传播为主要信息沟通方式。前者在社会等级中是上层人，因而他们所拥有的信息传播方式也被视为高级的，作为其象征物的字和纸在古代被视为是神圣崇高的，人们甚至为焚烧字纸专门建设了各种"焚字塔""惜字塔"。为了能够让这一信息系统运转，耗费大量的人力、物力、财力建设了各种如道路、传驿、教育机构之类的社会工程，将农耕社会有限的资源用于培养不直接从事体力劳动的脑力管理者，让他们成为庞大帝国管理机器中的一环。

这种有等级的人群分类符合儒家伦理中的正名等级构建，即每一层级的人均有专门的伦理与实践的义务，"名"决定了需履行的义务，也只有履行在此

---

[1] 沙培德.知识传播与集体认同之载体：历史、记忆、教科书[M]//张寿安.晚清民初的知识转型与知识传播.北京：北京师范大学出版社，2018：99.

"名"之下的义务才能享有相应的权利与尊重。不平衡的传播构型与社会资源倾斜，以及君君臣臣父父子子的等级构建和意识形态灌输，使得社会各阶层能够"别同异、辨上下"。知识精英在社会中占有绝对优势的位置，而其他社会成员也被要求安于自己的社会身份，服务于社会的稳定运行。在农耕社会低水平稳定的自我循环中，"胸怀天下"是士的职责与使命，其他的"农工商"阶层则从事生产与货殖，维持帝国的运行。文字成了区分群体的重要指针，如果不掌握精深的文字技术，就不能够成为知识精英中的一员；但只要掌握了文字技术，就有了通过科举考试实现阶层上升的可能，有望成为统治阶级中的一员，正所谓"朝为田舍郎，暮登天子堂"。因而，在古代中国出现了"耕读"的文化传统，鼓励广大体力劳动者用农业生产的剩余价值培养知识阶层。这种缓慢、渗透式的社会对流，也为底层的天赋出众者提供了上升通道，使得金字塔形的等级制度更加坚固，让各司其职的各阶层建立一个有效运转、稳定和平的社会。

二、从天下到世界：拥抱现代的传播构型转型

1. 清末帝国危机与外源性传播构型的输入

在许多学者的观察中，自秦汉以来的中国社会呈现出某种稳态的特征，冀朝鼎直观地指出，"从公元前3世纪古典封建主义结束之后，中国就进入了一个以领土扩张、经济中心转移以及政治统治不断更替为特征的漫长时期。在这一漫长时期里，统一与分裂的交替出现，是在一种社会结构几乎全无变动、社会经济发展的水平大致如旧的情况之下产生的"。[1] 金观涛、李青峰从控制论、系统论的视角，从更为细致的角度描绘了这种"大致如旧"产生的原因，陈述了中国古代社会的政治、经济、意识形态这三个子系统之间的耦合、失灵、变化、修复，并最终形成了历史性的"超稳定结构"与"高水平停滞"。[2]

尽管清朝是由满族贵族所建立的、保证满蒙特权地位的帝国，但清承明制，依然遵循郡县制的帝国管理结构，维系整个大一统国家的日常秩序。明末清初的战乱带来了人心动摇、社会混乱与田园荒芜，但经过了百年之久，整个社会又逐渐实现了稳定的发展，被后世称为康乾盛世。何以造就这种鼎盛气象，清史研究者认为这是三代帝国统治者不断依据社会状况调整帝国管理方式的结

---

[1] 冀朝鼎. 中国历史上的基本经济区 [M]. 朱诗鳌，译. 北京：商务印书馆，2014：9.
[2] 金观涛，李青峰. 兴盛与危机：论中国社会超稳定结构[M]. 北京：法律出版社，2011：8-16.

果："康熙深仁厚泽，六十年休养生息，民物恬熙，而究不免过宽之弊；雍正整饬纪纲，俾吏治澄清，庶事厘正，人知畏法，而不敢萌侥幸之心，然又不免流于过严；弘历（乾隆）深悉历来为治之要，故首揭宽猛互济之政策，所谓刚柔相济，不竞不絿，此所以六十年为清室极盛之时也。"[1] 康乾盛世的到来，意味着王朝更迭之后帝国重新恢复了稳态结构，开始稳步运转，也由此迎来了一次人口大爆炸——在清朝建立初期，帝国总人口约为1亿，但康乾盛世后总人口已达到3亿。

面对由社会发展与人口爆炸所带来的各种管理压力，帝国的行政管理体制也发生了相应的一些改变，尽管"全国县级行政单位并没有比前代有明显增长，县级正式官员数量也是如此"，但清政府采用了"区别式管理"的方式，在治安恶劣、商业繁荣、人口繁多的地区增加乡间佐杂，"使有限的行政资源最大限度地用在管理难度最高的地区……分防的佐贰官以长江以南和治理地区最多，而它们也正是清代管理难度最高的地区"。[2] 尽管正式的官员数量没有显著的增长，但皇权的衍生权力在基层有所增长，以有效地管理空前增长的人口。这也是一个绝佳的例子，可以展示中国古代社会何以在社会变动的状况下能够超稳定运行，即当系统没有全部失灵崩溃时，面对帝国发生的一些变化，系统可以通过微调来实现重新平衡。

也正是在大清帝国延续的两百多年间（1636年—1911年），新的世界力量开始崛起，并挟资本主义工业化之威逐渐建构一个全球殖民体系。以彭慕兰为代表的加州学派学者，观察到在1750年之前，东西方先进地区的经济发展水平惊人地相似，但因为美洲的发现与英国煤炭资源的区位优势等，使得在人口、资本积累方面有着令人惊异的相似性的两个世界逐步拉开差距，最终呈现"大分流"的状况。[3] 正如布罗代尔、哈维等人所洞察的——"如果不谈奴隶，不谈附庸性经济，欧洲是不可理解的"，[4] "资本主义由此按照自己的面貌建立和

---

[1] 吴方. 图说中国文化史[M]. 北京：生活·读书·新知三联书店，2019：366.

[2] 胡恒. 皇权不下县？：清代县辖政区与基层社会治理[M]. 北京：北京师范大学出版社，2015：318.

[3] 彭慕兰. 大分流及其后：比较与长远视角中的东亚与北大西洋[M]//刘东. 中国学术：总第35辑. 北京：商务印书馆，2015：151.

[4] 布罗代尔. 15至18世纪的物质文明、经济和资本主义：第一卷[M]. 顾良，施康强，译. 北京：生活·读书·新知三联书店，1992：117.

重建地理",[1] 资本主义遵循着资本利润最大化的逻辑重新形塑了全球化,要将资本推向最有利润的地方收割金钱。由资本所驱动的"空间修复"不断重演,尤其是当资本主义遭受到过度积累困境之时,这样的地理扩张变得更加急迫。资本主义的发展带来了一种新的理解世界与改造世界的方式,释放了资本的力量,促进了工业文明的发展,也迫切地试图让他者成为资本主义链条的一环。因而,无论是欧美等老牌资本主义国家,还是试图"脱亚入欧"的日本,都选择从帝国最为薄弱的海洋边疆开始,试图挑战大一统帝国对疆域的控制力。在两次鸦片战争和甲午战争的失败后,中国迎来了动荡屈辱的近现代历史。

清政府政治上的失败,导致旧有的中国体系面临全盘崩溃的状况。在传统中国知识分子眼中,"天下"的心理范围是无边无际的,但"天下"的实际地理范围是一些与中国频繁交流的邻近国家。作为一个长时间的文明体,中国并不缺乏与外界交流的经验,朝鲜、越南之类的藩属国早已被纳入帝国的朝贡宗藩体系之中。在清初,对于那些交流更少、地理位置更远的西洋诸国,清政府也采用了"拟宗藩体系"的交往方式。如以马戛尔尼为代表的大英帝国与清政府开始接触之时,尽管清廷对其怀有高度的军事戒备,但也用远超于藩属国的接待规格进行了交往。朝贡宗藩体系是儒法大一统中"天下观"的具体国际政治实践,是一种以中国为中心的、有等级的、基于文化认同的区域性世界体系,以"怀柔远人""有物则偿,有贡则赏""厚往薄来"为主要运作原则,希望通过建立一个和平稳定的关系来保持中国国内秩序的稳定,维系"天朝上国"的心理自我认同。

外部世界对于中国知识分子来说并非陌生之物,明代时传教士利玛窦就以绘制的世界地图吸引了精英的目光,被誉为"西儒"并出现在明神宗的朝堂之上。此时的世界地图与西洋钟表之类的工业产品一样,扩充了知识精英的知识储备,增加了他们日常生活消费的选择,在某种程度上也更新了帝国的军备。同样,中国与世界对话也久矣,古代各地的文明中心——尼罗河、幼发拉底河和底格里斯河、印度河以及长江、黄河,都在物品与文化方面有着历史悠久的交流。

例如佛教,作为一个舶来品宗教,它对中国社会与中国人的心灵产生了巨大影响。在汉明帝"夜梦金人"(公元64年)甚至更早,佛教已经进入中国,大规模的译经等文化传播活动出现在公元4世纪到8世纪,佛教思想从不同方面

---

[1] 哈维.资本之谜:人人需要知道的资本主义真相[M].陈静,译.北京:电子工业出版社,2011:1.

塑造了中国知识阶层与普通民众的世界观。

但显然资本主义的扩张并不考虑中国知识分子的接受速度，也并不满足于异文化以渐进的方式融入中国土地的缓慢进度，它采取了暴力的战争方式，迫使清政府让渡了部分国家主权，也使得中国不得不遭遇剧烈阵痛。"英国的大炮破坏了皇帝的权威，迫使天朝帝国与地上的世界接触。与外界完全隔绝曾是保存旧中国的首要条件，而当这种隔绝状态通过英国而为暴力所打破的时候，接踵而来的必然是解体的过程，正如小心保存在密闭棺材里的木乃伊一接触新鲜空气便必然要解体一样。"[1] 最直接的影响就是皇权因其不能维系大一统现实而遭到严重的冲击，鸦片战争以前的专制皇权是至高无上的，鸦片战争以后的皇权已经失去它原来所具有的独立、完整、至高无上等特性。皇权的摇摇欲坠直接影响到长期附庸于皇权的精英知识分子，也影响了中央集权管理模式的有效进行。尽管清政府通过签订条约、割地赔偿、丧失部分主权等方式获得了喘息之机，尚能高坐在龙椅之上，但对于儒家知识精英来说，道统的合法性已经在主权的丧失中岌岌可危。

在裂开的一条条缝隙中，帝国在自我修复改造之中挣扎，又在不可避免地走向崩溃与瓦解，政权在应对西方侵略、解决社会危机与保持社会稳定之间左支右绌。在清朝中后期时，虽然因底层生存危机而导致的白莲教、天理教农民运动此起彼伏，但当时相对稳定的政权能够一次次地剿灭叛乱，将这些帝国危机限制为区域性的动乱。但到了清晚期，太平天国运动席卷半个中国，清帝国鼓励地方军队甚至动用了西方的雇佣军力量才将其剿灭。帝国的孱弱使得其对空间的控制力度空前弱小：中国出现了各种以租界、通商口岸为名的资本主义"飞地"，这些"飞地"大多存在于中国的大城市之中，也成为列强攫取中国资源的前线，尤其是在帝国最薄弱的海洋边疆；本被视为帝国稳定大本营的乡村也受到了极大冲击，马克思将资本主义带来的自然和社会的关系称为"不可修复的断裂"，资本主义在全球化基础上形成了"新陈代谢断裂"，营养以一种几何级增长的数量和速度从乡村流向城市。[2] 作为资本主义经济结构的附庸，广大乡村难以维系自给自足的自然经济，被迫卷入全球资本主义的链条之中，乡村经济的破产与乡村人口的被迫流动使得几千年的农本社会面临瓦解。

---

[1] 马克思. 中国革命和欧洲革命[M] // 马克思，恩格斯. 马克思恩格斯文集：2. 北京：人民出版社，2009：609.

[2] 摩尔. 地球的转型：在现代世界形成和解体中自然的作用[M]. 赵秀荣，译. 北京：商务印书馆，2015：152.

新的地理空间变化、新的国际交流模式导致了中国传播构型的变化。外源性信息传播技术随着帝国主义列强进入中国而被带到本土，当然它们被首先应用到一种全新性质的地理空间，如资本主义国家的"飞地"——租界之中，继而渗入中国各大核心城市群，一方面用以满足海外飞地与宗主国之间的信息传递沟通需求，另一方面则服务于对中国的资源攫取。中国作为一个巨大的、封闭的国度首次被打开，既被视为倾销商品的新市场与获取资源的新目标，也被视为各种宗教的新的"教化之地"，西方宗教的传教活动随之展开，前所未有地活跃在中国各个角落。由此，西方带来了新的信息传播工具和传播机构，如采用现代印刷技术面向普通民众传播的近代报纸实践，最早是由外国传教士在中国境内开启的。在鸦片战争之前的1810年，嘉庆皇帝发布谕旨："如有洋人秘密印刷书籍，或设立传教机关，希图惑众，及有满汉人等受委派传扬其教，及改称名字，扰乱治安者，应严为防范，为首者立斩。"[1] 当时，帝国对于洋人在华的传播活动尚能够有效控制，但鸦片战争之后，中国在面对西方时已经丧失了主动权，只能任由其在国土上从事各种活动。

中国的传统传播构型被打破，新的交通基础设施、信息传播工具开始出现并逐渐盛行，并与世界进入同步的电子媒介技术应用之中。鸦片战争之后，外国人创办的中文报刊数量也激增，从19世纪40年代到80年代的近半个世纪中，外国人来华创办的中外文报刊有200多家，占当时中国报刊总数的70%以上。1861年后，上海成为外国传教士和商人在中国的办报中心，新闻传播活动遍布各大城市。[2] 1872年，英国商人以修建普通道路之名购买上海至吴淞间长约14.88千米、宽约13.7米的地皮，开始偷梁换柱建设吴淞铁路并开始商业运行。现代的邮政体系也逐步引入中国，英、法、美、德、俄、日等国均在租界设立了各种"客邮局""书信馆"等用于通信。也大致在同一时期，大北电报公司铺设香港—上海、日本—上海的海底电缆，并开始提供国际电报收发的服务。各种由外国人出资创办的现代传播手段在中国都市中流行开来，这一切都改变了中国人接受信息的渠道、方向和速度。

值得点明的是，这些新的传播技术一开始进入中国往往都未经过清政府的同意，可以说是借由战争的余威强行地植入到中国土地上，也由此引发了若干纷争。如吴淞铁路的修建并未得到清政府的同意，外国人都认为"生米做成熟饭"、制造"既成事实"就可以成行。最终，尽管清政府还是对已成为既成事

---

[1] 方汉奇. 中国新闻事业编年史：上 [M]. 福州：福建人民出版社，2018：9.

[2] 彭红燕. 中国新闻事业史 [M]. 武汉：武汉大学出版社，2011：53-54.

实的吴淞铁路加以反对，但采取的方式是花费28.5万两规平银分三期付款加以赎回。[1]电报这一革命性的"第一次使传播从运输中有效分离出来"的电子媒介，在进入中国时也有着类似的经历。"借着月光，电缆被秘密地从内海起出，溯扬子江而上至吴淞江，在旗昌洋行线路终点以下一哩（英里）处，将线头引上岸"[2]，这便是电报电缆偷偷登陆中国的过程，最终也是清政府于1833年花费3000两白银购回这条陆报线路。

无论是面对新鲜事物的震撼和惊奇，还是忧心主权遭遇威胁的焦虑和抵制，这些情绪都不能阻碍新的传播技术进入社会应用的步伐，现代报纸、现代铁路、现代邮政制度，还有现代有线电报，都在中国生根落地了。以有线电报网络为例，大北公司在清廷的禁令之下将电报线路延伸到了陆地，最终在外交争端之下，清政府购买了陆地电报线路并开启了全国性国有电报网络的建设。一方面，列强将在中国土地上引入新媒介技术、建设媒介基础设施，使得中国更加深度地卷入资本主义全球经济体系之中，这一切清政府都无力阻拦；另一方面需看到，中国社会发生的变化使得国人开始"睁眼看世界"，试图拥抱先进的传播技术，"师夷长技以制夷"。正如1871年陈蔼亭在《创设香港华字日报说略》中所述，各种现代的传播媒介亦可以为我所用："昔华字日报胥属西人承办，今忽以华人而为主宰，则提挈之惟我，左右之惟我。"[3]

无论是被动获得还是主动建设，到了19世纪末，以铁路为代表的先进的交通基础设施开始为帝国的物资流转提供后勤服务，而电报电缆之类的信息基础设施也如火如荼地加速了信息的传递。但无论是早期铁路，还是电报电缆，都是优先服务于重点城市和核心区，使得中国重点地区和核心区之间的物质交换、人员交流、信息传递达到了前所未有的数量与速度。外源性传播构型对于中国的冲击是全方位的，但就西方来说，试图将其嵌入中国社会是为了确保中国能够服务于西方列强的国家利益。而中国知识阶层对于西方传播技术却有截然不同的目标诉求，他们对外源性传播工具的拥抱态度，是面对亡国灭种危机的一种积极补救。自我怀疑与集体焦虑促使中国知识阶层开始自救与"正名"，也迫使他们必须主动戳破以自我为中心的想象中的"天下"，进入全新的世界之中。

---

[1] 苏生文. 中国早期的交通近代化研究：1840－1927[M]. 上海：学林出版社，2014：164-166.

[2] 李雪. 晚清西方电报技术向中国的转移[M]. 济南：山东教育出版社，2013：32-34.

[3] 李开军. 中国记者历史专题研究[M]. 济南：山东文艺出版社，2009：37.

2. 传统内生传播构型的转型：文字的变革

在中国历史的若干个"大一统"之间，也有着不少动乱分裂，但清末所遇到的危机前所未有：这些隐患并非来自帝国边境的游牧民族，也不是因土地兼并、苛捐杂税导致的农民起义，更不是统治阶级内部权柄交替带来的纷争，这意味着既往的知识经验、组织模式难以应对现有的社会状况变动。此前，中央集权的统治秩序与一体化的意识形态，使得儒家知识精英能够襄助皇权治理整个国度，保证帝国的稳定有序运转，实现动乱和平的更迭交替。在19世纪帝国出现前所未有的危机时，如何回应西方资本主义工业文明对于农业文明的冲击，保证国家的主权与社会的安定，成为一个迫在眉睫的问题。

帝国的知识阶层面临着从未有过的巨大挑战，面对西方的坚船利炮和先进科技，统治阶级、知识阶层内部也出现了保守与变革的两种力量。尽管洋务运动、戊戌变法等在历史后果上以失败告终，但从其历史过程中不难看出，越来越多的中国知识阶层开始不满于现状，试图吁求变革。知识阶层寄希望于皇权，期冀清政府能够挽狂澜于既倒，扶大厦之将倾，这种社会情绪的喷薄在甲午战争之后格外引人瞩目。甲午战争中国失败之后，1895年李鸿章前往马关与日本人进行谈判，"近两个月时间，大清国官员士民上奏、代奏或电奏的次数，达到一百五十四次，参与人数超过两千四百多人次。各省大员电奏反对者，超过半数；中央各部官员皆有大规模的联名上书；举人们的联名上书也颇有声势。几乎所有的声音，都反对议和"。[1] 这些频繁的上奏、代奏、电奏、联名上书、公车上书，显示出知识阶层的普遍失望与愤懑，试图反对以签订不平等条约谋求和平的政治方案。

随着中国渐渐滑入半殖民地半封建社会的深渊，且毫无回头扭转之迹象，不仅封建皇权的绝对力量被削弱，原本附庸于皇权之上的传统知识阶层内部也开始了一系列的分化。新的社会力量在社会巨变中开始诞生，由此也产生了新的社会思潮与社会探索。罗志田指出，清末教育改革尤其是科举制的废除导致大量边缘知识分子崛起。与以往不同的是，这些知识分子是社会断裂过程中造就的一代人。他们父辈的知识分子，还是严循着科举考试的步伐——由童生、举人、进士一路向上，最终成为国家统治阶级中的一员。但这些边缘知识分子，"他们不中不西，不新不旧，中学、西学、新学、旧学的训练都不够系统，但又初通文墨，能读报纸；因科举的废除已不能居乡村走耕读仕进之路，在城市

---

[1] 侯德云. 天鼓：从甲午战争到戊戌变法 [M]. 上海：上海社会科学院出版社，2017：152.

又缺乏'上进'甚至谋生的本领",他们"是否会成为知识分子尚属未定,但又已参与社会事务的讨论"。这些知识分子认为传统士大夫所代表的"上等社会已崩溃决裂而不能救国",既然如此,要解决国家、民族、社会的问题就得诉诸"下等社会"。[1]

要使得更多的人成为挽救民族危机的能动主体,那么各种新的信息、知识不能仅仅流传于少数人的圈子里,而应该让更广泛的人熟知,以积蓄触发社会整体性变革的力量。新一轮的西学东渐热潮使得西方的科学文化乘东风而来,现代工业文明的输入带来了中国的信息爆炸,新知识、新语汇前所未有地涌现在国人的眼前。要使新的工业生产方式在中国扎根,使国人愿意自我转化提升成为"新民",那"不同层次的民众之间的联系和交流成为紧要的问题",需要"打破各阶层的隔绝状态,使得民众的视野从日常琐事、隶属行业中抽离出来,上升到对时局、对实学等信息、知识的了解和熟习"。[2] 既往的信息传播渠道、传播手段、传播内容需与新的状况相适应,"产业的发展,人口的集中和社会交往圈的扩大,自然对于传递信息、思想、情感的语言工具提出了新的要求",[3] 由此,一种能够覆盖更广大民众的、适应新知识传播的、唤起民众变革热情的普遍性的语言成为必要。

作为重要文化信息技术的语言文字应时而变,是有着明确的历史脉络的。在19世纪末中国掀起了两次国人办报高潮,打破了此前被官方所垄断的舆论渠道,这些报纸开始传播新思想并呼吁变革,也形塑了一种不同于以往文字表达风格的"报章体",这一新文体的践行者以梁启超为代表。梁启超认识到繁复渊雅的文体对读者的阅读水平提出了要求,反而阻碍了文明思想的传播,为此他曾对严复提出批评,直陈其"文笔太务渊雅,刻意模仿先秦文体,非多读古书之人,一翻殆难索解。……著译之业,将以播文明思想于国民也,非为藏山朽之名誉也。文人积习,吾不能为贤者讳也"。也是这种认知使得梁启超呼吁一场"文界革命",并身体力行地以新文体开始写作,并取得了惊人的传播效果,时人称梁公的文章"务为平易畅达,时杂以俚语及外国语法,纵笔所至不检束。学者竞效之,号'新文体',老辈则痛恨,诋为野狐。然其文条理明晰,

---

[1] 罗志田.权势转移：近代中国的思想与社会[M].修订版.北京：北京师范大学出版社，2014：32-38.

[2] 黄华.语言革命的社会指向：对中国近代史的一种传播学考察[M].桂林：广西师范大学出版社，2016：140.

[3] 焦润明.中国现代文化论争[M].北京：社会科学文献出版社，2012：21.

笔锋常带感情，对于读者，别有一种魔力焉"。[1]

新的报章文体随着报纸这一大众媒介的发展而获得了广泛关注，并逐步抛弃知识分子曾经熟悉的表达方式。这种文体注重文字的大众接受，用通俗易懂的文字来清晰地表达自己的思想，考虑到了文字的更广泛传播。尽管早期《时务报》等报纸发行量并不大，但浅显易懂的语言使其能够通过手抄本等方式进行更广泛的传播。而此前的各种艰深古文，不可不谓之文采斐然，但只能在掌握各种典故、具有较高文字修养的高级知识分子之间打转，非读书破万卷不能熟练掌握之。同时，新文体也更加注重文字的兼容性，它抛弃了古文体中骈散等各种行文限制，使得各种民间俗语、翻译语汇、外国语法等都能够兼容在一篇文章中。正如谭嗣同所洞察到的，报纸文体能够包罗万象，呈现急剧变动时代各种涌现的知识与信息：

> 则其体裁之博硕，纲领之汇萃，断可识已。胪列古今中外之言与事，则纪体也；缕悉其名与器，则志体也；发挥引申其是非得失，则论说体也；事有未核，意有未曙，夹注于下，则子注体也；绘形势，明交限，若战守之界线，货物之标识，则图体也；纵之横之，方之斜之，事物之比较在焉，价值之低昂在焉，则表体也；究极一切品类，一切体性，则谱体也；宜撰述之致用，则叙例体也；径载章程，则章程体也；句稽繁琐，则计体也；编幅纡余，又以及于诗赋、词曲、骈联、俪句、歌谣、戏剧、舆诵、农谚、里谈、儿语、告白、招帖之属，盖无不有焉。……斯事体大，未有如报章之备哉灿烂者也。[2]

同时，新文体注重对读者的情感唤起，"纵笔所至不检束"的书写方式使得文章内容生动活泼、直率平实。为了增加感染力，新文体会用大量排比、比喻修辞方式，使得观点与情感都能够被反复铺陈言说。这些情感充沛的文章，与忧虑焦灼的社会情绪相应和，共同形成了一种呼吁变革的社会风尚。也由此，新文体的代表人物梁启超成为一个大众文化英雄，黄遵宪曾对梁启超的文字做了这样的评价："惊心动魄，一字千金，人人笔中所无，却为人人意中所有，

---

[1] 付建舟，黄念然，刘再华.近现代中国文论的转型[M].上海：上海古籍出版社，2015：240.

[2] 谭嗣同.谭嗣同集[M].长沙：岳麓书社，2012：413-414.

虽铁石人亦应感动，从古至今文字之力之大，无过于此者矣。"[1]

这种报章新文体，已经不同于传统知识分子常用的语言模式，开始呈现出"半文半白"的状态。前文我们提及，在古代中国，制度化的信息通讯系统服务于知识精英，实现了意识形态与政治形态的一体化，也使得识字阶层的跨时间神交、跨空间交流有了可能。但"书同文"的"文字信息系统"天然地将不识字的、更广泛的民众排斥在外，因而曾被看作是凝聚精英阶层共识的文言文，在巨变时代被视为是将多数人排斥在权力之外的落后的工具，这种"非个人性的团体话语"和"超越日常生活的人为语言"，维持了精英对于言说的垄断，"压抑、占有和褫夺了"一般民众的生命个体意识。[2]瞿秋白曾尖锐地指出文字的垄断"造成智识的垄断，维持着绅商阶级的愚民政策"。[3]当要诉诸"下等社会"，要向更广泛的民众传播知识、信息甚至改造其主体性时，改变这一为知识阶层所垄断的文字信息系统成为当务之急。渊雅的文言文不再是知识分子的追求，报章新文体而今成为竞相模仿的表达方式，用以向民众传播信息。正是在这种时代需求的驱动下，用白话文完全取代文言文的进一步的改革诉求诞生了。

顾名思义，白话文是用更加浅白、口语化的汉语来进行文字书写，即"言文合一"，将"口头的大众语"变成"笔头的大众语"，"我手写我口"。在19世纪末20世纪初，文言文和白话文之间的争论，成为国文最重要的问题。一些文言文的支持者将其视为"国粹"，不忍以之为业的文脉断绝，甚至讽之以"若盖废古书行用土语为文字，则都下引车卖浆之徒所操之语……据此，则凡京津之稗贩均可用为教授矣"。[4]还有一种声音是，文言文是全国知识分子统一、通用的书面语言，而由于各地的土语方言并不一致，更加偏向于口语的白话文可能会呈现出不同的地域特征，难以成为全国的通行语言。

而与之针锋相对的观念则认为，文言文不能适应时代的发展需求，陈独秀在《敬告青年》中指出："吾宁忍过去国粹之消亡，而不忍现在及将来之民族，不适世界之生存而归削灭也。呜呼！巴比伦人往矣，其文明尚有何等之效用耶？'皮之不存，毛将焉傅？'"[5]蔡元培指出白话和文字的全国统一并不矛盾，

---

[1] 龙扬志.黄遵宪集[G].广州：广东人民出版社，2018：115.

[2] 赵静.话语权力的交锋：对白话文运动的重新解读[J].西南民族大学学报（人文社科版），2003，24（6）：156-157.

[3] 瞿秋白.瞿秋白文集：文学编 3[M].北京：人民文学出版社，1985：281.

[4] 林纾.答大学堂校长蔡鹤卿太史书[M]//冯克诚.戊戌维新和辛亥革命时期教育思想与论著选读.北京：人民武警出版社，2011：98.

[5] 陈独秀.敬告青年[J].新青年，1915，1（1）.

通过系统性的变革可以形成一个公用的、适配于时代需求的新的语言：

> 白话是用今人的话，来传达今人的意思，是直接的。文言是用古人的话，来传达今人的意思，是间接的。间接的传达，写的人与读的人，都要费一番翻译的工夫，这是何苦来？……现在应学的科学很多了，要不是把学国文的时间腾出来，怎么来得及呢？……有人说：文言是统一中国的利器，换了白话，就怕各地方用他本地的话，中国就分裂了。但是提倡白话的人，是要大家公用一种普通话，借着写的白话，来统一各地方的话，并且用读音统一会所定的注音字母，来帮助他，哪里会分裂呢？要说是靠文言来统一中国，那些大多数不通文言的人，岂不屏斥在统一以外么？[1]

可以看到，试图以白话文取代文言文的思潮是有着明确指向的。中国的"言文一致"并非与东瀛邻国一样，是出于"去汉语化"的民族主义需要。而是传统的知识精英为了谋求中国整体社会的变革，主动摒弃自己垄断的语言，试图用底层所熟知的语言改造既有的文字，用以新民、救国。通过对文字系统的改造，传统精英知识分子的思想、理念等可以扩散到边缘知识分子群体中去，正如黄华所言，"胡适的白话文意在和'一般人生出交涉'，但实际的接受和使用群体是一大群边缘知识分子……边缘知识分子掌握了白话文这一'利器'，更有利于展开对民众的教化"。[2] 这些人数更多的、更加接近底层的边缘知识分子，继而又通过教育或者大众传媒等方式，将知识扩散到更大的人群中去。由此，文字信息系统的变革激荡起一圈圈涟漪，吹皱中国社会的一池春水。

这种将口语化的特质加诸书面语言的做法，也是用口语文化改造既有的文字表达方式。沃尔特·翁指出口语文化在表达知识时具有独特的优势，即在用口语表达知识时需要使陌生的客观世界更加类似于人们熟悉的、人际互动的生活状态，所以口语文化通常把概念放进情景的、操作性的话语框架里。这些框架只有最低限度的抽象性，但更加贴近活生生的人类世界。也正是这种低抽象性的特质，使得口语文化能够更好地传播新知识，尤其是面对那些知识储备较

---

[1] 蔡元培.国文之将来[M]//李杏保，方有林，徐林祥.国文国语教育论典：上.北京：语文出版社，2014：158.

[2] 黄华.语言革命的社会指向：对中国近代史的一种传播学考察[M].桂林：广西师范大学出版社，2016：260-261.

低的人群时。同时，口语文化也是更加移情的、更具参与性的文化，对口语文化而言，只有贴近认识对象、达到与其共鸣和产生认同的境界，才能够真正达成学习和认知的效果。所以，口语文化并非是以自我为中心的一种灌输，而是更加关注主体间性的"与之共处"。[1] 为了向普通民众传播新的知识、理念与价值，那势必需要去理解民众的生活世界，并且将新知识与普通民众的生活世界相联系。知识阶层运用白话文的实践像是一种重建巴别塔的努力，它似乎将所有人拉回到了前文字的"史诗"年代，知识分子成为本雅明笔下的"讲故事的人"，将"见多识广的人带回的远方的传说和那种当地人了解最深的过去的传说融会到一起"，[2] 创造了一种集体的、共同的、贴近生活世界的文化，最终形成情感结构的统一与共鸣。

19世纪末20世纪初的语言系统变革涵盖着若干与之相关的议题，总体来说就是实现汉字的大众化与普遍化，希望通过对汉字形式、语言系统的改造，降低汉字的学习门槛与学习成本，达到消除文盲、普及汉语的目的。用白话文取代文言文是其中一种尝试，通过口语与书面语的"字话一律"使得文字表达的门槛更低。另外的一种尝试是"字画简易"，试图用"俗体字""简化字"替代书写更为复杂的繁体字，以提高文字学习、书写的效率，如钱玄同所指出的："文字本是一种工具，工具应该以适用与否为优劣之标准。笔画多的，难写、费时间，当然是不适用；笔画少的，容易写、省时间，当然是适用。"[3] 鲁迅曾说过："汉字和大众，是势不两立的。"[4] 各种汉字大众化的努力，都是为了改变这种局面，甚至有更加激进的"废除汉字"的呼声，试图用更为简便的字母语言取代学习成本较高的文字语言。种种的努力和争论，其目的是一致的，正如张亚雄所概括的：

> 揭开包袱一看，原来都是希望着：人人能看，人人能懂；不但人人能看，人人能懂；而且要人人能写；不但要人人能写，而且人人写出来的东西，要人人能看，人人能懂。总而言之，是要求语文一致。[5]

---

[1] 翁. 口语文化与书面文化：语词的技术化[M]. 何道宽，译. 北京：北京大学出版社，2008：32-37.

[2] 本雅明. 说故事的人[M] // 汪正龙. 文学理论研究导引. 南京：南京大学出版社，2006：133.

[3] 钱玄同. 钱玄同文集：第3卷[M]. 北京：中国人民大学出版社，1999：85.

[4] 鲁迅. 鲁迅全集：第6卷[M]. 北京：人民文学出版社，2005：78.

[5] 张亚雄. 花儿集[M]. 北京：中国文联出版社，1986：18.

文字作为人类掌握的技术，正在根据人类的现实需要被改造着，成为中国现代化启蒙的配套信息技术方案。这种社会思潮背后则是对新社会关系的想象与缔造，新的知识阶层不能也不愿再将底层民众视为"花鸟"。要超越浅薄的人道主义关注，让广大民众参与到社会建设中来，就需要改造文字，拥有和群众共同的语言，以此来联合人群。自此，知识阶层需要自己进入民众的心灵世界，亦让民众可以更加便利地进入文字的世界，以建立一种新的共识、认同与未来。当然需要看到，这里的大众此时还是知识分子心中构建的理想的"阅读公众"，这种文字信息技术的改造也是试图联合与培育更多的识字群体。

这些新的文字信息主要通过两个渠道进行传播，一是以西式学堂为代表的教育系统，二是新兴的大众传媒行业。当然应看到，无论是新式学堂还是新式报纸，几乎都是以城市为中心的文化机构，因而对文字的改造还是寻找一条以都市为中心的现代化道路。在新式学堂中，新的知识、信息等通过知识分子和边缘知识分子得以传播给更广泛的学子，而依托于电报网络、铁路网络等，新兴大众传媒的通讯员网络也开始逐步建立，覆盖了中国的重点区域。以上海的各大报业为例，可以看出这种新式信息传播网络的建设逻辑：

> 民国初期，上海各大报尚未建立起遍布全国的新闻网，仅在北京、天津、汉口、广州四大埠聘有访员或派专人担任采访。后来，随着新闻事业进一步发展，它们才陆续在各省省会和通商口岸招聘了一批访员……根据地区的重要性和稿件质量的不同，将全国各地通讯员分为若干等级。驻京通讯员的地位几与馆内主编相等，天津次之，广州、汉口又次之……当然，在上海各大报纸看来，全国各地区的重要性也不是一成不变的，由于时局的变化，某些不重要的地区，可以变为重要的地区，通讯员的等级也就随之而提高。[1]

全国性的通讯网以及大量的报纸杂志的出版，使得时局信息、现代科学知识与用白话文写作的大众文化进入都市阅读公众手中。可以看到，对于原本就有的内生性文字信息传播构型的改造中，其传播渠道依然遵循了"有重点、等级制"的建设方针，重点城市之间的信息基础设施与传播网络最早被建设起来，学习借鉴西方的大众传媒机构也首先在城市设立。但与此同时，对于语言

---

[1] 杨新正. 中国新闻通讯员简史[M]. 北京：人民日报出版社，2014：28-29.

系统的社会改造也显示出传播构型嬗变所具有的解放性的一面，即"人类的自由对罪恶和无知的胜利……这并非人类对于大自然的胜利，仅仅是人类战胜了自己，或战胜了特权者……它是解放、充分民主（与贵族统治或精英统治相对立的人民统治）、人类的完善和正确的现代性。"[1] 通过主动放弃对语言的垄断，精英知识分子试图将大众拉入到改造中国社会的阵营中来。知识分子主动去连接识字者的世界与文盲的世界，将曾经不登大雅之堂的民间口语文化——说书、戏剧、口语和俚语——纳入知识分子曾经所代表的历史世界之中。如此，知识分子对于现代化国家、未来社会的想象之中便包含了普罗大众。

3. 新兴电子媒体的崛起：声音及其潜力

以收音机、留声机、电话为代表的电子化声音出现之前，中国民众已经在日常生活中感知到了新声音——"演说与讲报、宣讲等一起，构成了当时的'口语启蒙'的组成部分"。[2] 近代史上的重要人物，如孙中山、秋瑾、李大钊、鲁迅、闻一多等，均采用过公开讲演的方法来启迪民智。演讲成为一种重要的知识传播方式，对青年人影响甚大。在新式学堂中，教师慷慨激昂的演讲与学生自发组织的讲演团一起传播着新的思想。青年毛泽东就曾被孙中山的演讲所打动，"感到他有一种宏伟的气魄"。[3] 也正是因为演讲所具有的突破现有秩序的力量，清末在制定"学堂禁令"时明确规定"各学堂学生不准联盟纠众，立会演说，及潜附他人党会"。[4]

何以声音的力量可以感染人群，这需从声音、听觉的本体去理解声音的知觉机制。"不论是语言知觉和音乐知觉，人类似乎有一种先天的听觉机制"，听觉皮层在母亲的子宫中就开始发展并成为人类具身的感知，"特定文化中的声音在我们的听觉神经系统中一旦牢牢扎根，我们的听觉对别的种类音响形态的感知就变得比较困难"。[5] 这种人与生俱来的感知能力具有建构中心的效应，使得"我成为感知和存在的核心"，在沃尔特·翁看来，也正是声音的这种特性使得其有着与视觉迥异的运作机制，"视觉使人处在观察对象之外，与对象

---

[1] 沃勒斯坦. 沃勒斯坦精粹 [M]. 黄光耀，洪霞，译. 南京：南京大学出版社，2003：527-528.

[2] 康凌. 启蒙的声音与声音的启蒙：公众演讲中的大学教育、社会想象与国家政治 [J]. 东岳论丛，2017，38（11）：25.

[3] 栾和庆. 孙中山的演讲学思想 [J]. 扬州大学学报（人文社会科学版），1986，4：75-79.

[4] 朱云峰. 清末民初济南公共领域的近代转型（1904-1919）[D]. 济南：山东大学，2006.

[5] 霍杰斯，西博尔德. 人类的音乐经验：音乐心理学导论 [M]. 刘沛，译. 北京：中央音乐学院出版社，2015：115-117.

保持一定的距离",人可以通过闭眼或改变视觉焦点来选择性地观看,但听觉却不是如此,它"汹涌地进入听者的身体",因而"视觉起分离的作用,听觉起结合的作用"。[1] 齐美尔也看到声音能够引发统一体感觉的潜力,"语音包含着难以计数的听众身体作出有形反应的可能性。在一般情况下,总不会有太多的人有着同样的视觉印象,与此相反,有异常多的人会有同样的听觉印象……在社会学上把音乐会的听众凝聚到一个很密切的统一体和共同的情绪里,这种密切程度是博物馆的访客所无法比拟的"。[2]

声音与聆听能够引发强大的情感共鸣,因其是一种"将异己的思想内化于己"的艺术,并且这种"异质性的遭遇首先是在身体,或是说情动(affect)的层面展开的",因而演讲与聆听能够制造出新的情感,甚至是制造一个政治共同体。[3] 这种独特性使得声音既可以被用作规训的工具,也具有解放的潜力——一方面,在特定的地理空间中,弥散的声音会抵达所有人的耳朵,所有个体都无处可逃,只能被声音所环绕;而另一方面,声音传达又是一种具身性的互动过程,任何有着发声器官的个体都可以在特定空间发出不可预测的声音,让他人听到,引发他人的情感共鸣,并呼吁他人参与到共同行动中来。

在电话技术发明之前,声音只能是具身性的,不能被复制、存储、运输,随着电话、留声机、广播等电子声音技术的发明,声音的跨时空流动成为可能。尤其是伴随着广播媒介的发展,作为想象收听对象的"大众"可以通过电波听到遥远的声音,因而本雅明认为广播"拥有空前强大的技术潜力,能同时对无数的大众说话,普及化因而已超出了其善意的、人道主义的意图","事实上这种普及,不仅是在大众的方向上调动知识,而且也在知识的方向上发动大众"。[4] 孙中山也看到了新媒体占领空间、发动民众的潜力,并且开始利用新媒体进行救国思想的传播。1924年5月30日,孙中山在广州作题为《勉励国民》留声制片演讲,这段演讲"号召国民猛醒,立志拿革命的主义去救国,以求中国与列强并驾齐驱。为方便全国受众收听,演讲内容特使用普通话和广州话(粤语)两套语言进行灌录。后《中国晚报》将其制成国语及粤语唱片,向国

---

[1] 翁.口语文化与书面文化:语词的技术化[M].何道宽,译.北京:北京大学出版社,2008:54.

[2] 齐美尔.社会是如何可能的:齐美尔社会学文选[M].林荣远,编译.桂林:广西师范大学出版社,2002:330.

[3] 康凌.启蒙的声音与声音的启蒙:公众演讲中的大学教育、社会想象与国家政治[J].东岳论丛,2017,38(11):27.

[4] 本雅明.两种普及:广播剧的基本原则[J/OL].热风学术网刊,2006,3.

内外各地广为发行,使革命家孙中山的声音从此'得永与国人相接'"。[1] 当第一个无线电台出现在中国上海时,孙中山也表示"余尤欣慰",看到了其能够致力于国家统一的潜力:"吾人以统一中国为职志者,极欢迎如无线电话之大进步。此物不但可于言语上使中国与全世界密切联络,并能联络国内之各省各镇,使益加团结也。"[2]

值得一提的是,广播作为一项现代发明,在全球大都市的扩散几乎是同步的。在20世纪20年代,中国上海已经与美国纽约、英国伦敦、法国巴黎一同进入了广播声音塑就的电子媒介世界。最早进入中国的无线电台来自美国,它的社会扩散路径依靠的是私人商业力量,而非如美国早期的邮政体系一般是具有公共服务功能的信息基础设施。[3] 与西方绝大多数国家一样,中国广播也是"传播手段的问世先于广播内容的诞生",其普及与推广主要依靠的是制造与贩卖收音机的商业力量,因而收音机工业的发展、广播的普及与以家庭作为生活中心的"流动的藏私"过程同时发生。收音机"原始目的是设计来作为传输与接收之用,至于在此系统流通的是哪些内容,则没有或很少预留定论",[4] 在商业力量的驱动下,除部分新闻类、教育类节目之外,以上海为代表的都市广播节目以娱乐节目为主。用收音机收听娱乐节目"成为当时上海市民重要的娱乐休闲活动和时髦摩登的表现",并经由广播广告"消费符号的塑造刺激、引领着市民的消费欲望和消费意识"。[5] 广播、收音机逐渐参与建构了现代的都市文化。

自然,孙中山理想中的"电子团结"和"流动的藏私"之间有着深刻的矛盾,前者期冀广播能够承担团结社会、联合大众以救亡的社会使命,而后者只是成为都市现代消费主义的一道风景。在中国面临内忧外患的背景下,商业化的广播被批评违背了广播电台应承担的使命,本应"用迅速的方法传重要的新闻",最终沦为"以宣传货物为主要任务……不得不利用娱乐节目来吸引听众"。[6] 正如一首名为《收音机》的新诗所写:"小小收音机,谁不说稀奇!听

---

[1] 龚铭,张道有.中山先生的一天[M].北京:中国国际广播出版社,2017:269.

[2] 刘家林.中国新闻史[M].武汉:武汉大学出版社,2012:501.

[3] 席勒.信息资本主义的兴起与扩张:网络与尼克松时代[M].翟秀凤,译.北京:北京大学出版社,2018.

[4] 威廉斯.电视:科技与文化形式[M] 台北:远流出版事业股份有限公司,1994:38-40.

[5] 刘月影.无线电广播与上海早期都市文化建构(1923-1949)[D].上海:上海师范大学,2014:18,39.

[6] 赵玉明.中国现代广播简史[M].修订本.北京:中国广播电视出版社,2001:24.

筒套在耳朵上，度盘旋转随人意，有时听故事，有时听唱戏，有时听报告，远地传来新消息；只可惜，听不到灾区同胞的呻吟；只可惜，听不到东北同胞的叹息。"[1] 这种"大众"广播的发展路径实则将广播限制在有消费能力的都市有闲阶级之中，直到新中国成立初期，整个中国的收音机普及率极低，全国拥有的收音机只有100万台左右，普及率在0.2%左右。[2] 因为收音机价格昂贵，即便在作为都市的北京，直到1949年只有1.2%的家庭拥有收音机。[3]

而如雨后春笋的众多民营电台更是以"四分五裂"的状态出现，曾任国民政府中央广播事业管理处处长的吴保丰曾形容它们"大都电力微弱，功用只限于一隅，财力所限，优美节目，难于征求，教育效能，徒成幻想；机件则七拼八凑，节目则五花八门"，同时各地区之间发展极不平衡，"有一地有四五十个电台者，有四五省范围内竟无一台者，大小杂陈，良莠不齐，各自为政，互相干扰"。为此，他呼吁对广播有个整体性的规划，建立全国性广播网以获得国际话语权并团结起来抵抗外侮：

> 盖时至今日，广播之效益，已超乎寻常娱乐之上，而为国际宣传侵略之唯一利器矣。返顾我国，幅员广大，人口众多，交通阻梗，民智闭塞，加以频年国难，民志消沉，团结御侮，复兴民族，实属刻不容缓。在承平之时，广播事业用以辅助教育，提倡高尚娱乐，固为唯一之利器，一旦国家有事，对内则集中意志，共赴国难，对外则宣传正义，博国际之同情，更非藉广播不为功。环顾域外强力之大台，有增无已，大有筑成一广播壁垒以包围吾国之概，造谣煽惑，咄咄逼人，形势严重，未可轻视。中央虽有七十五千瓦之大台，其如孤峙力微，不足抗衡何！[4]

在吴保丰看来，当时的"广播事业缺少整个计划，规范未备，步骤未定，组织散漫，资源缺乏"，在这样的状况下，"孤峙力微"的中央台难以起到对内集中意志、对外宣传正义的作用。他期待建立一个由中央、区、省市、地方几个层次联合联动的全国性广播网，以便整合配置全国的资源，发挥广播最大的作用。但这个设想在当时面临着巨大的挑战，要建立由国民党党中央管理下的

---

[1] 伯攸. 收音机[J]. 小朋友，1935，640：10.
[2] 郭民良. 新编中国国情教育读本[M]. 北京：中国政法大学出版社，1991：74.
[3] 当代北京编辑部. 当代北京广播史话[M]. 北京：当代中国出版社，2013：28.
[4] 吴保丰. 建设全国广播网计划草案[J]. 无线电，4（2）：89.

一元传播体制就必须有效地整合散落的商业资本。而各地的广播电台多由私人经营，以营利为目的，因而整合的理想最终难以成行。

而侵略者日本，却已开始在占领地区开始了一元的、官办的广播建设。日本本土的广播是由东京放送局于1925年7月12日正式开播，不到一个月关东州递信局就在大连开始试播。为了把控"满洲国"的通信权，1933年，日伪在东北建立了"满洲电信电话株式会社"（简称"满洲电电"），作为管理整个东北地区电报、电话与广播事业的机构，目的是"使日本人，特别是帝国将校参与满洲国电信电话公司的创设与经营，以贯彻（日本）帝国的政策和军事上的要求……使公司的实权把握在日本方面的手中"。伪满广播用多语种播放，其中的汉语广播目的是摧残中国人民的民族意识、为日本侵略战争服务。日本人在1939年出版的伪满《放送年鉴》中声称："对建国时间不长，国家观念比较淡薄的民众进行民族协和、王道精神、日满一德一心方面的指导，提高国民的国家意识，努力建成东亚协同体，是汉语广播的根本方针。"[1]

为了控制收听，日伪政权从源头出发，强化对广播收听设备的管理。汪伪政府颁布的《无线电收音机取缔暂行条例》《违禁收音机使用特许标准》等，对收音机听户做了严格的规定，首先是要全部在政府登记注册，未经许可制作使用、持有或转让违禁收音机将会入刑。同时对广播的收听频率做出了规定，只能收听550千周至1500千周内的广播。为了保证听众的收听方位，勒令听众拆除机器上的短波部件。[2]

为了扩大广播的影响力，从内容上来看，日本通过"满人嗜好调查"等受众调查了解中国人的听觉偏好，并将"日满协和""王道政治""大东亚共荣圈"等内容放到中国传统戏曲、相声等文艺节目中。从终端设备上来看，1936年，日本生产并销售价格远比进口收音机便宜、只能收听本地广播的"电电型"收音机，同时还设立了"收音机商谈所"负责收音机贩卖、修理及争取听众工作。[3] "满洲电电"通过在各地举办展览等形式推广收音机，对于收听费欠费的听众，为了政治的需求他们也并不采取收缴措施，甚至通过分期付款的方式

---

[1] 赵玉明.中国广播电视通史[M].北京：中国广播电视出版社，2014：52.

[2] 薛文婷.日伪沦陷区的广播媒介控制[G]//段京肃主编.新闻春秋：第五辑 抗日战争与新闻传播学术研讨会、抗战广播史研讨会论文集.北京：首都师范大学出版社，2006：449.

[3] 哈艳秋.日本侵华时期的日伪广播研究[G]//中国广播电视协会.中广协会2004年度立项课题成果汇编.北京：中国广播电视出版社，2006：517.

强制市民购买只能收听本市广播的"协和式"收音机。[1]北平在日伪统治期间大约推销了四万台这种型号的收音机,[2]直到1945年日本战败撤出中国,伪满广播估算的收听签约数已经达到70万人。[3]

无论是现代报刊的发展还是电子媒介进入都市生活,早期中国的新媒介都是先在都市生根。通过电报、电话、留声机、收音机、电影院、百货商店、马路、报纸、现代学校等种种现代标志,都市成了一个迥异于传统社会的陌异世界。这也是一个世界性的现象,"由于许多社会的和历史的原因,19世纪下半叶和20世纪上半叶的大都市,变成了一个全新的文化维度。它现在远远超过了非常巨大的城市,甚至超过了一个重要国家的首都城市。它是新的社会关系、经济关系和文化关系开始形成的场所"。[4]在全新的社会空间中,电子媒介的涌现改变了原先的信息传播构型,作为消费者的都市大众能够通过电波领略到各种声音,也给予了知识分子以想象,试图通过广播来进行团结与教育民众。在很长一段时间内,都市都被视为能够促成中国新生的应许之地,无论是具有学识的人群还是现代先进的工业,大多寄生于都市。所以无论是精英知识分子试图教育公众,还是革命者试图颠覆腐朽的旧政权,都将都市作为行动的场域。

但在都市之外,电子媒介展现出了巨大的革命性力量。尤其是在1930年之后,当红军的作战形式由游击战过渡到以运动战为主时,能够实时调度、增强协同作战能力的无线电变得不可或缺。在当年9月红军第二次攻打长沙不克后,毛泽东总结的失败原因之一是"技术条件不具备……交通器具如无线电等我们也没有,以致两个军团联络不好,因而失机"。[5]此后,红军开始加强无线电军队的建设,在1931年的《红一方面军命令——调学生学无线电》这一文件中可以看到红军对于无线电作用的认识:

一、使我们中央与其他各特区,一、三军团与红军其他各军团的通

---

[1] 齐辉.伪满时期日本对华广播侵略[EB/OL].(2015.07.02).[2017-9-02].http://whis.cssn.cn/bk/bkpd_qklm/bkpd_bkwz/201507/t20150731_2102866.shtml.

[2] 谢萌明,陈静.北平抗战实录:沦陷时期的北平社会[M].北京:北京出版社,2015:202.

[3] 赵玉明.日本侵华广播史料选编[M].北京:中国广播电视出版社,2015:10-14.

[4] 威廉斯.现代主义的政治:反对新国教派[M].阎嘉,译.北京:商务印书馆,2002:65.

[5] 江西省委党史研究室.第四届湘鄂赣苏区论坛论文集[M].南昌:江西教育出版社,2017:284.

讯灵便。

二、使我们容易得到外面的以至国外的政治消息。

三、使我们各军间的通讯更加密切。

四、使我们更能封锁敌军的电台，侦查其行动。[1]

无线电技术使得实时的远距离沟通成为可能，毛泽东敏锐地看到这一特质可以使党能够有效管理孤立的散落在各地的革命根据地，即便是在传统地理空间的边缘位置——农村，依然能与全国乃至全世界建立广泛的联系，广播或有改造或颠覆"中心-边缘"结构的力量。他指出："由于无线电的存在，纵使我们在农村环境中，但我们在政治上是不孤立的，我们和全国全世界的政治活动的关系是很密切的，同时，纵使革命在各个农村是被分割的，而经过无线电，也就能形成集中的指导了。"[2] 从1940年开始，延安新华广播电台开始播音，此后各地新华广播电台陆续开播。当时延安广播的主要内容包括：时事新闻、解放区消息、解放区介绍、言论、通讯和故事、记录新闻、文艺节目等。[3] 自此，中国共产党开辟了新的宣传战线，也捕捉到了广播除娱乐与社会控制之外的另一个功能——成为人民的代言人。延安《解放日报》一篇介绍 XNCR 的文章这样写道：

试想：中国人民向来没有人代表他们说话，后来出了一个人民的政党，创造了人民的军队，建立了人民的解放区，出版了许多人民的报纸，这才有人民自己说话的自由、机会和工具。但无论如何，他们讲的话还是有许多人听不到，尤其是沦陷区和大后方的同胞，这该多么遗憾！……无线电国语广播，在世界上已经出现了好几十年，但中国人民真正得到它，能够经常地使用它，可以说还是第一次，这的确是值得好好纪念的。[4]

这种"人民广播"的自我定义，在 XNCR 周年纪念广播的讲话中被更为

---

[1] 中共江西省委党史研究室.中央革命根据地历史资料文库军事系统：9[G].北京：中央文献出版社，2015：648.

[2] 总参谋部通信部.中国人民解放军通信兵史：第一编 革命战争时期[M].北京：军事译文出版社，1992：21-22.

[3] 赵玉明.中国广播电视通史[M].北京：中国广播电视出版社，2014：97.

[4] 中央人民广播电台研究室，北京广播学院新闻系.解放区广播历史资料选编（一九四〇—一九四九）[G].北京：中国广播电视出版社，1985：63-64.

详细地进行阐释,并呼吁广泛的人群通过 XNCR 发出自己的呼声:

> 我们创办这个电台,有一个真诚的愿望,就是我们说的话,不仅仅要代表人民的利益,而且我们愿意把它变成一个全国人民说话的地方……你们不要忘记,XNCR,它是真正代表着人民的声音。各位先生!在你们中间,不论是国民党军队的军官和士兵,不论是公务员,不论是大学教授或者中小学教员,不论是学生,不论是民族工业家或者商店的老板,不论是工人,不论是店员还是学徒,不论是哪个党派或者无党无派,假如你们有满肚子的苦楚,没有地方去申诉,对时局有意见,没有地方去发表,就请告诉我们吧!……让几万万人都能听到,而唤起他们对你的同情和援助。[1]

延安广播电台尽管身在共产党实际掌握的边区,但其发挥作用最大的地方却是"蒋统区",即"立足解放区,面向全中国,而以国民党统治区的听众为主要对象"。[2] 尽管在国统区收听延安广播要被扣上"偷听敌人宣传"的罪名,依然吸引了不少民主党派人士与青年学生聆听,以了解解放区的新动态。这甚至影响到国民党的军队,"据国民党一艘军舰起义的官兵说,他们起义,是受了延安广播的影响,而他们收听延安广播,对延安广播发生兴趣,最初是从收听《李有才板话》开始的"。[3] 甚至,国民党宣传人员都表示"中国共产党的广播对一般游离分子,中间偏左以自由主义者自居的知识分子,以及情感易于激动的纯洁的青年学生,实在是莫大的诱惑"。[4]

通过无线电广播,中国共产党的思想理念、政治实践、文艺创作得以向国统区扩散并获得支持,同时国统区内民众的呼声也有了表达的空间并激起更多民众的认同,以延安新华广播为中心构建了新的信息场域,建立了跨越国统区与解放区的电波"共同体"。这些都使得共产党的影响超越其自身的边缘地理位置——"偏僻的根据地与农村地区"亦可成为传播构型的中心。星星之火通

---

[1] 中央人民广播电台研究室,北京广播学院新闻系. 解放区广播历史资料选编(一九四〇—一九四九)[G]. 北京:中国广播电视出版社,1985:72-73.

[2] 赵玉明. 中国广播电视通史[M]. 北京:中国广播电视出版社,2014:93.

[3] 吉林人民广播电台. 中国广播电视史座谈会专辑[M]. 1983:30.

[4] 彭芳群. 政治传播视角下的解放区广播研究[M]. 北京:中国传媒大学出版社,2014:148.

过电波引发共鸣，让人心向往之，最终在未来的中国土地上形成了燎原之势。

三、乡村传播的现代形塑：从社会边缘到历史主体的农民

1. 农民之变：社会转型中的"工农军"群体

在施坚雅的论述中，晚清与民国早期"农业商品化稳步继续，且可能在加速进行"，但大多数中国乡村与国际市场的联系方式依然与16世纪类似：通过商贩的中介，几乎从不出远门的农民将其生产的农业产品与城市产品进行商品交换，并在较低频次的市集上与"小贩、剃头匠、戏团、接生婆以及如道士之类的礼仪专家往来"，实现物品、服务乃至观念的内部传播。[1] 与此同时，随着西方列强而来的资本主义正在逐步渗透到中国底层，"从沿江沿海逐步深入内地，便利用了原有市场的辐射效应……大都市影响中小城镇，沿海沿江影响内地，城镇影响近郊和乡村，近代化程度高的工商行业影响程度低的行业"。[2] 这种辐射性的渗透，使得外部世界细微地改变着农民的生活，农民依然以一种稳定的传统方式生活。

但19世纪西方的坚船利炮打破了节奏，携着战争攫取的政治便利，中国被迫打开大门，而农民也被迫卷入资本主义的世界体系中来。最为直接的影响就是，"洋货"逐渐取代了中国的"土货"，充斥着中国的市场。在五口通商初期，洋货在中国市场上的占有率很低，"日用洋货被视为有钱人家为了好奇炫新才会买的奢侈品。因此，这一时期进口的洋货大多销售不旺，特别是英国人的棉纺织品，几乎没有销路。"[3] 但是到了19世纪晚期，情势大变，"外国洋货输入大量增加。据海关资料统计，19世纪40年代为3000万海关两左右，50年代为5000万海关两左右，80年代末超过1亿海关两，到1894年则达到162102911海关两。"[4] 洋货所到之处土货难以招架，《河南官报》描述当时的状况："洋货山积，土货寥落，除花纱、呢羽、火油、色布大宗不计外，即日用零星如针线、纽扣、

---

[1] 沙培德. 战争与革命交织的近代中国（1895—1949）[M]. 高波, 译. 北京：中国人民大学出版社, 2016：113-114.

[2] 桑兵. 历史的本色：晚清民国的政治、社会与文化[M]. 桂林：广西师范大学出版社, 2016：160.

[3] 张剑. 1840年：被轰出中世纪[M]. 上海：东方出版中心, 2015：272.

[4] 吴慧. 中国商业通史：第5卷[M]. 北京：中国财政经济出版社, 2008：105-106.

铁钉、纸张之属，亦多充牣罗列，无论大小市镇，触目无非外货。"[1] 大量洋货冲击了本来属于土货的市场份额，也使得市镇经济受到严重冲击，导致了地方经济的凋敝。从英美货品到日货，洋货占领市场的趋势贯穿晚清民国期间，并激起一阵阵拯救国货的民族主义思潮。以民国期间山西省为例，"山西每年输入货物价额，不下4000余万元……在输出方面，固不能说是没有，但是为数之微，实在不能与输入相提并论"，是以阎锡山发出"卖货者存，买货者亡"的拯救土货呼声。[2]

洋货入侵逐渐冲垮了几千年来的农本经济结构，也带来了自然经济的解体。从中国手工棉纺织业的破产过程中可以一窥资本主义经济是如何如水银泻地般渗入中国农耕经济肌理并腐蚀改造之的。吕世辰论述了19世纪60年代廉价洋纱洋布在中国的倾销最终引起手工棉纺织业的解体，"首先是洋纱代替土纱，纺与织相分离。其次是洋布代替土布，使耕与织相分离。这样原来与农业结合在一起的家庭手工织业就必然衰落下去，手工织业与农业分离，也使城镇里的手工织业者走上破产的道路。"[3] 凡是资本主义触角所达之地，乡村经济就要随之转型，包括农业种植的内容也要适应全球市场的新需求，如"西平县自京汉路通车后，'四方辐辏，所出芝麻等物，销路日广，小民贪锥刀之利，往往逐末忘本，粮食各项以播种渐稀，价值昂贵'。河南境内种植的经济作物输出量较大的有棉花、花生、烟草、芝麻和大豆……"。[4]

经济的凋敝、转型也影响了农村的生活秩序，由于农业地租利润率远远低于工商业资本利润率，曾经在乡村中起到基层管理作用的乡居地主纷纷进入城市，成为城居地主，面向农村的投资日益枯竭。同时，乡村精英流入城市以及科举制度的瓦解，使得教育资源集中在城市的新式学堂之中，长久以来乡村精英的生产模式也难以为继。中国古代官学教育体系中没有面向儿童的初等教育，"中国古代的蒙养教育，上自王公贵戚的保傅宫廷教育，下至民间的家族、私塾教育，几乎都是在程度较为低级的私学中完成的，其性质属于私家教

---

[1] 苏全有，李长印，王守谦. 近代河南经济史：上[M]. 郑州：河南大学出版社，2012：354.

[2] 李茂盛. 民国山西史[M]. 太原：山西人民出版社，2011：236.

[3] 吕世辰. 农民流动与中国社会结构变迁[M]. 北京：新华出版社，1999：145.

[4] 苏全有，李长印，王守谦. 近代河南经济史：上[M]. 郑州：河南大学出版社，2012：355.

育",[1] 通常乡村之中是以家族为单位以私塾的方式培养家族中有望读书之人。通过私学的初等教育,优秀的人才脱颖而出,通过官学、科举体制进入精英阶层的序列,自此形成耕与读的有效统一。但科举制度的瓦解使得乡村的整套教育体系与城市的教育体系脱节,乡村中培养的读书人并不能够顺利地进入新的知识评价标准之中。这些聪颖的、能读书识字的农村精英,在成为帝国精英的道路上已经不是一帆风顺,成了前文所述的"边缘知识分子"大军中的一员,这也截断了此前促进城乡对流的一股力量。

而城市却展现出生机勃勃的不同面貌,并吸引着大量从乡村逃逸的投资。同样是在资本主义经济的影响之下,现代工业在中国开始发展,新兴的国外投资工业、官办工业与民族工业也需要大量的新型劳动者——工人。城市的优渥薪金、新兴生活方式的吸引以及乡村经济解体之后乞食谋生的需求,使得这些乡村经济所无法承受的劳动力外流,成为城市中各种新工厂、新产业的从业者。吕新雨指出,在民国初、中期,"民工潮"愈演愈烈,"一千五百万大致可以确定为二十年代末期三十年代初'民工潮'的基本面貌"。[2] 这些人成为中国的第一批现代工人,《上海乡土志》的《女工》部分记载了这个历史过程转型:

> 本邑妇女向称朴素,纺织而外,亦助农作。自通商而后,土布滞销,乡妇不能得利,往往有因此改业者。近来丝厂广开,各招女工以缫丝。此外精于铁车者,可制各种衣服及鞋袜;精于针黹者,可制各种顾绣;精于手工者,可制各种绒线之物。苟擅一长,即能藉以生活。惟获利虽易,而勤俭之风不古,若是可叹也。[3]

乡镇与农村人口向新兴工业城市的大量迁移,加速了中国近代的城市化进程。20世纪前期的30余年中,中国见证了一批大城市与特大城市的兴起,如上海,从一个小市镇一跃成为拥有百万人口的大都市。何一民对当时的中国城镇人口数量做出估算,"中国的城镇居民人口总数应在7300万-8000万,其城镇化水平在16%-18%,是近代中国百余年间城市化发展过程中的一个高峰……到了民国前期,百万人口以上的特大城市已有2个,50万人以上的大城市7个,

---

[1] 杨卫安.中国城乡教育关系制度的变迁研究[M].长春:东北师范大学出版社,2015:81.

[2] 吕新雨."民工潮"的问题意识[J].读书,2003(10):52-61.

[3] 胡祥翰.上海小志[M].上海:上海古籍出版社,1989:103.

20万人以上的大城市有11个"。[1] 正是在这种情况之下，"农村"与"农民"成为一个混乱时局、变动时代的象征，传统意义上均质的、作为农耕社会治国之本的"农村"与"农民"已不复存在，存在的是一个随着资本主义渗入中国而逐渐变动的、复杂且脆弱的农村，以及随着诸多新兴产业出现而拥有多重且嬗变身份的农民。

这种社会剧烈变迁下的多元身份，使得农民成为新社会阶层、新产业的人才蓄水池，在战乱频仍的年代也是最为重要的兵源。今天的农民，明天可能就会成为城市的新兴工人甚至是战场之上的军人。尽管这些人的生活空间从农村转向城市，从事的职业也有了千差万别的变化，但由于根深蒂固的宗族制度及血缘牵绊，这些新兴工人、军人与乡村依然保持着千丝万缕的情感联系与物质往来。同时，清末巨变急剧地改变了乡村知识精英的生活处境，在传统社会中他们与农民的生存轨迹是隔离的——乡村识字阶层可以在科举制度下获得晋升之道，最终负责管理人群、传递文化；而农民们被固定在土地上从事劳作，年复一年，代复一代。因而乡村知识分子对农民生计的道德关怀背后，是恪守儒家伦理、保证社会稳定的共识，但无疑知识精英是教导者与管理者，而农民是被教育与被管理的对象。在新式学堂、新学为社会追捧之时，当乡村原先的土壤不复存在之时，乡村知识精英的上升渠道呈现阻滞状态，这些"以天下为己任"的乡村知识精英在现实生活之中四处碰壁，如若不能通过新式学堂进行转型，在城市里往往被辨识为"识字的农民"。在这种状况下，进城的乡村知识分子和农民处于相同的社会处境之中，在心理情感层面更容易形成共鸣。

传统社会的农民更接近于斯皮瓦克所言的"底层"（subaltern），"没有和社会流动相联系的路径，他们不能移动，没有路径，因为所有的线路都飘忽在他们的空间之外……而对于真正的 subaltern 而言，是没有途径斗争的"。[2] 但社会的剧烈震荡摇晃了、颠覆了封建皇权，也使得农民被迫流动，成为新的社会结构中的主体。欲"使每一个中国人都能具有国民之资格""重造中华民族之魂"的新民改良派，对"上等社会"失望而欲将希望寄托于"下等社会"的知识分子，那些被迫走出乡村却在城市中遭受挫折的农村知识精英，以及走出乡村成为工人、军人、新市民的曾经的农民，共同塑就了一股文化潮流——"农

---

[1] 何一民. 从农业时代到工业时代：中国城市发展研究 [M]. 成都：巴蜀书社，2009：619，622.

[2] 生安锋，李秀立. 后殖民主义、女性主义、民族主义与想象：佳亚特里·斯皮瓦克访谈录（下）[J]. 文艺研究，2007（12）：59.

民正在闯入受过教育的国人的意识之中。在小说中，农民——生活中的、栩栩如生的、有想法的——开始作为具有鲜明个性的鲜明人物出现了"。[1]农民这个符号不再隐匿于对世界的再现文本之中，这种转变源于对历史状况的重新审视，毛泽东就曾经提及这个问题：

> 有一天我忽然想到，这些小说有个特别之处，就是里面没有种地的农民。人物都是勇士、官员或者文人学士，没有农民当主角。对于这件事，我纳闷了两年，后来我就分析小说的内容。我发现它们全都颂扬武士，颂扬人民的统治者，而这些人是不必种地的，因为他们拥有并控制土地，并且显然是迫使农民替他们耕作的。[2]

一系列关于农民的文学作品随之诞生，尽管依然是由知识分子来代替农民发出声音，但农民的形象、农民的情感世界、农民的生命境遇开始浮现在国人眼中。正如茅盾的"农村三部曲"——《春蚕》《秋收》《残冬》所描绘的，农民成为社会动荡与转型、外国资本侵蚀与蚕食的受害者，只能被动承受着民族的苦难，在压迫性的社会结构之中寻求出路。老一代农民用一生的处境发出悲凉的诘问，而新一代农民则更加清醒，用新的方式去改变处境，农民的生活状态成为国难之时整个中国社会的象征，在知识分子的有意识构造之中，"慢慢地，农民变得不再面目不清且消极被动；相反，他们首先是特定社会不公的受害者，最后则其本身就是道德能动者"。[3]这种对农民的全新认识与寄予农民的期待有着深厚的社会基础，就是在社会转型过程中出现的新的人群，均与农民有着千丝万缕的联系，这种"工-农""军-农""学-农"结构深嵌在近代中国社会的肌理之中。

进入城市的这些"工-农""军-农""学-农"最先作为"大众"，被视为新的启蒙对象与潜在的社会变革参与者。鲁迅指出，长期以来精英知识分子与底层之间的关系是隔绝的，尽管劳苦大众"毕生受着压迫"，有很多苦痛，但

---

[1] 沙培德.战争与革命交织的近代中国（1895—1949）[M].高波，译.北京：中国人民大学出版社，2016：341.

[2] 吴黎平.毛泽东一九三六年同斯诺的谈话：关于自己的革命经历和红军长征等问题[M].北京：人民出版社，1979：9-10.

[3] 沙培德.战争与革命交织的近代中国（1895—1949）[M].高波，译.北京：中国人民大学出版社，2016：340.

"从知识阶级看来，是和花鸟为一类的"。[1] 戊戌变法的失败让传统知识分子康有为、梁启超试图作为"帝王师"开启变革的美梦"变成了一场充满血腥味的噩梦。不过，这场梦魇却促成了知识分子划时代的转变，即由追求做'帝王师'到追求做'大众师'的转化。此后中国知识分子便开始了各式各样的'化大众'（即启蒙大众）的努力"。[2] 正如前文所述，这种转变是渐进的，最终凝聚成共识，知识精英们对于语言文字的改革就是最为直观的体现。这种改造后的、经由新兴大众媒介传播的知识信息，直接面对的就是涌入城市之中的"工-农""军-农""学-农"阶层，这些人成为城市中的大多数。他们既被改良者视为社会渐进转变的必要依托，也被革命者当作社会激进转型的依靠力量。

尽管资本、人才弃乡村而去，纷纷涌向城市，但依然有人数众多的农民留守在占据最广大国土的乡村之中。面对凋敝的乡村，有两股力量"逆流而行"。其中的一股力量是从20世纪20年代开始兴起的乡村建设运动，据当时的南京国民政府实业部的统计，至1934年，全国从事乡村建设运动的团体和机构达600多个，在各地设立的实验区超过1000处。[3] 这场乡村建设运动的主体呈多元化特征，既包括社团组织，又有行政机关等，其中最具代表性的是分别在江苏南京、河北定县、山东邹平、重庆北碚从事乡村建设实验的陶行知、晏阳初、梁漱溟与卢作孚等。这是在"中华民族的力量在农村"的共识下有意识的"知识下乡"，晏阳初曾阐述其意义：

> 它对于民族的衰老，要培养它的新生命；对于民族的堕落，要振拔它的新人格；对于民族的涣散，要促成它的新团结、新组织。所以说中国的农村运动，担负着"民族再造"的使命。[4]

梁漱溟也将这场运动视为一场振兴运动，是为了避免"民族的生命随着文化的动摇，而崩溃，而覆亡"，而之所以选择乡村，是因为这些知识阶层的目标是追求"中国社会平均的、普遍的进步"，而在尚未城市化的中国，绝大多数人口依然在乡村。梁漱溟看到了中国与高度城市化的西方国家处于不同的发

---

[1] 鲁迅. 鲁迅杂文全集：下 [M]. 北京：群言出版社，2016：356.
[2] 夏文先. 四十年代文学争论与当代文学规范建构[M]. 合肥：安徽大学出版社，2015：37.
[3] 江苏省住房和城乡建设厅. 乡村规划建设：第5辑[M]. 北京：商务印书馆，2015：16.
[4] 晏阳初. 晏阳初全集：第1卷 [M]. 长沙：湖南教育出版社，1989：294.

展阶段,且批判了以殖民主义为基础的西方发展路径,将乡村建设作为寻找中国独特现代化路径的立足点。在他看来,乡村建设、重建中国文化的路径有两大要点:

> 一个要点就是我们要把科学技术应用到生产上面,应用到生活的各方面;还有一个要点,就是要把向来中国人散漫的生活变做有团体组织的生活。这第一个要点是科学技术,第二个要点是团体组织。我们要在团体组织中来应用科学技术。或许有人要问:这个团体组织从哪个地方讲求起?科学技术的利用又从哪里做起?那我们的回答就是要从乡村做起。[1]

由此,乡村建设者们开始试图将农民进行现代组织,并将科学技术应用于乡村之中。也就是在这段历史中,1930年河北定县出现了中国第一座对农广播电台,提出"担送收音机进村"的口号,试图教育农民,帮助农民实现科学化、现代化。[2] 这些乡村实践试图从文化教育、社区组织、经济建设等方面重新建设现代化的乡村,通过教育农民识字、引进现代媒介等手段让农民接受新的知识信息,以拓宽农民视野、培养新型现代农民。这些作为"逆行者"的知识阶层,将"大多数人的发展"作为行动的出发点,虽然零星的实验不能引发社会的整体性变革,但也积累了一些历史经验。而另一波乡村建设的力量,来自在国民党的围剿屠杀之下进入乡村开展革命运动的中国共产党。中国共产党对乡村土地所有制的革命,对于乡村社会的动员组织与治理实践,对于政党与农民关系的探索,对乡村社会乃至中国社会产生了更为深刻的影响。

2. 延安传统:中国共产党在乡村的传播实践

民族危机迫使近代中国寻求转型,在世界图景中寻找到一整套现代性方案,以报刊为主的大众传媒以及电报等新兴电子媒介也参与到寻找、实施现代性方案的过程中。随着西方国家打开中国大门、资本主义工业生产方式在中国的落地,中国的都市迎来了前所未有的发展。无论是人口的集中、新兴产业的发展,还是都市生活方式的兴起,城市成为中国人体验现代性的第一站。20世纪初的各种大众媒体,无疑都是以城市为中心的,尤其是中国的几个大都市。

---

[1] 梁漱溟.乡村建设运动[G]//杨力.中国抗战大后方中间党派文献资料选编:上.重庆:重庆出版社,2016:347-348.

[2] 宫承波.中国第一座对农广播电台考[J].现代传播,2005(3):38-38.

资本主义工业化加速了城市化的进程，也开启了以城市为中心的现代化路径。无论是自由主义还是马克思主义的启蒙现代性方案中，处于方案中心位置的都是都市和现代公民，而非农民和农村。马克思提出小农"取得生活资料多半是靠与自然交往，而不是靠与社会交往"，他们并没有被视为现代化进程中的主要力量，新的社会状况下产生的城市无产阶级才是革命的主力军，正如列宁所说，"从《共产党宣言》开始，整个现代社会主义所依据的无可怀疑的真理，就是资本主义社会中唯一真正革命的阶级是无产阶级。其余的阶级只是在某种程度上，只是在一定的条件下才能成为和实际成为革命阶级"。[1] 因而中国共产党最早期的活动，也主要集中于北京、天津、上海、广州等地，这些都是中国最重要的中心城市与主要工业城市。

1927年，在城市起义屡遭失败之后，毛泽东提出将革命工作的重心由城市转移到敌人统治薄弱的农村去，并在井冈山建立了中共领导下的第一个农民革命根据地，自此开始了"农村包围城市"的中国革命道路。中国共产党在革命形势逼迫之下进入乡村，并且在乡村开始了以马克思主义理念为指导的社会建设，实际上是处于极为困厄的状态：首先，其所在的地理空间在全国范围内属于资源匮乏的边缘地带，这意味着该地区原有的经济基础与人才储备都较为薄弱；其次，在这些区域能够组织起来进行社会建设的主体只能是农民，如果无法发动起农民的能动性，根据地的巩固与建设根本无从谈起；再次，正统马克思主义所认为的革命动力是产业工人，列宁主义的苏联能够提供的更多也是城市革命夺取政权的经验，中国贫苦农民被视为革命的动力，被纳入"中国革命的先锋队"中来，这个设定被视为"一个异端"，[2] 这意味着需要大量马克思主义中国化的本地实践与探索。这一切都意味着中国革命注定要走一条属于自己的道路。

1935年长征的胜利意味着国民党对红军的围追堵截彻底失败，也使得中国共产党可以在延安建立长期稳定的政权。在延安时期，中国共产党在马克思主义理念的指导下开展了土地改革与各种社会改革活动，并进行政治、文化、经济等全方位的建设。这些建设及其成果在其让天下归心、获取全国性统治权的过程中起着重要的作用，也成为马克思主义中国化的成功实践，因而对这段历史实践的追溯显得格外重要。中共中央所在的杨家岭，就是延安城西北方向的

---

[1] 列宁. 列宁全集：第6卷[M]. 北京：人民出版社，1986：376.

[2] FAIRBANK J. The United States and China[M]. Harvard：Harvard University Press，1983：287.

一个小山村，中国共产党领导人在此生活工作了多年，并与当地的老百姓打成了一片。就这样，中国共产党不仅仅试图将农民变成革命的动力，试图将自己作为工农利益的代表者与捍卫者，在延安时期，党内领导人的生活空间甚至也与农民高度重合。在20世纪40年代初中国共产党通过整风运动确定了走"群众路线"的方针，并将其作为最为重要的政治原则，毛泽东指出：

> 我们共产党人区别于其他任何政党的又一个显著的标志，就是和最广大的人民群众取得最密切的联系。全心全意地为人民服务，一刻也不脱离群众；一切从人民的利益出发，而不是从个人或小集团的利益出发；向人民负责和向党的领导机关负责的一致性；这些就是我们的出发点。共产党人必须随时准备坚持真理，因为任何真理都是符合于人民利益的；共产党人必须随时准备修正错误，因为任何错误都是不符合于人民利益的。[1]

这里的"群众"和"老百姓"，自然是以农民为主体的。要使农民成为革命的动力，成为新社会积极能动的建设者，就要让他们能够理解中国共产党所勾勒的新世界蓝图，即"我们的政策，不光要使领导者知道，干部知道，还要使广大的群众知道"，"一个新的社会制度的诞生，总是要伴随一场大喊大叫的，这就是宣传新制度的优越性，批判旧制度的落后性"。[2] 同时，毛泽东认为以农民为主体的群众蕴藏着巨大的智慧，而共产党员需要帮助农民组织起来，改善农民的实际生活，不能与国民党一样只是向民众索取而不解决民众的实际困难，他在《组织起来》一文中明确表示共产党人组织群众的方式与路径：

> 我们共产党员，无论在什么问题上，一定要能够同群众相结合……"三个臭皮匠，合成一个诸葛亮"，这就是说，群众有伟大的创造力。中国人民中间，实在有成千成万的"诸葛亮"，每个乡村，每个市镇，都有那里的"诸葛亮"。我们应该走到群众中间去，向群众学习，把他们的经验综合起来，成为更好的有条理的道理和办法，然后再告诉群众（宣传），

---

[1] 毛泽东. 论联合政府[M]//中共中央文献研究室,中国延安干部学院.延安时期党的重要领导人著作选编：上. 北京：中央文献出版社，2014：305.

[2] 毛泽东. 毛泽东新闻工作文选[M]. 北京：新华出版社，1983：149，178.

并号召群众实行起来,解决群众的问题,使群众得到解放和幸福。[1]

从这些言论可以看出,在以毛泽东为代表的共产党人看来,理想的党与群众的关系应该是这样的:群众要能够听到党的呼声,配合党的路线、方针、规划,发挥主观能动性,同时又能够表达自己的利益诉求,并时刻能够监督党修正错误,保证其不脱离群众;而党应该将群众的利益放在至高无上的位置,随时倾听群众的吁求,又能够及时向群众表达自己的社会规划,同时根据实际状况和群众反馈进行工作方式的调整。在这种"人民本位"的政治意识形态共识驱动下,要塑就这种理想的党群关系,中国共产党人与农民之间势必要形成信息、知识、情感的广范围、高强度互动,以保证中国共产党永远不脱离群众,也保证群众永远维护党的领导。

这种信息、知识、情感的互动最终导致的共识与合意,能够产生巨大的革命性力量,如毛泽东所言:"只要我们依靠人民,坚决相信人民群众的创造力是无穷无尽的,因而信任人民,和人民达成一片,那就任何困难也能克服,任何敌人也不能压倒我们,而只会被我们所压倒。"[2] 由此,以毛泽东为代表的共产党人重视革命文化在革命运动中的作用,并指出:"革命文化,对于人民大众,是革命的有力武器。革命文化,在革命前,是革命的思想准备;在革命中,是革命总战线中的一条必要和重要的战线……'没有革命的理论,就不会有革命的运动'。"[3] 由此形成关于中国革命的独特的实践策略理解,即"首先制造舆论,夺取政权,然后解决所有制问题,再大大发展生产力,这是一般规律"。[4]

早在1929年,中国共产党已学习苏联经验,在中共六届二中全会宣传工作决议案中指出训练工农通讯员是组织党报的重要条件之一,是地方党部与支部共同应负的责任。"为要求使党报能达到极通俗而适合于工农群众的需要,并且能迅速反映各方面工农群众的生活与意识","党必须责成每个支部选定至少一个工农通讯员,使与党报发生直接的关系,负供给新闻材料的责任而受党报

---

[1] 毛泽东. 组织起来[M] // 孙晓忠,高明. 延安乡村建设资料:2. 上海:上海大学出版社,2012:422.

[2] 毛泽东. 论联合政府[M] // 中共中央文献研究室,中国延安干部学院. 延安时期党的重要领导人著作选编:上. 北京:中央文献出版社,2014:306.

[3] 毛泽东. 毛泽东选集第二卷[M]. 北京:人民出版社,1991:708.

[4] 黄卫星,李彬. 葛兰西与毛泽东"文化领导权"思想比较[J]. 清华大学学报(哲学社会科学版),2012(3):128.

的指导"。[1] 同时要求在宣传时根据受众的接受状况决定宣传的内容形式，"为要适合于一般工农群众的兴趣，与一般比较落后的女工童工苦力工人农民的文化水平，党必须注意编印发行画报画册及通俗小册子的工作……此类小册子每种篇幅均不宜过长，内容不宜太繁复，最要能做到工农群众都能了解，能普遍散发到成千成万的工农群众中去"。[2]

在1942年《解放日报》社论中，提及了报纸"不仅需要有能干的编辑与优秀的记者，而尤其需要有生活在广大人民中间的、参加在各项实际工作里的群众通讯员"，并鼓励参与实际工作的群众通讯员写出"所接触的群众的行动、群众的意见，你日常工作中所遇到的新的情况、新的问题，并不需要什么特别费劲的去摹拟新闻笔调，或装进什么一定的格局，只要如实的、具体的（把时间、地点、人物和情节交代清楚）就好"。[3] 除了呼吁识字的群众通讯员能够反映农民的生活境遇、心声观念，报纸表达也力求通俗、口语化。著名的农民作家赵树理曾在《新大众报》做过编辑，他的写作力求让农民能听懂，"我写一行字，就念给父母听，他们是农民，没有读过什么书。他们要是听不懂，我就修改……这样，从前只有少数知识分子看我的作品，现在连穷人都普遍能看到了"。[4] 赵树理在《新大众报》发表了十几篇快评，以通俗晓畅为大众所欢迎。这种口语化的报纸内容，使粗通文字的农民能够更容易贴近文字的世界。

同时，为了鼓励农民成为通讯员、让报纸的内容更加贴近民众，报纸提倡"写话"的新闻写作方式。这种新闻写作方式实际上是精通文字的报纸编辑与粗通文字的农民通讯员通力合作的结果，即农民通讯员们以平常讲话的方式来自我表达，编辑们再将口头表述进一步去芜存菁，最终让文章得以发表。通过这种方式解决了粗通文字者难以熟练掌握书面语言的难题，这种口语化的表达方式也有利于报纸内容的大众化传播，《盐阜大众》就用这种"写话"的方式进行了探索：

> 报纸的语言问题不解决，就很难表达工农兵思想感情……后来赵平

---

[1] 中央档案馆. 中共中央文件选集：第5册 1929[M]. 北京：中共中央党校出版社，1983：264.

[2] 中央档案馆. 中共中央文件选集：第5册 1929[M]. 北京：中共中央党校出版社，1983：267.

[3] 北京广播学院新闻系. 中国报刊广播文集：3[M]. 1980：103-104.

[4] 赵树理. 赵树理全集：第3卷 1945－1950[M]. 北京：大众文艺出版社，2006：168.

生同志发现农民和战士，乡村的农民干部，他们平常说话、谈工作讲得很生动，很有情趣，语言和词汇很丰富，把它记下来，去掉些重复的话，就是一篇地地道道的大众化文章。这样，赵平生同志就提出了"写话"这个写作方法。就是要求工农兵通讯员，用"写话"办法来写稿子，你心里想什么就说什么，怎么说就怎么写。对报纸的编辑，要求他们认真学习农民的语言，用"写话"的方法来编报，修改通讯员写来的稿子。[1]

这种"写话"的新闻写作方式的推广，使得粗通文字的农民通讯员们能够在编辑的帮助下发出自己的声音、书写自己的日常生活世界和思想观点，也鼓励了农民们积极脱盲，掌握文字工具。一位名为秦广智的青年农民在"写话"的鼓励下，半年里学会了几百个字，而他作为农民通讯员发表的第一篇文章只有60个字。[2] 通过写稿，他的文化水平逐步提高，同时也带动了身边一群人参与写稿，"见了谁就跟谁啦，每开会时他就想说两句，别的干部说：'人家才认几个字就能写，咱就不能写吗？'在他的影响下好多区干部都动起笔来"。[3]

鼓励农民参与制度性的大众传媒内容生产，其前提就是农民具有一定的媒介素养，能够识文断字。党报通讯员首先要能够书写，所以要想真正将农民纳入党报的通讯员网络是一项长期的、综合的工程，首要的是将农民迎入文字的世界。抗日战争爆发后，陕甘宁边区开启了"发展民众教育，消灭文盲"的识字运动，意在让广大农民在不耽误生产的状况下，学会读书识字。为了让更广大的民众快速地进入文字的世界，边区识字运动靠的是对乡村的高度组织。1939年8月颁布的《陕甘宁边区各县社会教育组织暂行条例》指出，相关的组织形式包括识字组、识字班、夜校、半日校、冬学和民众教育馆6种。[4] 在教农民识字的过程中，也注重对于农民的组织，如以家庭为单位建立识字组、在乡村设立识字促进会等方式，让农民在社群中脱盲。同时，为了解决农村教师数量匮乏的问题，创造性地实施"小先生制"，即让先识字的小学生教不识字的家人与邻居。[5] 这种高度组织、广泛动员、随学随教的方式，使得识字运动

---

[1] 王阑西. 驰骋华中：和少奇同志在一起的日子[M]. 北京：中国文联出版公司，1995：204.

[2] 杨新正. 中国新闻通讯员简史[M]. 北京：人民日报出版社，2014：83-84.

[3] 冀鲁豫日报史编委会. 冀鲁豫日报史[M]. 贵阳：贵州人民出版社，1993：252.

[4] 陕西师范大学教育研究所. 陕甘宁边区教育资料：社会教育部分 上[M]. 北京：教育科学出版社，1981：98-100.

[5] 王建华. 抗日战争时期陕甘宁边区的识字运动[J]. 中共党史研究，2010（2）：70.

能够覆盖更多的农民。

尽管中国共产党试图将农民拉入文字的世界，但在具体传播实践中要取得即时的传播效果，文字信息并不是最适用于农民的宣传。20世纪初的农民适合什么样的宣传方式？张亚雄曾就此进行了论证与探讨：

> 适用于对农民大众宣传的工具，要算唱歌、广播、电影、演讲、戏剧数种。很显明的可以看出适用于对农民大众的宣传，文字是除外的。农民大众所欢迎的不是阅读，而是看与听。看的意义是看戏，听的意义是听曲儿听故事，一落文字，大众便茫然不得其解，索然不知其味……农民大众的感官是直觉的，农民大众最发达的接受器官为"耳"。耳的作用是听，农民大众最喜欢道"听"而途"说"。而其说，又可以很迅速的直接传入其他农民大众的耳。[1]

可见，对于没有文字书写阅读能力的农民来说，具身性的口耳相传是更加直接有效的传播方式。毕竟绝大多数农民都是文盲，但所有的农民都有用口语进行表达的能力。在中国共产党早期的实践中，曾大量组织农民进行口语群体传播的实践，并以此促进各项工作的开展。这些具身性的口语群体传播，改变了农民的认知，激发了农民的情感。裴宜理在理解中国革命时曾提及"情感"的重要作用，并指出在中国革命中中国共产党如何运用情感工作来提升投身正义事业的士气，而催发这些情感的往往是农民的集体参与与集体表达，而这些情感又有助于新秩序的建立。[2]

诉苦就是其中最为典型的一种群体性的、以口语传播为主的、激起情感的传播模式。这种传播模式被有效地运用到农民运动中去，用以改变农民的认知、形塑农民的行为。《大众日报》的一篇文章指出"新解放区农民运动的一般程序是：先从反奸诉苦入手转入减租减息，最后转入生产运动"。[3] 诉苦之所以能够起到这种效果，是因为诉苦大会是一场引导农民表达的即兴戏剧。所有的农民既是演员，又是观众，既参与诉说，又参与倾听，这种"表演"通过自我表述与集体呼应引发了巨大的情感共鸣。

---

[1] 张亚雄.花儿集[M].北京：中国文联出版社，1986：24.

[2] 裴宜理.重访中国革命：以情感的模式[J].中国学术，2001（4）99-100.

[3] 董本来.关于反奸诉苦减租减息与生产运动的相互关系及斗争的环节问题[M]//中共山东省委党史研究室.解放战争时期山东的土地改革.济南：山东人民出版社，1993：455.

作为仪式化的政治行为，诉苦既成为农民公开政治表达的演习，又让农民感知到"邪不压正"的象征胜利。通过诉苦，曾经失语的人群，包括底层农民、农村里受压迫的妇女们纷纷开始说话，以平等的主体身份进入乡村的政治生活中去，成为共产主义运动的有机组成部分。在一个成功的诉苦大会中，阶级敌人必须屈服于群众的集体力量，因而一些组织者为了诉苦大会的成功，会事先选择好合适的阶级敌人。通过这种与自我相关的道德戏剧展演，农民们学会将自身的命运和阶级联系起来，并且将能言善辩、积极参与乡村社会事务、勇于改造现实与理想的农民形象相联系，重新确立能动的、反抗的、新的农民主体性。

如果说传统中国是通过保证核心区的方式来实现对于全域的统治，那中国共产党则是在乡村找到了自己的阶级基础和群众基础，进行了区域性的社会建设，并通过跨区域的无线电将延安的进展告知全中国和全世界。中国共产党对于边缘地区的建设启发了人们对于另一种社会发展模式的想象，电波中的延安让人心向往之，在某种程度上实现了边缘对于中心的颠覆。这种强大的感召力的根源，是革命文化正在成为工农劳苦民众的文化，中国共产党与农民之间知识、信息、情感的交流，共同塑就了改造社会的伟大力量。这种群众路线的社会建设方案和政党政治方案呼吁一整套与之匹配的全新的传播构型，就中国共产党的早期实践而言主要包括两方面：一是将农民的声音诉求、农民的文化表达、农民的信息接收纳入制度化的大众传媒内容生产与传播过程之中；二是通过教育农民、组织农民等方式重塑能动的农民主体，提升农民的媒介素养与政治参与，使其有能力成为社会变革的发声者、行动者与参与者。

这种生成性的、新的传播构型根植于中国共产党的政治传统，也由中国共产党的政治使命所形塑，并被视为"群众路线"实施的重要保证。"民不可使知之"的传统被颠覆，取而代之的是需要教育农民、组织农民，使得农民与执政党形成共识合意，发挥人民的潜力，最终突破结构性的压力，取得革命的胜利。

四、小结

本章历史性地回顾了中国千年以来传播构型的衍变过程：欲在小农经济的物质基础上实现对广袤国土的治理，传统中国采取了郡县制的管理模式与儒法意识形态的社会规范，并最终形成了以"大一统"为主的历史治理格局。而用于信息、人、财、物流动的传播构型，也是服务于中国古代社会的治理结构。

在这个结构中,知识阶层作为帝国的治理者,独占着一整套以文字符码为主的信息系统,实现帝国中心对边缘的有效统治并书写着历史;而帝国边缘的被统治阶层,则处于信息贫困状态,他们被固定在土地上,只能在口语文化的小圈子内生老病死、不停循环。

这种二分的传播构型,使得知识阶层的天下与农民所在的地方泾渭分明。士农工商的阶层区隔与相应的资源倾斜,使得知识阶层在社会中占有绝对优势的位置,而其他社会成员也被要求安于自己的社会身份,以服务于农耕社会的稳定运行。这种高水平停滞的超稳定结构,被19世纪初帝国主义的坚船利炮所打破,惊醒了天朝上国的迷梦,由此中国进入了由西方资本主义国家所定义并形塑的全球化过程之中,古老中国岌岌可危,民族存亡危在旦夕。列强的冲击动摇了皇权的绝对统治。以现代铁路、邮政、报纸、无线电报等为代表的现代交通工具与信息传播技术也随之输入,对西方国家而言,他们希望通过传播基础设施建设与新闻信息的传播实践,使中国能够服务于资本主义全球经济体系,成为合格的原材料产地与倾销地。

而中国的知识阶层也开始"睁眼看世界",试图拥抱先进的传播技术为我所用,以纾国难。要呼吁众人成为挽救民族危机的能动主体,以解决动乱,恢复社会秩序,那就要打破精英与底层的隔绝状况,"化大众"而兴国族。在这种共识下,面向大众的传播呼吁着传播手段、传播符码的变革,旧的文字系统首当其冲成为需要改造的对象,以生成一种能够覆盖更广大民众的、适应新知识传播的、唤起民众变革热情的普遍性的语言。无论是"字话一律""字画简易",还是更激进的"废除汉字"的呼声,都试图打破知识阶层对语言的垄断,将大众拉入改造中国社会的阵营中来。

能够跨越时空的全新的电子媒介,也被赋予了各种新的社会想象,并被不同的社会主体使用以缔结不同的社会关系:以孙中山为代表的革命者们看到了新媒体占领空间、发动民众的潜力,试图利用新媒体进行救国思想的传播;商业力量通过无线电收音机开辟了新的消费娱乐市场,从而成为都市现代生活的一道风景线;日本帝国主义侵略者看到了收音机的社会控制功用,将其作为摧残中华民族意识的侵略工具;而中国共产党则敏锐地捕捉到其具有改造或颠覆"中心－边缘"结构的力量,尽管身处农村但依然可以成为全国人民的代言人。

在中国被卷入资本主义世界体系的过程中,农村市镇衰落,自然经济解体,破产的农民与知识阶层均涌往城市,新的信息知识传播、文化娱乐活动多发生在都市,而乡村成为被遗忘的边缘。在社会的剧烈变迁下,农民成为新社会阶层、新产业的人才蓄水池,并在动乱时局中开始了多元身份的探索,并被视为中国悲惨现状的社会表征以及改变中国积贫积弱现状的潜在动力。从20世纪20年代开始，因城市革命失败而转入乡村的中国共产党，在对资源薄弱的边缘区域的建设中，寻找到了改造社会、振兴民族的力量源泉。

通过确立"群众路线"的政治传统，中国共产党人开始塑造一个理想的党群关系，即群众在党的指导下践行路线、方针、规划，同时具有高度的主观能动性，能够表达利益诉求并监督党的工作；而党通过维护群众利益而获得政治合法性，恪守"人民本位"的政治意识形态，最终实现社会理想。为塑就理想的党群关系，与之匹配的全新的传播构型开始建设，农民被纳入制度化的大众传媒内容生产与传播过程之中，同时通过教育农民、组织农民等方式提升农民的媒介素养与政治参与能力，以此保证"群众路线"的实施。

无论是工农通讯员制度的设定，还是组织农民形成识字组、识字班等识字运动，或是以口语群体传播的形式进行诉苦运动，中国共产党试图与普通民众之间进行广范围、高强度的互动，在信息、知识上教育农民并通过情感、政治来发动农民，以建设一种新的社会关系。通过延安的一系列建设，中国共产党与民众之间建立了鱼水般相互依存的关系，从而使得地方政权得以稳固，并最终成为一整套另类的现代化模式而吸引了都市的目光，并在电子媒介的传播之下以星星之火之态缔造了跨区域的社会认同。

第三章 全国收音网建设：新中国成立初期的"信息下乡"

一、"人民本位"：新中国建设指向下的传播构型重塑

1. "时间开始了"：进城的共产党与一个新中国

1949年，中国共产党在与国民党的对决中获得了决定性的胜利，从而取得了全国绝大多数地区的统治权。新政权接管了原有政权的所有资产，没收了官僚资本，将帝国主义在中国的资产收归国有，在此基础上开启了新的国家建设篇章。在治理制度上，新中国沿袭了中国长久以来的郡县制治理传统，在战乱之后继续着"大一统"的治理格局。在新中国成立初期，在中央、省、市（县）的行政级别之外，还先后建立了东北、华北、西北、华东、中南、西南六大行政区，作为中央政府的派出机构领导区内的各省、自治区、直辖市人民政府。

对于中国共产党要进城继而治理全中国这一历史性转变，党的领导人毛泽东将其称之为"进城赶考"，并在进入北京之前发出"决不当李自成"的口号。"赶考"是一个古典意象，却契合共产党彼时的境况——古代的知识分子通过科举才能成为帝国认可的人才，而只在地方上开展过治理实践的新生政权，也需证明自己能够胜任治理全国的历史使命。而"李自成"则是共产党对自身的警示，如果不好好"考试"，如李自成发起的摧枯拉朽的农民起义也会在获取政权后迅速败灭。其实早在1945年，黄炎培在访问被众人视为未来希望的延安时，就提出了一个关于政权治理的"周期率"难题："一人，一家，一团体，一地方，乃至一国，不少单位都没有能跳出这周期率的支配力。大凡初时聚精会神，没有一事不用心，没有一人不卖力，也许那时艰难困苦，只有从万死中觅取一生。既而环境渐渐好转了，精神也就渐渐放下了……总之没有能跳出这周期率。"[1]

---

[1] 朱文根.记载人民创造的历史：卷2[M].北京：方志出版社，2014：1070.

当时的毛泽东，向黄炎培表示中国共产党已经找到了跳出周期率的新路："这条新路，就是民主。只有让人民来监督政府，政府才不敢松懈。只有人人起来负责，才不会人亡政息。"这个论述描述了中国共产党政权对人民的期待，人民需要有建设社会的主观能动性并对政府进行有效监督，以此保证国家的长久繁盛。在1949年6月，毛泽东在其《论人民民主专政》中进一步论述了为何只有"人民本位"的国家才能保证革命者的初心能够善始善终：

> 有了人民的国家，人民才有可能在全国范围内和全体规模上，用民主的方法，教育自己和改造自己，使自己脱离内外反动派的影响（这个影响现在还是很大的，并将在长时期内存在着，不能很快地消灭），改造自己从旧社会带来的坏习惯和坏思想，不使自己走入反动派指引的错误路上去，并继续前进，向着社会主义社会和共产主义社会前进。[1]

正如两千多年前秦王朝为了遏制数代之后分封分裂，而超越性地选择"郡县制"一样，在彼时的中国共产党领袖看来，"人人负责"的"人民本位"的制度设置可以用来避免未来的"其亡也忽焉"。毛泽东所言的"人人负责"，在延安时期已开始付诸实践，即通过"群众路线"这一政治传统来加强党与人民群众之间的联系，将"人民"放到政权治理的中心位置，以此寻求社会建设的共识，获得社会发展的不竭动力。故在为新政权命名之时，呼声最为响亮的就是"中华人民民主共和国"与"中华人民共和国"，两者均以"人民"为名，最终新政权被命名为"中华人民共和国"。中华人民共和国的最高国家权力机关是全民人民代表大会，在第一届全国人民代表大会上通过的《中华人民共和国宪法》，以最高国家意志的方式规定了新中国的社会制度与国家制度。

要建设新世界，就必须打破旧世界，在新中国成立初期，中国共产党通过新的立法来推动新社会的建设。如新中国颁布的第一部法律《中华人民共和国婚姻法》，它从根本上否定了延续千年的封建家长制及男尊女卑的封建家庭道德，确立了婚姻自由、男女平等、一夫一妻的现代婚姻家庭制度，保证了个体的婚姻自由，尤其是女性在婚姻家庭中的平等地位。《中华人民共和国土地改革法》继续推进此前在解放区实施的土地改革运动，目的是"废除地主阶级封建剥削的土地所有制，实行农民的土地所有制，借以解放农村生产力，发展农业生产，为新中国的工业化开辟道路"。通过土地改革，"三亿无地少地的农

---

[1] 毛泽东.毛泽东选集：第4卷[M].北京：人民出版社，1991：1476.

民获得了约七亿亩的土地和大量的生产资料……彻底消灭了封建剥削制度"。[1]各种政治运动与社会运动也如火如荼地展开着。为防止党内逐渐腐化,国家机关中开始了"反贪污、反浪费、反官僚主义"的"三反"运动;为摒除社会工商界的不良作风,开展了"反对行贿、反对偷税漏税、反对盗骗国家财产、反对偷工减料、反对盗窃国家经济情报"的"五反"运动;为涤清恶浊的社会风气,开展了一系列禁烟运动、禁赌运动、娼妓改造运动。

共产党所构想的新中国,其重要的仿效榜样就是苏联,一方面苏联与中国共产党遵循着同一意识形态——马克思主义,同时苏联在社会主义建设实践中取得了巨大的成功——在较为落后的国情基础之上通过各种实践成功地实现了工业化和现代化,跻身当时的世界强国。遭遇百年耻辱的历史与落后就要挨打的教训使得中国共产党也誓要实现中国的工业化,从1951年初起,中共中央政治局扩大会议做出了"三年准备,十年计划经济建设"的重大决策,并成立了由周恩来、陈云、薄一波、李富春、聂荣臻、宋邵文6人组成的核心领导小组,用以编制"一五"计划。到1952年,各大区和各工业部门上报的经济建设指标汇总到中央财经委员会,并获得了苏联方面的指导。中苏两国达成了《关于苏联政府援助中国政府发展中国国民经济的协定》,由苏联支援专家、技术等帮助中国,新中国成立初期工业化的方向、步骤等在探索之中逐渐确定下来。

新政权依然面对着若干不稳定因素。尽管国民党退守台湾,但大量留在内陆的特务人员猖獗,各类反对共产党政权的民间非法组织横行,涉及社会关系、财产关系的社会改革也激起一些反对的声音。从外部环境来说,由于美国扶持的蒋介石政府丧失了对中国的统治权,共产党领导下的新中国处于被美国军事威胁、政治孤立、经济封锁的战略遏制状态。可以说,新中国成立初期面临着各种严峻的考验,在剧烈的社会变迁过程中,对于"人心"的获取变得尤为重要,它关系到对于新政权的信心与肯定。

以作为立国之战的抗美援朝为例,在美苏两大阵营对峙的国际战略格局中,朝鲜战争的爆发与抗美援朝决策的制定,使得新中国需要正面对抗当时世界上最强大的国家之一——美国。对于朝鲜战争结果的不确定性,激发起了国内的一些动荡,包括特务人员、非法组织引发的动乱,以及四处散播的蛊惑人心的流言,这些动乱与流言都引发了或大或小的社会恐慌。明处的暴动可以通过武力的方式解决,但是暗处的舆论战却是一个没有硝烟的战场,流言蔓延背

---

[1] 广东省高等院校《中国共产党简史讲义》编写组.中国共产党简史讲义[M].广州:广东人民出版社,1980:245.

后的社会恐慌与不安的心理,并不能轻易并且彻底地消弭。

李宛聪对新中国成立初期泛滥的谣言进行分析,发现其分为三大类,包括时事政策类谣言、干群关系类谣言和国际局势类谣言,其中数量最多的是前两类谣言。这两类谣言曲解当时人民政府颁布的各项政策,扰乱经济秩序,破坏土地改革,挑唆群众反对政府。而国际局势类的谣言目的是引发恐慌情绪,例如造谣抗美援朝的失败以及第三次世界大战爆发。这些谣言作为社会情绪的一种表征,象征着天下初定时的各种躁动、怀疑与慌乱。面对谣言,《人民日报》社论指出应该对谣言进行"正面的有系统的斗争",时任公安部部长罗瑞卿给中央的报告中指出:"对付反革命谣言,必须实行讲、驳、追三个字的政策,即加强宣传,对谣言正面加以驳斥,以及追究谣言的来源等。"[1]

除打赢舆论战争、消弭谣言流言的危害外,征召兵源、财物募集等也需要大量的社会动员,以满足战争的后勤需求。要为中国赢得稳定建设的空间,除前方战场的将士们勇猛杀敌之外,还需要有后方源源不断的战争物资供给。因而,在抗美援朝期间,为了获得广大民众的支持,使他们积极踊跃地参与这场重大的战役,中国共产党需要进行大量的宣传动员工作,让民众们积极参与政治,而非对这场战争的重要意义漠然无知。在此期间,中国共产党进行了大量的农村动员宣传,宣传的主体除了抽调的机关工作人员、大中学生,还包括已经在农村工作的土地改革工作队、减穗工作队、征粮工作队等。[2]依靠这批宣传力量,中国共产党试图让农民感受到抗美援朝这一战役与自身生活的联系,为了教育农民,需要向他们普及现代政治知识,例如"朝鲜在哪儿,是怎样一个国家,金日成是谁,美国在哪儿,它侵略朝鲜的目的是什么,麦克阿瑟是谁,等等"。[3]

可见,百废待兴的新中国亟需展开的工作虽千头万绪,但有两条主线:一是开始新世界的基础建设,涤清中国大地上的封建势力,将人从封建关系中解放出来,建设一个"人民本位"的社会主义共和国,并开启国家主导的工业化建设;二则是按捺住不利于社会建设的不稳定因子,通过取缔反动会道门、镇

---

[1] 李宛聪.浅析建国初期的谣言及政府应对[M]//中共中央文献研究室科研管理部.中共中央文献研究室个人课题成果集:2014年.北京:中央文献出版社,2015:739.

[2] 马家驹,廖盖隆.怎样在农村中开展抗美援朝运动[M]//中国人民保卫世界和平反对美国侵略委员会.怎样在农村中开展抗美援朝运动.北京:人民出版社,1951:6.

[3] 侯松涛.全能政治:抗美援朝运动中的社会动员[M].北京:中央文献出版社,2012:103.

压反革命运动等方式荡平"敌人"。前者需要动员民众积极参与到社会变革、社会建设之中,后者则需要通过各种方式对抗敌人的"舆论战",这一切均需要大量的社会动员与社会信息传播,无论是进行社会动员、获取社会同意,在内忧外患中消除祸乱、维持社会稳定,还是继续延安传统、贯彻"人民本位"的新道统,中国共产党均需将"人民知晓"放到一个较高的位置,此处的"人民"当然包括涵盖中国绝大多数人口的农民。

2. 全国宣传网:饱和式宣传网络建设与参与式动员

而此时摆在中国共产党面前的社会事实是,它所接手的是混杂的、充满异质性的、散落在全国各地的媒介机构。在延安时期,中国共产党建设发展了一整套依托于报纸、广播等媒介渠道的新闻宣传体系,由于根据地散落在全国各地,尽管这些媒介机构在思想意识形态方面是统一的,但它们的组织结构、实践活动有着相对的独立性。同时,接管全国政权之后还有如何安置旧有传媒机构的问题。如1949年9月时,共产党领导下建设的三十五个广播电台散落在华北、东北、华东、华中各地,而与此同时全国解放区还有三十多座私营电台,其中绝大多数都集中在上海。[1] 同时新中国成立初期全国还有大量的私营报纸存在。据新闻总署1950年2月不完全统计,全国当时有私营报纸55家,其中华东区24家,华北区10家,中南区2家,西北区3家,东北区2家,华侨私营报纸7家。[2]

这种国有、私营媒介机构并存的媒介生态,如何改造之使其适应新的社会需求,成为重要的问题。在各大城市被解放之后,各地的军事管理委员会就开始公布私营电台的管理条例,对本地的广播电台进行规制管理。如北京在解放初就取缔了中国、民生、军友三家广播电台,这些被称为"封匪特广播电台""反动广播电台",在《人民日报》《光明日报》的社论中,可以一窥何以这些电台遭遇封禁:

> (三家电台)在北京解放以前,即从事反革命的罪恶宣传,证据确凿;在北京解放以后,它们仍假私营广播电台之名,暗地进行反革命活动,并不断传播具有封建买办毒素的靡靡之音,继续麻醉广大人民;以虚伪

---

[1] 中央人民广播电台研究室,北京广播学院新闻系.解放区广播历史资料选编(一九四〇——一九四九)[G].北京:中国广播电视出版社,1985:112-113.

[2] 中国新闻学会联合会,中国社会科学院新闻研究所.中国新闻年鉴:1988[M].北京:中国社会科学出版社,1988:525.

夸张的廉价广告，欺骗缺乏常识的顾客。

因为这三家电台在北京解放以后所播的仍多是有毒素的宣传和欺骗市民的广告。那些带着封建、迷信、洋奴意识的节目，夹杂在庄严的新华等国营广播电台的节目中向京市民播送，实在太不调和。[1]

为了使广播电台能够传播新的声音，除了取缔反动电台，登记审核允许继续播音的广播电台也要进行改造。以上海广播电台的改造为例，在新闻出版处登记审核后，有22家电台被允许继续播音，同时也按照"稳定情绪、争取多数"的方针加以改造，并进行了公私合营的尝试——没收了与军统特务有关的原新沪电台的官僚资本部分作为公股，改为公私合营大沪电台，对与国民党社会部"全国合作社物品供销处"有关的原合作电台，改为公私合营沪声电台。之后，两台合在一起，改组为公私合营大沪、沪声广播电台。[2] 最终各私营电台于1952年公私合营成立上海联合广播电台，在1953年并入上海电台。

就这样，在新中国成立初期中国共产党对此前散落在各地的党媒进行了重新整合，厘清了从中央到地方的隶属管理关系。同时，也对此前遗存的私营媒介机构进行了整治，从没收关闭反动媒体，到以公私合营等方式逐渐将私营媒体进行社会主义改造，使得国内的媒体被纳入有效的社会主义管理之中。当然，新政府也开始考虑如何管理在国内能够收听到的国外媒体，"美国之音"等国外电台在新中国成立初期在国内依然能够被收听到，1950年12月当中央宣传会议精神认为抗美援朝运动已进展到"美国自动退出可能性已较大，和平可能性渐大……今后可能会从热战变为冷战"之时，决定"'美国之音'要禁掉"。[3] 通过对私营媒介机构的改造——实施公私合营并最终实现国有化，社会主义政权整合了国境内的传播机构，使其能够发出统一的声音，以稳定社会变革时期的人心，动员大众进入新的历史进程之中。

1950年3月29日至4月16日，新中国成立之后的第一次全国新闻工作会议在

---

[1] 中央人民广播电台研究室，北京广播学院新闻系.解放区广播历史资料选编（一九四〇—一九四九）[G].北京：中国广播电视出版社，1985：350-353.

[2] 赵玉明，艾红红，刘书峰.新修地方志早期广播史料汇编：上[G].北京：中国广播电视出版社，2016：429-430.

[3] 上海华东师范大学中国当代史研究中心.中国当代民间史料集刊15：陈修良工作笔记1945-1951[M].上海：东方出版中心，2015：363.

北京召开。在会议上,新闻总署署长胡乔木重申将延续延安的一些新闻传统,如继续用"群众路线"的方式办报,报纸工作应该联系实际、联系群众、开展批评与自我批评,报纸的内容"应该有生命","告诉群众该走向何处去"等。同时,会议也对全国性的新闻系统做了一些安排与布置,如要将历史上呈分散状态的新华社在"机构上和工作上"统一起来,使其不仅仅在"思想上、政治上统一",还要在"工作上、组织上统一",成为一个强有力的国家通讯社。[1] 作为新媒体的广播也出现在会议的讨论议题之中,会上明确指出:"人民广播事业发展的方向,是以广播为广大人民服务,使之成为人民的讲坛,新闻的播送者,社会的学校与群众文化娱乐的工具。"[2] 中央广播事业局副局长梅益做了题为《人民广播事业概况》的报告,指出了广播电台的发展状况与特点,并提出倡议,要在全国范围内建立广播收音网。[3]

第一次全国新闻工作会议对中国未来的新闻传播提出了纲领性的安排,一方面需要将组织结构、实践具有相对独立性的各种媒介机构进行整合,对全国范围内的信息网络进行重构,从而适配于新生的社会主义大一统实践。对"群众路线"的高度强调,意味着传统中国的"统治精英/被统治的庶民"二分的信息传播格局遭受质疑和反对,其在新政权下已经失去了"合法性",新的信息传播秩序的方向是面向人民大众,而非被少数人所垄断。但要实现"人民知晓"的社会意向,使社会主义现代化的历史目标与稳定大一统的社会秩序得以实现,既有的传播机构建设与改造还远远不够。这意味着要建立一个新的能够服务于"大一统"这一人员组织、资源配置模式的信息传播结构,又沿袭延安公共、公开的政治传统,必须形成从中央到地方乃至到最基层的信息对流网络,让中央的声音为大众所知,亦能让大众的声音传达到中央。也正是在此背景之下,新中国开始开辟全新的新闻宣传格局,开始了全国宣传网的建设。

1951年1月1日,中共中央颁布了《中共中央关于在全党建立对人民群众的宣传网的决定》(以下简称《决定》)。[4]《决定》延续此前党和人民军队内部进行群众宣传工作的传统,指出每个党支部都必须设立宣传员,同时在党的各级

---

[1] 胡乔木传编写组. 胡乔木传:上[M]. 北京:当代中国出版社,2014:154-155.
[2] 司有和. 中华人民共和国科技传播史[M]. 重庆:重庆出版社,2005:235.
[3] 中国社会科学院新闻研究所. 中国共产党新闻工作文件汇编1950-1956[G]. 北京:新华出版社,1980:108.
[4] 中共中央文献研究室. 建国以来重要文献选编:第2册[G]. 北京:中央文献出版社,2011:1-5.

领导机构设立报告员。设立宣传员的制度是参照苏联在群众中设立宣传员、鼓动员的经验，全国性宣传网在中国的东北、华北、华东、中南等地区陆续试行，目的是能够实现对人民群众经常性、制度性的宣传工作。

在建设全国性宣传网的政策中，规定了宣传员与报告员的工作职责范围："党的每个支部应当挑选党员，青年团员和支部周围的人民群众中自愿在党的领导下担任宣传工作的劳动模范和其他革命积极分子担任宣传员"，各级党委领导宣传员的活动，并为他们的活动提供指导和帮助。宣传员通过"多媒体"的方式进行宣传活动，包括"谈话、传递消息、读报、收听和传布人民广播、书写和绘制宣传性的文字图画、编辑墙报等等"，其中既包括人际传播，亦包括大众传播，既包括口语传播，亦包括文字符号传播。

同时，《决定》也指出各级党的领导应当成为更为高级的宣传员——报告员，"经常地向人民群众作关于时事、政策、工作任务、工作经验的有系统的报告"。报告员"由省、市、地方、县和区的党的委员会的书记和委员，在省、市、地方、县和区的人民政府中担任负责工作的党员，以及其他由上述各级党的委员会所指定的党员担任"，可见报告员都是各级党的负责人，报告员的职责是"每两个月必须向城乡人民群众（首先是工人、农民群众）的集会和代表会议作至少一次政治报告……省和地方的党委员会应当选择适当的报告员的报告在报纸上公布"。

全国性宣传网的倡议，体现了中国共产党对于群众宣传活动的雄心壮志，它试图破除一种专业主义的宣传工作方式，摒弃那种将宣传视为媒介机构专职工作的观念，而是试图建设一个能够面向大众的常态化社会宣传机制。《决定》指出宣传网要克服以往宣传工作的弱点，即"各级党的组织往往把它当作一部分人的和临时性的工作，而没有建立必要的制度，使它成为全体共产党员的经常性的工作，并由各级党的委员会给以有系统的领导和管理"。这种饱和式的、高频率、常态化的群众宣传网络，更像是建设了一个覆盖社会有机体肌理的神经系统，试图形成一个从中央到地方、从中枢到神经末梢的快速联动机制。最终的目的是达到《决定》中所指向的目标："随时随地向人民群众进行宣传，以革命精神不疲倦地去教育人民群众，向一切反动的和错误的思想与主张进行不调和的斗争，启发和提高人民群众的觉悟。"

同时，《决定》也规定了执政党的全体成员、整个官僚行政系统都有宣传教化的职责，都需要直接面对公众，进行宣传、释疑、鼓动。这种饱和式的全党宣传、全党动员的传播模式和"治统"受到了苏联宣传模式的影响，列宁曾在《怎么办》一文中如此强调宣传工作："我们党的一切组织和团体每天经常进行的全部工作，即宣传、鼓动和组织工作，都是为了加强和扩大我们和群众的联系。"[1] 同时，这也符合中国传统的"治教合一"理念，正如汉代贾谊所言："有教然后政治也，政治然后民劝之，民劝之，然后国丰富也。故国丰且富，然后君乐也。"将宣传视为国家治理、民众管理的方式加以提倡，也是为了形塑一种良性的党群关系，如《决定》中所指出的，避免"一部分党员在人民群众中进行工作时容易醉心于以简单的行政命令方法而不是以说服解释方法来对待人民群众"。

可见，中国共产党试图打开一种新的信息传播格局，在这个宣传网络中先锋队以及先进分子被放在至关重要的位置上，这也形塑了新中国成立初期的政治传播模式，即政党负责人通过直接向民众作报告的方式来进行宣传动员工作。全国宣传网旨在面向普罗大众进行教化宣传，所有的中华人民共和国国民被视为新社会的建设者，因而它并非将宣传对象视为"消费者"或是"被动接受者"，更加强调的是教化一个积极参与社会事务的国民，在各种社会运动和社会变革中获得广大群众的支持。"人民至上""人民知晓"的新中国传播构型中，自然是涵括了中国最广大农民的，毕竟占据人口绝大多数的农民就是"人民"的重要组成部分。

尽管如前所述的大众传播机构多以城市为中心，但全国宣传网的建设显然是要将宣传的触角延伸到国土的每一个角落，包括乡村。农民在社会建设中起着至关重要的作用，这是早在延安时期就形成的共识。而在新中国建设初期，许多重要的中心工作都需要农民的大力支持与广泛参与，如土地改革运动与抗美援朝运动。土地改革是在农村地区开展的，它直接改变了数千年的土地所有制，深刻地改变了农村的经济关系；而抗美援朝运动作为立国之战，无论是兵源动员还是后勤保障，都离不开农民的支持。可以说，新中国成立初期政权的顺利运转，离不开农民的支持与理解。也正因如此，群众宣传的意义和作用被高度重视，正如夏征农所言：

> 他们不仅缺少文化，也缺少政治。许多问题，他们一时不懂，乃是很自然的事。我们决不能因为他们不懂而不向他们宣传，恰恰相反，正因为他们不懂才需要向他们宣传。因为，人民群众是国家的主人。国家大事，必须他们懂，他们不懂，就不好办甚至办不成。既要他们懂，就一定要宣传。同时，懂是由不懂来的，不懂是暂时的现象，经过反复宣传，

---

[1] 列宁.列宁选集：第 1 卷 [M].北京：人民出版社，1995：101.

自然会慢慢懂得了。[1]

　　这种饱和式的、走"群众路线"的宣传网络的建立，开启了孙立平所言的"参与式"动员方式。与苏联"命令式"的动员方式相比，"参与式"的动员方式在社会变革期间更加容易被农民接受。理想的"参与式"动员的宣传网络建设涵盖了知情、同意、参与等各个环节，大量的宣传员、报告员在宣传网络中起到中介作用，将共产党的各种全国性的方针、政策有策略地进行落地实施。以贵阳市朝阳村宣传员曹桂华的工作为例，她总结的工作经验是："在进行宣传前，要了解当前任务，考虑群众的需求，把这两者正确地结合起来。"在农业互助政策实施之时，"劳动力强"的农户怕"劳动力弱"的农户"沾了光"，并不乐意实施这项政策，曹桂华等人就想到了"互助组实行民主管理、评工记分，按个人贡献的大小来记录成绩，任何人都吃不了亏"的工作方法，以此寻求农民的同意。[2]

　　显然，全国宣传网的建设和顺利运行与整个乡村的社会建设息息相关——无论是政治意识的建设，还是社会组织的发展或是全民教育水平的提升。在新中国建设初期，乡村的党组织、农会、妇联、互助组的建立，使得乡村进入统一的政治管理之中，农民通过参加各种政治组织也逐渐接触到政治，开始参与身边的政治，开始了乡村政治化的进程。同时，扫除文盲运动和教育普及化运动也惠及乡村，在共产党的社会规划中有教育农民这一内容，毛泽东曾言："土改完成，必须立即转入生产、教育两大工作。"[3] 教育公共服务的供给、社会组织的增加，使乡村中涌现出一批识文断字、了解时局的新式农民和受过教育的青少年，农村宣传网中的宣传员也是由这些人组成。以唐山稻地镇霍庄为例，该村以"原儿童团员为主，在青少年中建立了'农村宣传员'队伍，宣传员可参加上级有关会议，定期到乡里学习，回到村里就围绕党的方针政策和中心工作写黑板报、用纸话筒广播、进家入户作口头宣传、帮助烈军属和困难户干活"。[4]

---

　　[1] 夏征农. 夏征农文集：2 党的宣传工作 [M]. 上海：上海人民出版社，2006：197.
　　[2] 中国共产党贵阳市委宣传部. 怎样做好宣传鼓动工作 [M]. 贵阳：贵州人民出版社，1952：58-59.
　　[3] 毛泽东. 建国以来毛泽东文稿：第 2 卷 [M]. 北京：人民出版社，1987：127.
　　[4] 刘建体. 从农村宣传员到县城"七品官" [G]//唐山市丰南区政协文史委员会，唐山市丰南区地方志办公室. 丰南史志资料选编：第四册. 北京：中国文史出版社，2008：5.

到了1952年底，全国宣传网已经发展成为一张遍布全国的巨型网络，其中宣传队伍有近四百万人，成为一张强有力的政治动员与时事教育的宣传网，全国性宣传网由中央直接主导。直到1958年，中宣部明确自己的职责，将重点放在"机关工作"而非"业务工作"之后，中央规定"群众宣传工作力量的组织形式、活动方法，中央暂不做统一规定"。[1] 此后，群众宣传由各地、各部门因地制宜展开，但群众宣传的理念一直深刻地影响着新中国的传播格局。对于广播媒体在中国乡村地区的发展，也必须在此背景下来理解。正是对于群众宣传的强调，使中国的农村逐步进入了新的信息时空之中。

二、被选择的电子媒介：全国收音网建设

1. 收音网：率土之滨的信息同步获取网络

无线电广播对于20世纪50年代初的中国社会，尤其是都市社会来说，已不是一个新鲜事物。在大都市，用收音机听广播早已成为市民主要的娱乐方式和信息获取方式之一。但就全中国而言，广播还是个稀罕物。据统计，新中国成立初期共有收音机100万台左右，相当于每1000个人中只有不到2台收音机。广播在具体区域的分布密度也不一，在1949年的北京仅有1.2%的家庭拥有收音机，而据1950年统计整个贵阳市有1100多台收音机，[2] 1951年辽宁地区5市、县调查表明平均450人有1台收音机。[3] 显然，由于收音机的匮乏，广播在绝大部分地区都难以称之为大众媒介。

加之，20世纪前半叶中国收音机工业发展水平较低，电子工业基础薄弱，无法实现所有广播器材原件的完全国有化，国内使用性能较好的收音机都为进口或者由进口元件组装。即便是全国已有的100万台存量收音机，分布也极不均衡，基本上都存在于大城市，如1947年江西省收听工具调查显示整个江西省的收音机（含矿石收音机）约2000台，其中南昌市区就有约1000台。[4] 在中国的乡村中，难觅收音机的身影，许多农民在有生之年从未见过收音机这一现代

---

[1] 中央宣传部办公厅. 党的宣传工作文件选编（1949-1966）[G]. 北京：中共中央党校出版社，1994：356.

[2] 胡世徽，张湘绮. 最是难忘的一页：回忆心得选 [M]. 贵阳：贵州人民出版社，1999：355.

[3] 辽宁省地方志编纂委员会办公室. 辽宁省志：广播电视志 [M]. 沈阳：辽宁科学技术出版社，1998：153.

[4] 江西省广播电视志编纂委员会. 江西省广播电视志 [M]. 北京：方志出版社，1999：91.

工业品，遑论听到无线电广播的声音。在这种状况之下，在绝大多数地区，信息的流动依然是依靠传统的信息传播渠道，这意味着信息传播的速度依然取决于当地的交通基础设施状况。电子媒介使得人们精神交往所依赖的媒介网络与物资交往所依赖的交通网络得以分化。当都市之间的信息传递已经通过电子媒介即时可达，边远地区、山区成为被电子媒介网络遗漏的角落，从而形成了新的信息获取不平等——显然地理位置偏远的地区相较于核心优势地区来说，难以高效地获取信息。这种电子媒介化外之地的信息获取延时状态成为一种常态：

> 解放初期的南平，在群众中流传着："南平南平、马路不平、电灯不明、消息不灵。"……南平山城虽为闽北交通枢纽，但是从省城福州送来的各种报刊，全靠船只，因为是上水，一般要用三天左右的时间，因此要比省城的人迟三天看到报上的信息。[1]

> 当时条件极为艰苦，交通条件极不方便，平原省办的《平原日报》从新乡到孟县需要四至五天，因此新闻变成了旧闻。[2]

> 特别在当时交通不便的情况下……通过无线电记录新闻传送，比邮寄报刊要快三四天，在交通不便地区能快十几天。[3]

从上述材料中可见，新中国成立初期，从大城市到各县之间都有着数天的信息"时间差"，而传统的交通枢纽，因为没有能及时地加入"电子媒介网络"，也成为信息不畅通之地。从大一些的城市到小的县城尚且有数天之差，那更遑论县城下的各个乡村了。这种电子媒介匮乏造成的信息富裕与贫乏，以及电子媒介蕴含的潜在可能，都被敏锐地观察到。面对广袤国土、复杂地形和参差不一的交通状况，电子媒介被视为一剂良药，能够克服现有的交通运输条件与广袤国土之间的矛盾，实现信息政令的实时跨地区流动。既然旧的媒介形式无法

---

[1] 中国人民政治协商会议福建省南平市委员会文史资料委员会.南平文史资料：第十二辑[M].1991：11-12.

[2] 中国人民政治协商会议孟县委员会文史资料研究委员会.孟县文史资料：第2辑[M].1990：51.

[3] 张长允.山东广播电视发展史1948－1978[M].济南：齐鲁书社，2008：318.

实现信息快速、即时流动的需求，那无线电广播作为新媒体的优势得以凸显。

在既有的收音机资源分配极不均匀的状况下，国家成为重新塑造广播收音网络的行动者。在1950年4月的全国新闻工作会议后，中央人民政府新闻总署发布了《关于建立广播收音网的决定》，指出"无线电广播事业是群众性宣传教育的最有力的工具之一，在我国目前交通不便、文盲众多、报纸不足的条件下，作用更为重大"[1]，要求在人民政府、军队、社会团体、机关、学校、工厂等单位建设收音员队伍。这一决定意味着中国共产党正式开始了无线电广播这一全新媒介的全国推广与应用。

通过广播这一全新的媒介快速地获取信息并建设广播收音网并非是个全新的事物，无线电广播能够跨域空间的特质使其成为当时最先进的媒介工具之一。在国民党统治时期，为了政令的全国推广就曾在全国的县级行政机关开展过建立收音网的工作。以当时的山东省为例，从1932年开始国民党山东省政府就在省内建立收音网，使全省的一、二、三等县均配备了收音机和收音员。国民党时期的收音员主要任务是传达政府内部政令，抄收誊清省政府各机关发布的政令消息，"送县长阅悉后写在县政府门前的黑板上，以示周知"。[2]可以看出，这一时期的广播收音网主要是用于官僚系统的信息同步获取，其面对的是少数政府行政管理人员。

新中国成立之后，很显然，中国共产党视野中的收音网所面对的对象范围拓展成了广大群众，目的是实现《中国人民政治协商会议共同纲领》第四十九条内容之一——"发展人民广播事业"。新闻总署的决定下发几天后，中央广播事业局给下属各地方台下发了更为具体的建设收音网的通知，通知中要求各大行政区人民广播电台"调查与登记各有关单位（即决定中第一、二、三三项所指县市人民政府、部队及机关、团体、工厂、学校等各单位）的收听设备与收音员的计划"，将"登记结果，连同由此拟具的解决方案，包括统一购置与分配收音机、播音器、干电池和必需零件等的办法以及应有预算，一并呈报当地领导机关"。[3]

从此，全国收音网建设在有重点、有步骤的状况下推进，各地根据自身的情况开始收音网的建设。第一批收音网集中在城市的人民政府、人民解放军部

---

[1] 北京广播学院新闻系. 中国报刊广播文集：2[M]. 1980：29.

[2] 赵玉明，艾红红，刘书峰. 新修地方志早期广播史料汇编：下[M]. 北京：中国广播电视出版社，2016：751.

[3] 北京广播学院新闻系. 中国报刊广播文集：2[M]. 1980：61-62.

队、机关、团体、工厂、学校等，同时通过收音员的培训与分配，各专署、县政府的收音站也在1950年到1951年陆续建立起来。各地收音网的建设决议从上到下逐步落实，中央《关于建立广播收音网的决定》下发之后，各大区军政委员会发出建立各大区广播收音网的指示，继而各省的省委发出在省内建立地、县两级广播收音站的通知。如1950年8月西北军政委员会和中共中央西北局相继发出建立广播收音网的指示，要求专署、县政府成立广播收音站，并配备专职或兼职收音员1至2名，当年10月陕西省在安康专区10个县建立了第一批广播收音站。[1]1951年7月，新疆省（今新疆维吾尔自治区）人民政府在迪化专区举办广播收音员培训班后，当年10月新疆的昌吉、乾德、阜康、孚远、木垒河、绥来、景化、奇台等县先后建起县广播收音站。[2]

为了建设好收音网，各省从1950年展开收音员培训工作。要使每个县都能够建立收音站，收音员的培训机会被有意识地分散到全国各县，以便此后初步形成一个从中央到省、到县的信息同步传播网络。收音员培训班一般要求参加者具有一定的文化水平，因为收音员不但要学习无线电基础知识，还要能够听懂普通话并用文字记录下来，因而第一批参与培训的收音员来源主要是教师、宣传干部、中学毕业生等。培训班的内容主要是业务学习，以山东省第一期收音员培训班为例，学习内容包括"收音员的工作任务和工作条例，如何使用包管直流、交流收音机，如何找波段频率，如何记录好新闻等"。[3]江西省的第一期培训班内容大致相同，包括"广播原理、收音机知识、使用方法及简单的维修……讲记录广播知识时，教怎样收听、怎样记录、如何编排、刻版、印刷、出小报及黑板报"。[4]1951年出版的湖南人民广播电台收音员培训班学习资料较为详细地列举出收音员培训的内容，从其目录中可见当时培训的主要内容：

第一辑：思想意识形态的修养，包括《党员个人利益无条件地服从党的利益》（刘少奇）、论革命人生观（听樵）、《加强思想工作、展开思

---

[1] 陕西省地方志编纂委员会.陕西省志：第69卷 广播电视志[M].北京：中国广播电视出版社，1993：336.

[2] 阎志博，七十一团史志编纂委员会.新疆生产建设兵团农四师七十一团志[M].乌鲁木齐：新疆人民出版社，1999：1802.

[3] 政协连云港市新浦区委员会，学习文史资料委员会.新浦文史资料：第4辑[M].1996：48.

[4] 刘枫.江西广播事业创业与发展的峥嵘岁月[M]//危仁晸.回望：2.北京：当代中国出版社，2014：277.

想斗争》(邓拓)、《无线电技术为谁服务》(罗东)。

第二辑:广播事业和收音工作概述,包括《一年来我国广播事业概览》(人民日报)、《必须重视广播》(中央广播事业局)、《大力巩固全区收音网》(熊复)。

第三辑:收音员的工作方法,包括《怎样做一个广播收音员》(左荧)、《凤凰收音站是怎样开展工作的?》(耀群)、《江西省湖口县收音员的工作方法》(广播通报)、《把油印报工作提高一步》(中南台收音站联络组)、《谈谈油印报工作》(本台收音站联络组)、《油印报要怎样处理记录广播材料》(本台收音站联络组)、《油印报要慎重的采用地方新闻》(本台收音站联络组)、《凤凰的油印报是这样推动中心工作的》(黄远溟)、《办好我们的黑板报》(本台收音站联络组)、《谈谈组织收听》(编者)、《收音机下乡是开展农村宣传工作的一个好办法》(左荧)、《怎样办好工厂广播站》(罗东)、《认真总结收音站工作》(本台收音站联络组)、《怎样抄收本台记录广播》(本台播音组)。

第四辑:新闻写作的基本常识,包括《人人要学会写新闻》(胡乔木)、《从五个W说起》(新华社)、《怎样写广播通讯稿》(钱文源)。

这些资料显示,收音员培训的内容涵盖意识形态教育和各种技能培训,在培训中指出了无线电技术是为广大人民服务的,这确定了整个收音网建设的社会意图。同时,收音员所需具备的技能不仅是进行收音记录,还包括组织收听、刊刻油印小报甚至新闻写作等。在收音员培训结束后,各地广播局会给收音员分配建立收音站的各种器材,以苏南人民广播电台举办的第一期广播收音员培训班为例,"会后发给各县一架收音机,因句容当时没有交流电,所以领到一架上海广播器材厂出产的四灯(真空管)直流收音机和A、B两种电池……加上天线、地线、防雷电设备等,一应俱全"。[1] 云南省人民广播电台在1950年12月开始举办广播收音员培训班,经过9个月的培训培养出154名收音员,学员结业后携带国家配发的干电池、电子管收音机等器材前往各县建立收音站,到

---

[1] 蔡竹友.忆句容广播收音站[M]//中国人民政治协商会议江苏省句容县委员会文史资料研究委员会.句容文史资料:第14辑.1996:5.

1952年基本实现县县有收音站。[1]

为了配合收音员的工作，中央广播事业局强调要帮助收音员开展工作，要求各地人民广播电台一方面在机构设置上设立听众联络机构，以指导、联系及协助收音员的工作；另一方面则根据收音员的工作需要调整内容播放的时间，使得中央台、区台、省台记录新闻时间不相冲突，以方便收音员收听记录。为了将全国、省、市范围内的信息及时地扩散到各地，中央台和各地方台都开办了深夜的《记录广播》节目。早在革命时期，中国共产党试图通过广播电台使分散在各地的根据地能够实时地共享信息，就采用了"记录广播"这样的形式，当时的延安新华广播电台传播的大量内容就是"记录广播"：

> 这种《记录新闻》是为了听后用文字记录的口语新闻，用比较慢的速度，每句话重复两三遍，播送经过精编的要闻、社论、重要文章和文告，供听众记录。为了保证记录准确，人名、地名和难写或听觉上容易误解的字和词，都是边广播边解释。一条新闻播完以后再用一般速度重播一遍，以供校对……在延安（陕北）电台中，《记录新闻》大概占三分之一。[2]

新中国成立后"记录广播"的形式依然存在，其内容也是紧贴时政热点和党政方针，试图在全国范围内宣传国家政策。这从各地广播从业人员的回忆中可以看出：

> 当时，全国、全省正在轰轰烈烈进行抗美援朝、土地改革、镇压反革命等运动，收音站抄收的记录新闻，主要内容就是反映三大革命运动的，包括中央、省委的政策、指示，各地运动的成果、经验以及运动中涌现的新人新事等。为配合全省土地改革运动的开展，云南电台根据中共云南省委的指示，于1951年10月举办了《土地改革讲座》（后又办了《土改复查讲座》、《山区土改讲座》和《农业生产讲座》），用记录速度广播，供各县收音员抄收。[3]

---

[1] 中国农业全书编委会.中国农业全书：云南卷[M].北京：中国农业出版社，2001：312.

[2] 当代中国的广播电视编辑委员会.当代中国的广播电视：上[M].北京：当代中国出版社，2009：96.

[3] 云南省地方志编纂委员会.云南省志：卷78 广播电视志[M].昆明：云南人民出版社，1996：153.

收音员的任务是，每天早晚组织机关人员收听中央台和华东台新闻，晚上10点以后记录中央台记录新闻广播。记录最快速度，每分钟能记100多字，在正常情况，一般都能记录清楚，如果气候变化有杂音或收音机发生故障听不清，就很难完成任务了，因此还要学习会修理收音机。[1]

显然，《记录新闻》的内容生产并非单纯为了收听，而是为了再次传播服务，收音员的首要任务就是保证能够每天通过广播记录关键的各种政令、信息。通过让收音员抄写记录新闻，使声音信息转化为文字信息，进而通过文字传播的各种渠道扩散开来。由此，一台收音机可以撬动一个面向更多人的信息传播网络。这个网络首先覆盖的是各级行政机关，以云南曲靖县（今曲靖市）、广西东兰县与江苏省嘉定县（今上海市嘉定区）的收音网活动为例：

收音员每天晚上准时开机，抄收中央人民广播电台和云南人民广播电台的"重要新闻"、"土改讲座"、"生产讲座"以及政策、法令、条例，连夜送交县委书记或值班的县委委员。之后，还油印成《收音简报》，发至区、乡和县直科室……遇有重大新闻，经县委宣传部批准，还组织机关干部、街道负责人到站直接收听。[2]

每天晚上12点后打开收音机记录新闻，直干到深夜2点钟左右，又将收录到的内容整理成文，第二天一早就送到县委书记、县长手中。接着就刻钢板，编印《新闻报》分发给各单位。[3]

收音员经常要从中央人民广播电台"记录新闻"节目中抄收内容。有选择地刻写宣传资料，油印后通过县委机要通讯员分送至全县各区镇

---

[1] 政协连云港市新浦区委员会，学习文史资料委员会.新浦文史资料：第4辑[M]. 1996：49.

[2] 何舜道.简介建市前的曲、沾两县广播事业[M]//中国人民政治协商会议云南省曲靖市委员会文史资料委员会.曲靖市文史资料：第6辑. 1992：193.

[3] 李德才.哪里艰苦到哪里去[M]//广西人民革命大学历史研究会.熔炉（下）：广西人民革命大学师生员工回忆录. 1997：701.

政府，再由各区镇发至各乡，作为黑板报内容。[1]

巴文彪同志任专职收音员，主要任务是收听抄收中央人民广播电台"记录新闻"。每日清晨5点、晚上10点必须准时收听抄收。一日两次，每次一至两个小时，遇有重大新闻，中央台事前通知随时收听抄收。每次抄收的新闻，都用油封纸复写三份，一份送给县委书记陆铁夫，一份送县长朱星，一份留存收音站。这样日复一日，从不间断。[2]

收音网的任务不仅是满足行政管理系统的信息需求，它的一个重要使命是面向群众。早在解放战争时期，每个部队就有类似收音员的人员设置，由专人专门抄收记录广播并油印出来，以供战士们在战壕里阅读了解最新的国内外信息。[3] 这种信息、知识普及的路径在新中国成立后延续着，收音员将远方的声音转化为文字后，通过《收音小报》《收音简报》《新闻报》等渠道传播，成为更广泛的全国宣传网的信息来源。

为了扩大宣传，我将每天抄收的省台、中央台新闻，用"海报"形式粘贴在武定热闹地段，共办了100多期。在魁阁楼上安装高音喇叭四只，用50瓦扩音机，每晚七时至九时转播中央台、云南台新闻和对农村广播节目。同时有针对性地选择组织城区农民、近城小学生、老师收听广播。[4]

对于县以下的乡镇、乡村来说，以《收音小报》为代表的信息载体为当地提供了快速、迅捷接受信息的可能性。这些油印或者石印小报为散落各地的宣传员提供了宣传内容，以黑板报、土喇叭（即基层组织的宣传员运用记录新闻材料，拿着喇叭筒，站在屋顶向群众作口头广播）、口头传播等形式，传到村民耳中。广西壮族自治区与贵州省的两段历史资料详尽地展现了这个过程：

---

[1] 吴惠芳. 忆嘉定县人民政府收音站二三事[M]// 嘉定区地方志办公室. 练川古今谈：第五辑. 2010：232.

[2] 耿文彬. 泰兴收音站始末[M]// 政协泰州市学习文史委员会. 泰州文史资料（1949—1952）. 2008：203.

[3] 温济泽. 延安和陕北新华广播电台[M]// 中国人民大学新闻系. 中国新闻事业史教学参考资料新民主主义革命时期. 1981：693.

[4] 中国人民政治协商会议武定县委员会. 武定文史资料：第1辑[M]. 1995：242.

1950年10月，广西第一批收音站建立后，扶绥、龙津、上林、马山、博白等县收音站的收音员每天收抄广西人民广播电台《纪录广播》[注：应为"记"]节目中播出的政策、政令、指示、重要新闻等，送县领导阅选其中一部分，由收音员排版、刻写腊[注：应为"蜡"]纸，油印成八开小报，传送到区、乡领导和宣传员手里……各县收音站的油印小报每期印发200-700份不等。传送油印小报的组织形式不一……各县油印小报的传递网，区设油印报联络站，指定联络员，收到油印报后即转送到中心小学，再由学校老师及时分发给放学的学生带回村里的小学教师或宣传员，当天出黑板报和屋顶广播……1953年8月14日统计，全省出油印小报的县广播收音站64个……屋顶广播，也称"房顶广播"、"土广播"。即在一个村屯，选择适中的场地，用木头或竹子搭起一个2-3米高的台子，或用土垒砌成1-1.5米高的台子，由学校教师或略识文字的积极分子利用中午或晚上农民休息时间，站在台上用铁皮制作的长形喇叭筒，用当地方言土语或民族语言广播县广播收音站印发的油印小报内容，边念边讲，一般农民都听得懂。[1]

我们以"中共思南县委收音站"名义创办《快报》，就成了干部群众迅速了解国内外大事的迫切需要。《快报》的内容，全部是广播电台的"记录新闻"……最初阶段，《快报》从抄收新闻到油印出版的全过程，都由我个人承担，每天一期，每期一张蜡纸，印刷200至250张。印完就交给县委交通班送发。交通班有十二三个交通员，配备了枪支弹药，养有十几匹高头大马。县委几乎每天都派交通员骑马荷枪往区乡传送文件公函。《快报》创刊后，县委给他们追加了一项送报的任务……《快报》向城镇居民和广大乡村农民进行广播宣传，是通过它的"终端"——黑板报和土广播进行的。因为《快报》刊载的文章都短小精干，长新闻或评论也只有五六百字，"黑板报材料"仅四五十个字，各区、乡、街道、基层经常利用它提供的材料出版"黑板报"。同时，当时城乡发展了一批兼职的宣传员，宣传员也利用《快报》提供的资料，或向集会的群众宣传，或拿着白铁皮制造的话筒向"赶场"的农民开展"土广播"宣传。因此，《快

---

[1] 郑久燊，广西壮族自治区地方志编纂委员会.广西通志：广播电视志[M].南宁：广西人民出版社，2000：114.

报》的印数虽少，但它的外围有城乡星罗棋布的黑板报和土广播，形成了一个松散的广播宣传体系。[1]

可见收音员通过收听广播，将之转化为油印小报与石印小报，这些小报的内容又通过乡村中的宣传员，以黑板报、喇叭筒（土喇叭、土广播）等各种形式的农村媒介传播出去，由此形成了文字信息、口语信息混杂的多重乡村信息系统，也自此开启了县以下信息与全国信息几乎同步获取的新时代。以黑板报为代表的乡村媒介是延安时期"群众办报"的成果，是乡村中最早的大众传媒，在新中国成立初期几乎每个村中都有黑板报。通过收音员、乡村识字阶层（如乡村教师）等的中介作用，最先进的电子媒介与最原始的黑板报建立了联系，使信息能够同步进入中国的每个角落。

通过各省的统计可以看出收音站所拓展的信息传播网络的覆盖面，四川省在1952年底，"180余个收音站中，有71个县收音站编印了收音小报，每期发行1.96万份；有90个县（区）收音站用抄的记录新闻材料，供给9726块黑板报刊登，7370个'土广播'采用"。[2] 贵州省在"一九五〇年三四月，全省开始建立收音站，有二十六个县通过收音站建立黑板报七百二十块，出版了油印、铅印、石印报纸三十九种，刊登广播新闻，发到农村进行宣传……截至一九五一年九月止，全省建立九十七个收音站，有二十七个部队收音站，有一百二十三名收音员受过专门培训，每天收音在六小时左右……各专县收音站经常联系的群众约有二十五万人"。[3] 据1952年12月统计，全国共建起县、区、镇的收音站20519个，有4.2万多名收音员。[4] 1953年的统计数据显示，全国有1056个收音站出版了收音小报，25个省的收音站一共联系了17.16万个黑板报和屋顶广播。[5]

由此，共产党期待广播收音网能够使宣传教育工作"出现几千年来所未有的伟大局面"，即"中央人民政府的每一个命令或指示，或是每一个重要的国

---

[1] 方飞.收音站创业记[M]//方飞.建立中国式的新型老年学：方飞老年学研究文集.贵阳：贵州人民出版社，2005：193-195.

[2] 四川省地方志编纂委员会.四川省志：广播电视志[M].成都：四川科学技术出版社，1996：101.

[3] 贵州省广播电视厅.贵州省广播电视简史资料[M].1985：54-55.

[4] 于忠广.社会转型与对农广播[M].北京：中国广播电视出版社，2009：50.

[5] 当代中国的广播电视编辑部.中国的有线广播[M].北京：北京广播学院出版社，1988：114.

内外新闻，都可以在当天传到全国的二千多个县市，并通过小报、快报、油印报、黑板报和屋顶广播种种形式，及时地传达给当地的干部、部队和广大人民"。[1]

2. 收音员：收音网络的能动性"中介"节点

广播收音网的建立，使得政令的自上而下贯通得以实现，时任陕西省委书记潘自力在1953年陕西省第一次广播收音工作会议的讲话中指出收音网建设起到的作用：

> 从所起的作用来看，对上级党和人民政府的政策、指示，国内、国际新闻，各地工作经验等等，一般能够迅速传布，及时下达。这就使领导上能够通过广播和收音站，指导全省各项工作……如果我们没有这个现代化的宣传教育工具，或是不很好的运用它，仅用一般公文或报纸来指导工作，那么在陕北、陕南的许多边远地区，就无法及时知道上级的指示精神和政策方针，工作上可能要走一些弯路。[2]

也是在这次会议上，潘自力指出全省107个收音站的工作情况大不相同，有近三分之一的收音站能够经常性地工作，取得显著成果；近半的收音站工作时断时续，但也有一定成绩；还有几十个站工作长期停顿、成绩很少。潘自力指出"有收音站而不去很好的利用它，就好象部队中有了新的武器，却把它放在军械库里一样，这是错误的"，也提及了一些地区之所以会出现对收音工作不重视的原因：

> 目前有些地方的党、政领导同志，对收音工作不够重视，不去具体的帮助和指导收音工作，甚至个别领导同志，错误的把收音机作为一种单纯的娱乐工具，好象只是为了他们听听戏、听听音乐，而对上级的指示和各地工作经验的介绍，却不大注意。专职收音员，多被认为是"机动干部"，到处"拉差"。因此有些收音员同志反映说："会议来了，不是签到，就是办灶。"……少数收音员同志，对收音工作的重要性认识不足，

---

[1] 人民日报社论全集编写组.人民日报社论全集：解放战争时期、国民经济恢复和社会主义改造时期（一）[M].北京：人民日报出版社，2013：140.

[2] 潘自力.在陕西省第一次广播收音工作会议上的讲话（一九五三年四月十一日）[M]//中共陕西省委党史研究室.潘自力.西安：陕西人民出版社，1990：299.

错误的认为"收音工作是抄抄写写的文书工作"、"没啥干头",以为"没前途"、"不光荣"、"大材小用",这是非常错误的。[1]

这种情况并不是孤例,而是在全国范围内广泛存在的状况。尽管各地的收音员培训使得几乎每个县都建立起了收音站,但是一些地方的收音站出于各种原因在建站初期基本处于停顿状态:

> 由于长沙人民广播电台发射功率小,有些地区收不到该台信号,能收到的,声音也不大,组织群众收听广播比较困难;有的县电压不稳或因收音员操作上失误而烧坏收音机,收音工作停顿;个别县领导对收音工作不太重视,将收音员抽调去搞农村中心工作;也有因收音员不安心工作要求调离的。建站不久约有25%的收音站不复存在。[2]

> 我站(云南省榕峰县收音站)的工作在一九五三年四月以前,基本上是处于停顿状态。工作的方向、目标不明确,我们总认为这项工作党委不重视,同志们看不起,所以从来不做工作计划和总结经验,也不向党委请示报告,抱着"混一天,算一天"的态度。[3]

可以看到,在实际的运作中,以收音员为中心的收音站工作高度依赖收音员本身的能动性。具体到每个收音员,他们的工作环境、工作状态、工作能力不尽相同,因而收音网络的运作状况也是参差不齐的。为了帮助收音员们开展工作、充分发挥收音员的能动作用,从中央到地方的各级政府和广播电台都设置相关部门负责收音员教育、动员、组织等工作。中央人民广播电台总编室从1950年5月开始了其收音员联络、交流指导工作,1950年6月举办了《收音员服务节目》帮助收音员学习无线电知识。从1951年起中央人民广播电台开始出版月刊《收音员通讯》,刊登各地收音员的工作汇报、经验总结以及解答各地收

---

[1] 潘自力.在陕西省第一次广播收音工作会议上的讲话(一九五三年四月十一日)[M]//中共陕西省委党史研究室.潘自力.西安:陕西人民出版社,1990:300-302.

[2] 湖南省地方志编纂委员会.湖南省志:第20卷 新闻出版志[M].长沙:湖南人民出版社,1997:225-226.

[3] 云南省榕峰县收音站.我们是怎样为中心工作和农业生产服务的[J].收音员通讯,1954,12:5.

音员提出的问题。[1] 各地电台也有同样的实践，如1950年成都人民广播电台创办《广播通讯》，1951年5月西南、重庆人民广播电台创办了《西南广播》《收音与通讯》，在《西南广播》发刊词中指出刊物的目的是"扩大广播事业的影响，密切听众与广播电台的联系，及时指导收音员、广播通讯员的业务"[2]。中共南通地委宣传部在1950年配备了专职干部管理收音网工作，江苏省南通人民广播电台1951年起开始编印《南通广播》交流收音经验。[3] 在贵州台员工的一则回忆中，展示了当时电台与收音员的密切联系状况：

> 电台每年开一次收音员会，实际上是以会代训，交流经验，评比先进……收音员的来信，做到了每信必复，还经常给他们寄工作通报，交流情况，指导工作。曾有一段时间，为了加强同收音员及时的联系，每周还有一次《收音员联络时间》节目。大方县收音员刘尚友……（1985年）专门来看望过我。他保存着当年我和王雪峰同志分别给他的好几封信……省委在有关会议上，还曾要台长张经五同志向各地、县的同志谈收音站工作问题。1951年秋，张经五同志派我和吴嘉祥同志2人去边远的铜仁地区实地了解收音站的工作。[4]

在新闻总署建立广播收音网的决定中，收音员肩负的职责，除将广播中的新闻、政令及其他重要的内容记录下来，刻印成油印或石印小报加以张贴外，收音员还被要求具有一定的"组织"作用，如需组织收听并获取听众的反馈，"组织听众收听重要节目（如政府首长讲演、社会科学讲座等）……按月报告工作情况和听众意见"。[5] 无论是最初的收音员培训，还是此后制度化的各种收音员通讯杂志的出版发行，都是广播部门试图创造一个收音经验的交流平台与收音工作遇到困惑时的解答平台。对来自全国各地的收音经验进行筛选并刊

---

[1] 中央人民广播电台听众工作部，听众调查研究组. 广播听众工作文集：第2集[M]. 北京：中央民族大学出版社，1998：719.

[2] 四川省地方志编纂委员会. 四川省志：广播电视志[M]. 成都：四川科学技术出版社，1996：283.

[3] 杨旭，陆云涛. 岁月留声：南通广播五十年[M]. 北京：中国国际广播出版社，1998：414-415.

[4] 徐用度. 贵州台建台初期的片断[M] // 胡世徵，张湘绮. 最是难忘的一页：回忆心得选. 贵阳：贵州人民出版社，1999：50-51.

[5] 北京广播学院新闻系. 中国报刊广播文集：2[M]. 1980：29-30.

登、推广,这个过程体现了对于理想收音员的社会期待:一个好的收音员应该具备什么素质与技能?他在建设广播网、宣传网中应起到什么样的作用?以收音员为中心的收音网应该起到什么样的社会功能?

首先,收音员被要求理解掌握媒介技术的社会意义,作为宣传思想的工作者应当是投身于人民的正义事业,掌握广播无线电技术的"一切有良心、有正义感、忠实于真理的科学技术人员,就要亲身参加人民的政治事业,热心学习政治理论,提高自己的技术,全心全意地为人民服务"。[1] 一个好的收音员应该工作积极,帮助广播电台获得更多的听众。尤其是在边远地区或交通不便的地区,收音员是否投入精力,投入多少精力,都影响了广播可能覆盖的范围与播出效果。正如康敏庄在《旅大人民日报》上发表的文章所言,"把广播办得有组织有计划,内容丰富,形式活泼,联系群众,结合实际,通俗易懂,声音清楚悦耳,是否就算把广播办好了呢?最后还有一件要紧的事,就是要有人听,要听的人多,就是还要发展听户,组织听众,作好推广普及工作……否则广播办的天好没人听,只等于浪费"。[2]

在实际的运作过程中,积极的收音员和收音站能够主动扩大宣传活动的范围,如:

> 利用扩大机,组织义工拉线,在县城鼓楼街中心、三井头、北门小桥口、南门官巷口和影墙口多处安装了高音喇叭,遇有重要新闻就直接转播,让广大群众及时了解国内外时事。[3]

> 南平广播收音站成立时,是抗美援朝时期,这时,潜伏在南平城乡的匪特叫嚷什么"第三次世界大战快开始了"和"反攻大陆快要到来了"。潜伏城区的反共救国军曾密谋夺取广播收音站。当我们一收录到中国人民志愿军在朝鲜战场取得胜利的喜讯时,马上编出号外,燃放鞭炮报喜。我们的喜炮刹下了潜伏匪特的反动气焰。[4]

---

[1] 湖南人民广播电台. 怎样做一个广播收音员:湖南人民广播电台收音员训练班学习资料 [M]. 1951:29.

[2] 大连人民广播电台. 大连广播回忆录:第1辑(内部参考)[M]. 1986:195-196.

[3] 耿文彬. 泰兴收音站始末 [M] // 政协泰州市学习文史委员会. 泰州文史资料(1949-1952). 2008:204.

[4] 中国人民政治协商会议福建省南平市委员会文史资料委员会. 南平文史资料:第12辑 [M]. 1991:12.

其次，一个好的收音员能够帮助广播电台联系群众参与政治，并评估广播内容的效果。收音员的工作不仅是让群众听上广播，或者是抄写并扩散消息，他们是电台与大众之间的桥梁，可以将大众的意见反馈给电台，帮助电台的内容生产，如下所述：

> 大家都知道，广播工作者应该把我们的事业与群众联系的程度作为衡量工作好坏的尺度……广播收音工作的成绩，不是表现在办了多少节目，建立了多少收音站，而是在于这些收音站发挥了多少作用，这些节目在群众中起了多大影响，给予了群众一些什么力量……收集反映不要停滞在仅仅去了解一些人的谈话上，还必须了解听众在听了广播以后思想上起了怎样的变化，表现在实际行动上的情况怎样；并且，也不要仅仅是了解，在收集反映的工作中，还必须从旁启发群众，诱导群众从思想的提高进而改进自己的生产和工作。[1]

> 在广播宣传中，收音站必须起充分的作用。这不仅是要收音员积极地组织干部和群众收听，并且还要将干部和群众对广播的反映和要求、当地中心工作情况、干部和群众的思想动态等及时汇报电台。这样，才能使电台不断地充实和改进广播节目，使广播内容更能适合各地群众和实际工作的需要，使广播宣传发挥更大作用；电台节目办好了，收音站的工作，也就能获得巩固和提高。[2]

因而，每一个收音员被要求做的是社会组织与社会调研，他们不但要组织受众了解广播内容，更需要了解受众欢迎哪些节目、收听是否积极、政治动员类节目是否有实际效果等等。可见，收音员以及背后的广播电台不仅仅是信息内容的生产者与传播者，更是社会动员的组织者和行动者，广播收音网试图直接介入现实并且改造现实。收音网络中收音员的实践，实际上是在探索广播如何介入并改造社会，即探索一种参与式社区传播的形态。

最后，一个好的收音员应该是一个好的宣传员，能够有机地连接其他宣传网络节点，联合其他社会动员体系一起形成强有力的社会宣传效果。左荧的

---

[1] 湖南人民广播电台.怎样收集群众反映 [J].收音员通讯，1954，10：2-3.
[2] 胡愈.谈收集反映的工作 [J].收音员通讯，1954，10：4-5.

《怎样做一个广播收音员》中也曾提及广播收音网是宣传网的重要组成部分，广播员应该做好一个宣传员的工作：

> 一个广播收音员应该努力使自己成为一个地区的出色的宣传员……根据这些材料，他应该利用一切可能进行更广泛的宣传，通过油印报、壁报、黑板报、屋顶广播、队前宣布等形式尽量传播，使自己成为出色的宣传员之一。[1]

同时，他认为收音员还应该走出收音室，广泛地同其他人员合作，通过县里的小报或有线广播台（扩大器）、壁报、黑板报、屋顶广播等渠道与各单位的收听积极分子一起形成强有力的社会宣传网。同时，收音员在组织收听时，能够用各种方式帮助听众听懂广播内容，起到"翻译"的作用。

> 我们……把收音机改作放唱片、传声、收音三用机，用来配合解说幻灯片内容。我们又把原有的留声机配了一个电唱头，经过反复试验后，再用一个五寸扬声器替代话筒，专做讲话和翻译广播用，这样就克服了群众听不惯普通话的困难。[2]

> 不少地区的收音员已经在这方面表现出了自己的才能……有的收音员根据收听的战报，画出了地图供大家参看。有的收音员还动员会画的同志在壁报上、黑板报上用漫画配合，很受欢迎。有的收音员为了解决干部和群众听不懂北京话的困难，把收音机的低放部分接上麦克风当扩大器用，等广播了一段之后，收音员就通过自造的扩大器用方言加以解说。[3]

综上所述，收音员在新中国成立初期被视为"广播电台联系人民群众的桥梁"。实际上，收音网络的建立是新中国成立初期整个国家基层建设的一部分。

---

[1] 左荧.怎样做一个广播收音员[M]//赵玉明.风范长存：左荧纪念文集.北京：中国传媒大学出版社，2005：11.

[2] 王继荣.我们怎样把收音机和幻灯配合起来进行宣传[J].收音员通讯，1954，10：11.

[3] 左荧.怎样做一个广播收音员[M]//赵玉明.风范长存：左荧纪念文集.北京：中国传媒大学出版社，2005：11.

在收音网的运作过程中，收音员起到了至关重要的作用，是"人"将电子媒介、印刷媒介与口语传播方式有机融合，实现了声音信息与文字信息的顺畅转译，使得以普通话形式播送的中央台与各台的《记录广播》，能够以文字、各地方言、民族语言的形式进入更广阔的天地中去。收音员作为移动媒介，具有高度的灵活性，收音员所在之处，就是收音网络能够延展的地方。收音机作为一个外来的现代事物，被新中国的政府当作现代化科学的宣传工具，被视为有效地缩短了地区之间信息获取的时间差异，收音员与收音机的"人机合一"也开启了一种全新的想象：所有人都能够即时地、有效地被调动起来。

当然，我们要看到收音网的建设是有重点、有步骤的，最早开始建立收音站的是城市的人民政府、人民解放军部队、机关、团体、工厂、学校等社会部门。在全国收音网的实际运作中，在城市中工作生活的群体成为优先接受信息的群体。甚至，在城里设立高音喇叭、建设有线广播、组织广播大会都成为较为普遍的实践，广播的声音自此在都市与县城生根。最早的县级收音员承担着记录与组织的双重功能，在县收音站只有一台机器、一个工作人员的情况下，收音员的主要活动在中国的县城，相比来说收音员主动"移动"到边远地区广播的频率不高，因而乡村依然在收音网络中处于不利的位置。

三、广播下乡与集体收听：早期农村动员的听觉实践

1. 电子声音的乡村之旅：收音员与收音机下乡

在信息传播工具收音机匮乏的情况之下，以收音员为主体的收音网具有高度的灵活性。根据现实的需求，收音员可以携带收音机成为"移动媒介"，从而组织收听，因而在很长一段历史时期内收音机被视为有力的宣传工具。熊复在1950年5月发表的文章《拿起最现代的宣传武器》中指出，无线电广播是"千百万人的群众大会""没有距离的报纸""不要课堂的学校""不花钱买票的戏院"，是"一个最省钱、最省力、最便利、最迅速的、最能加强行政效率的、科学的宣传工具"。[1] 但必须看到的是，在收音网建设初期，一个县通常只有一到两名收音员和一台收音机，而县以下的区、乡甚至没有一台收音机。以陕西为例，1953年4月时"陕西共有收音机348台（内私人有25台），其中关中215台，陕南79台，陕北54台，平均4万人有1台，宝鸡最多有79台，陕北多数县只

---

[1] 熊复.熊复文集：第2卷 1948－1951[M].北京：红旗出版社，1993：50-51.

收音站有1台，区、乡有收音机的很少"。[1] 在这样的状况下，收音员的主要活动地点是县城，主要任务是保证记录新闻与印发小报，而更加下探的乡村地区通常无暇顾及。

从前文可以得知，收音员所记录的新闻是县域最重要的信息源，而通过石印小报、油印小报及黑板报、土喇叭等工具，这些信息得以在乡间进行再次传播，这是乡村里获知信息的主要方式。同时，县城作为县域的中心，对农村有着一定的辐射作用，例如河北唐山"玉田县委宣传部通过人民文化馆，建立了大众播音室，每逢集日就组织农民收听"。[2] 这种方式，是利用农民在赶集日进入集镇的契机让农民听到广播，但很显然其能够辐射到的农民数量极其有限。在新中国成立初期，要让更多的农民开始听上广播，还有一种重要的方式，就是"收音员下乡"，即让收音员带着机器等设备到乡村去组织集体收听，让以收音机为代表的声音媒介直接作用于农民的耳朵，直接对农民进行宣传。

从当时收音员的回忆中可以看出，收音员下乡并不是一个制度性的设置，而是各地根据具体状况确定收音员下乡的方式。以定襄县为例，收音员在农户家中设立收听站，"每半月左右去一次，而且是晚上去……每次组织收听的人数10~20人左右……我们把群众的发言记录下来，整理好后报送省电台农村组"。在没有收音机的偏远的农村，通常采取的模式是"收音机下乡"。"每到一个村，白天在住处的院落把天线架好，把收音机安装好，然后组织群众在院中收听广播。晚上到大场给群众放映幻灯片。"[3] 更多的下乡是因特定社会动员需求，收音员带着设备在县域内的乡村巡回组织收听，进行乡村社会动员、普及国家政策以及农业生产知识等，但为了吸引农民前往收听，也会播放大量的文化娱乐节目，下面的回忆就展现了当时巡回组织收听的状况：

> 1953年初，魏志华和县政府的徐庆云、冯越等人去六区贯彻婚姻法。带上政府的收音机，背着行李，从六区区政府霞云岭，一个村一个村的一直走到蒲洼、东村、芦子水、鱼斗泉等村，这是房山西南最远的村，离房山县城200多里地，与涞水的野三坡相连。每到一个村，除开会宣传

---

[1] 陕西省地方志编纂委员会. 陕西省志：第69卷 广播电视志[M]. 北京：中国广播电视出版社，1993：336.

[2] 赵英. 中共唐山地委宣传部重视领导收音广播工作[N]. 人民日报，1951-7-9.

[3] 定襄县政协文史资料委员会. 历史的脚印：定襄县解放后及建国初期主要工作纪实[M]. 2002：292.

外,便组织群众收听收音机。山里的人从来没有看见过收音机,又听新闻,又听戏曲,感到特别新鲜。男女老少参观这"新式武器",比通知开会到的人还齐,效果特别好。[1]

我们先后下乡两次:一次是1951年11月2日,县委宣传部组织收音站、文化馆、抗美援朝分会的三位同志组成宣传小组,带收音机、幻灯和抗美援朝画展到偏僻山村宣传。白天举办画展,晚上组织群众收听新闻、看幻灯片。宣传小组一天一个地方,先后到过20多个山村,有近2万人收听了人民广播电台的新闻广播……每到一处,农民兄弟都高兴地积极帮助架起天线,有的火急地叫开收音机。黄昏后,收音机一打开,老的、少的、年青的听众团团围住,有的小孩家长叫回去吃饭、洗澡也不愿离开;有的在家吃饭的听说开了收音机,连忙端着饭碗出来听;有的听得发呆。第二天,要起程到别的山村去,许多农民依依不舍,要求多放一天。[2]

可以看到,尽管这种"巡回式"的宣传重点是服务于特定的政治任务,但为了吸引农民收听,往往将时事政策宣传与文化娱乐活动结合起来,寓教于乐。对于当时广大的农村人来说,这是他们第一次直接接触到收音机这样的新鲜事物,也是第一次听到远方的声音。在新中国成立初期,各种重大运动此起彼伏,无论是抗美援朝运动、土地改革运动、"三反""五反"运动,还是粮食统购统销、互助合作运动、农业合作化运动等,都需要进行大量的农村动员,让农民了解当下的政策与国际形势。尽管是零星的收音员下乡活动,但是在各项活动中取得了一定的反响,也让各地党委感受到了宣传的力量。以抗美援朝运动的农村动员为例:

凡是发动了收音机下乡的地方,无一例外地都收到了很大的效果……平原省中共湖西地委联合单县县委等四个单位,组织了四部收音机和一部幻灯下乡宣传,十天功夫组织了十万零二千四百人收听,约占所到区村人口的三分之一,收听后举手赞成签名投票的有八万八千四百多人。而

---

[1] 房山区政协文教文史联络委员会.房山文史资料:第18辑[M].2005:142.
[2] 中国人民政治协商会议广东省翁源县委员会文史资料委员会.翁源文史资料:第8辑[M].1990:128.

他们所去的地方正是该区爱国教育的空白点和边缘区村。平原省复程县收音员下乡宣传了十天,组织了将近二百个村庄的六万八千八百八十二人收听,绝大多数人在听后举行了签名和投票。其他如绥远的托克托和武东县旗下营,西北的乾县、泾阳、醴泉、三原等县,收音员背着收音机下乡宣传,也收到了很大成效。[1]

随着收音网的逐步建立,听收音机也逐渐成为地方上重要的娱乐活动,在重大事件中起到"助威助兴"的作用:

> 那时农村还没有见过收音机,那[注:应为"哪"]个地方有重大活动,如:成立初级社、高级社,动员群众兴修塘库堰等大型工程,请收音员助威助兴成了压轴戏,我经常忙得不亦乐乎。由于大坪区山高沟窄,每到一地都要用几张大桌子镶起来,再在上面搭上一张小桌子放收音机。把收音机放在特别显眼的位置,这样不仅可以避免人多拥挤碰坏收音机,还可以使收音机声音传得更远。为提高收音的接收效果,我们把两根长竹杆[注:应为"竿"]接起来,尽量伸高天线,然后固定在桌子腿上。每次接收前,我都根据区党委领导的指示,用篾挑[注:应为"条"]自编的土话筒向群众作些口头宣传,然后收听节目。[2]

当遇到农民对于社会动员与政治宣传不感兴趣的状况时,收音员们要做的是"转化"的工作,根据各地不同的状况采取不同的组织动员方式,帮助农民们理解广播内容,并通过反馈知晓群众的收听兴趣,从而培养收听广播的习惯以及对政治性节目的兴趣,如山西省孟县六区牛村的收音实践:

> (收音员)想办法和村里五六个高小毕业生联系,成立了一个记录组。每次收听的时候,记录组把主要内容记下来,然后再向听众进行解释。这样一来,群众对收听政治性节目逐渐有了兴趣,听后也能热烈展开讨论了。后来,为了便于针对群众思想问题,选择节目组织收听,收音员又组织了几个积极听众,成立一个检查组,负责检查村里黑板报、

---

[1] 左荧. 收音机下乡的收获[N]. 人民日报, 1951-6-6.
[2] 中国人民政治协商会议四川省盐亭县委员会文史资料委员会. 盐亭文史资料:第23辑[M]. 2005:54-55.

广播筒的扩大宣传工作，并收集听众的反映，了解群众的思想情况。由于广播替农民解决了一些实际问题，听的人就更多起来，不久就由最初的二十六人增加到七十九人了。这些听众现在都有了收听习惯。[1]

在这样的状况下，收音员的活动起到了让农民知晓时事政治、动员农民积极参与到对时事政治的讨论中、鼓励农民积极响应中央的政策倡议的效果。也正因为如此，在开展土地改革运动之时，许多地方的收音员被要求服务于土改这一"中心工作"，带着收音机与土改工作队一起下乡活动。在重大节庆尤其是春节时，一些省份如浙江、福建、江西等从1952年起开始组织收音机春节下乡，如1952年2月浙江人民广播电台发起以增产节约为主要内容的"春节广播下乡宣传活动"，由各县、区收音员背着收音机下乡巡回组织收听，覆盖人群超过60万农民。[2]

1953年1月，春节收音员下乡在全国范围内被推广，中央广播事业局发布了《关于春节期间组织对农民广播发动收音员下乡宣传的通知》，在全国范围内发动收音员春节期间下乡广播，以"向广大农民群众广泛而深入地进行新形势、新任务的宣传"。中央广播事业局对各地电台的春节节目做了相应的指导，"各台对农民广播的特别节目一般以10天到15天为宜……宣传内容应根据本局所发的'新年宣传要点'为主，结合本省1953年的具体任务及当地情况，编写与组织各项节目……节目形式应力求简短活泼，着重组织生动的讲演及群众所欢迎的文艺节目，特别重要的讲话录音或文稿可以反复播送"。同时希望能够通过这个活动倾听农民的反馈以探索举办农业广播的模式，要求各地电台"组成几个工作组，每组一二人，深入到重点村，有计划地进行一些调查研究工作，同时协助收音员开展农村广播宣传工作"，为"创办农民节目"、"整理与巩固收音站的工作"做好准备。[3]

从贵州省当年响应中央广播事业局通知的具体行动，可以看到当时广播下乡的具体操作方式以及对农村广播的具体内容。在2月17日到28日的12天中，贵州人民广播电台举办每天60分钟专门对农民广播的节目，在节目中通过塑造

---

[1] 崔宝道. 农村变样了[J]. 收音员通讯，1955，2：22.

[2] 中国农业全书总编辑委员会，中国农业全书·浙江卷编辑委员会. 中国农业全书：浙江卷[M]. 北京：中国农业出版社，1997：417.

[3] 当代中国的广播电视编辑部. 中国的有线广播[M]. 北京：北京广播学院出版社，1988：41-42.

互助组长、农协主席、妇女代表、民兵队长、工作干部等人物形象,编播了《一个村的春节晚会》《一个农协小组关于继续加强抗美援朝工作的座谈会》《一个互助组的总结检查会》三组节目,由各地的收音站组织农民收听。[1] 江西人民广播电台春节对农村广播的内容则包括"省党政领导讲话或播拜年信,宣传抗美援朝以及国内工农业建设大好形势,农村新人新事,短小精悍的地方戏曲等",在春节前夕,"收音员背着行李、收音机、干电池,下到事先选定的'点'上,从除夕那天开始,每晚组织群众收听"。[2]

在浙江绍兴,当年的春节广播下乡则是采取多部门配合的方式,由县广播站与县文化站配合,带着"三机"(收音机、幻灯机、留声机)、"一挑"(文化挑,即图书、图片)巡回组织农民收听,倪焕臣、金溥人回忆当时的场景:

> 我们白天进行图片展览、展阅图书,晚上组织收听广播,放映幻灯,每次参加收听人数均不少于三、四百人。广播节目开始前,我们先用留声机放戏曲唱片给大家听,广播节目开始就集中精力收听广播,广播节目结束,就放映幻灯,以扩大宣传效果。著名演员戚雅仙演唱的"新年喜洋洋"和"婚姻曲"等普遍受到农民喜爱,成为跟着学唱的戏曲。[3]

在1953年春节下乡之后,云南电台开办了固定的"农村巡回收听特别节目",每月办1次,连续广播4天,便于收音员下乡组织收听。[4] 在这一年的头10个月,21个省的2900多个收音员下乡组织收听广播的人数就达1800多万。[5] "移动的收音网络"频频进入乡村的直接原因是,在国民经济基本恢复、抗美援朝有望结束、土地改革的任务在全国范围内完成之际,中国共产党提出了"过渡时期总路线",即"要在一个相当长的历史时期内,基本上实现国家

---

[1] 贵州省地方志编纂委员会.贵州省志:广播电视志[M].贵阳:贵州人民出版社,1999:85.

[2] 刘枫.江西广播事业创业与发展的峥嵘岁月[M]//危仁晸.回望:2.北京:当代中国出版社,2014:269.

[3] 中国人民政治协商会议浙江省绍兴县委员会学习文史委员会.绍兴文史资料选辑:第16辑[M].1999:73.

[4] 云南省地方志编纂委员会.云南省志:卷78 广播电视志[M].昆明:云南人民出版社,1996:153.

[5] 当代中国的广播电视编辑部.中国的有线广播[M].北京:北京广播学院出版社,1988:114.

工业化和对农业、手工业、资本主义工商业的社会主义改造"。要实现工业化，把个体的小农经济改造成社会主义集体性质，农民的生产、生活状况势必面临巨大的变化。为配合中央的政策，各级电台都制作了大量的宣传节目，收音员为了动员农民必须进入乡村，以江苏省兴化县（今兴化市）老圩区为例，

> 根据当时中心工作和群众的生产、生活情况来选择广播节目，组织群众收听，如北孙村、朱戎村准备建立农业生产合作社时，收音员就组织了农民和干部们收听关于农业生产合作社的广播，使大家办社的情绪更加高涨起来。在粮食统购工作开始时，群众对统购意义没有认识，不大愿意出卖余粮。如农民孙清和，开始时村干部和宣传员虽然几次对他宣传教育，但他只报卖一百五十斤余粮，后来从广播中知道了卖余粮的意义后，他打消了顾虑，就卖了七百八十多斤余粮给国家。[1]

上述组织群众收听的成果说明了对农民广播的意义，即让农民知晓了解国家的政策，理解国家政策的长远规划，并积极配合国家的政策导向。如果说农业合作化运动早期以农民自愿为主要形式，那么统购统销政策就是用强制性政策取消了自由的粮食市场，并通过国家征收的方式获取农民的生产成果，用于保证国家工业化的顺利进行。而为保证国家工业化，让农民理解影响自身生产生活的政策，反复的说服就变得非常重要，而组织收听只是其中一环。为了帮助农民适应农村的急剧变化，收音员进入农村的频率增加，同时县以下的区、乡收音站和农村收音点建设也开始增加，农村在有条件的情况下开始建立收音站。农村收音点建设后，农民不再只能通过收音员下乡偶尔听一次广播，而能够经常性地听到广播的声音。

尤其是在全国开展起轰轰烈烈的农业互助合作运动之时，在农业社设置收音点成为吸引农民进入合作社的重要方式，也成为政府奖励合作社工作成绩的奖品。以开县为例，1953年底就在县里刚成立起来的大丘、镇东、华山、明月、五房、大胜等6个初级农业合作社建立收音点，收音员挑着收音机和干电池巡回组织收听，这些"担担收音点"尽管一年之中只能组织一到两次集体收听，但依然对没有建社、没有设置收音点的村民产生了吸引力，以至于村民认为这是"共产党给合作社社员的特殊享受"，表示"我们要争取今年建社，建

---

[1] 吴汉唐，袁政余. 老圩区收音站怎样开展工作 [J]. 收音员通讯，1954，10：9.

了社有很多好处，还可以听收音机哩"。[1] 在运作良好的农业合作社，架起电话、买起收音机、装上高音喇叭也成为幸福富足的标志。同时，广播里传播的农业科学知识与其他信息对农民的日常生活的确起到了帮助的作用。在农业生产方面，广播中的天气预报、农业生产知识以及各种抢收抢种的倡议使得农民们更加信服这一远方的声音：

> 邵堂乡瞿庄村成立了3个农民收听组。1953年春旱，一部分早秋种不上，已种上的也是缺苗断垄。5月12日下了一场喜雨，省政府发出了趁墒抢种和查苗补种的号召，收听小组听了广播后，男女老少一齐出动，两天移栽高粱、棉花近10万株，成活得也很好，收成也不错。村民瞿朝品种的一亩半早谷，因为干旱，又有虫吃，只剩了十垄谷苗。落雨后，他积极下地移栽、达到了全苗。收获后，一亩半谷子竟收了两石一斗谷子。他高兴得逢人便说："广播真起作用，听了后照着作，就是能多打粮食。"[2]

正因为收音机和集体收听所带来的良好的社会反馈，为了鼓励农民参加互助合作社，倾斜配置收音机和收音站成为一项重要的奖励措施。最早采取这一工作方法的省份是四川省，1953年四川省开始试办农业生产合作社时，"四川电台提出设立农业社收音站的建议，经四川省党政领导批准后，随机选择少数办得较好的农业社，从1954年春开始试建收音站，四川建立农业社收音站的消息一传开，引起全国兄弟电台的关注，中央广播局办的《收音员手册》刊物中专门做了介绍。1955年秋，四川省建立农业社收音站296个"。为了支持农业社发展收音站，由四川电台向农业社赠送"岷江牌"收音机，而收音员的配备和收音机的维护则由农业社自己承担。[3] 从四川大足可以看出县域中农业社收音站的扩散速度，1951年3月上级发给大足县五灯直流收音机1部，从此开始组织群众收听，1955年该县的收音机增至9部，增加的8部收音机分布在城东、城西、龙西、高升、双河、石门乡等8个农业社中，以农业社收音站的方式给农民集

---

[1] 中国人民政治协商会议开县委员会《开县文史资料》第三辑编辑委员会.开县文史资料：第3辑[M].1999：98-99.

[2] 中国人民政治协商会议河南省郾城县委员会学习文史委员会.郾城文史资料：第6辑[M].1996：80.

[3] 四川省地方志编纂委员会.四川省志：广播电视志[M].成都：四川科学技术出版社，1996：101.

体收听广播。[1]

通过建立收音站来促进合作化的方式在全国范围内推广,以安徽省为例,1954年政务院给了安徽一批收音机,在舒城县试点建立了8个农业收音站,到了1955年全省共建立了400个农业社广播收音站。[2]河北人民广播电台也在1954年向全省28个重点农业生产合作社赠送28部四灯干电池式收音机。[3]1955年3月,国务院发布了《关于在农业、畜牧、渔业生产合作社重点建立收音站的指示》,促进农业生产合作社的收音网络发展,提出要建立一万部收音站,而其所需的一万部收音机由广播事业局免费提供。此后,各地也落实支持合作社建立收音站的各项措施,以湖南省为例,1955年5月,湖南省委发布《关于在农业、渔业等生产合作社重点建立收音站的实施方案》。通知发布后,在全省一部分组织比较巩固和户数比较多的农业、渔业、林业、畜牧业生产合作社建立收音站393个。[4]

以铜梁县(今重庆市铜梁区)为例,我们能看到该县农业生产合作社收音站的运作状况,该合作社制定了《农业生产合作社收音站公约》,明确收音机为全体社员所有的公共财产,"每日收听两小时,主要是晚上收听中央台联播节目、四川台对农村广播节目、新闻节目,适当收听一些文艺节目等(特殊情况例外,但必须经领导批准)",收音员需要每月组织群众收听20次以上,并协助群众听懂广播内容。"每次收听广播后,群众对广播没有听懂的地方,收音员有责任再重点作一次广播内容的宣传和解释",同时农业社收音员需要向县站、报社、党支部汇报反映情况。为了促进收音工作,1958年该地区收音员还发起了革命友谊竞赛,除组织收听、向上汇报之外,友谊竞赛还倡议做到"两大及时":"做到恶劣变化的气象信息,及时传达到群众中去,进行预防;做到对农业生产先进经验和技术,除自己带头推广外,及时传达到群众中去大力推广。"[5]可见在农业生产合作社收音站建立之后,广播已经不仅仅是政治动员的工具,逐渐在人们的日常生产活动中起到了重要的指导作用。

尽管在新中国成立之后中央人民广播电台和各地人民广播电台都有大量的

---

[1] 大足县县志编修委员会. 大足县志[M]. 北京:方志出版社,1996:930.

[2] 安徽省地方志编纂委员会. 安徽省志:政党志[M]. 北京:方志出版社,1998:290.

[3] 邬逸欣. 河北人民广播电台赠送农业生产合作社收音机[N]. 人民日报,1954-5-30.

[4] 湖南省广播事业局《省志》编写组. 湖南省广播电视历史资料1930-1980[M]. 1981:62.

[5] 铜梁县广播电视局. 铜梁县广播电视志[M]. 1986:92-94.

广播节目制作与播出，但如果农民个体没有接收工具（如收音机），又没有集体收听的可能性，也没有人通过其他的方式进行广播内容的传播，那期待节目内容能对农民有宣传教育效果只能是奢望。以湖南台对农村的广播为例，在1950年1月湖南台已经制作了面向农民的栏目——《农村时间》，每天播出1次，每次15分钟，但"由于农村尚无收听工具，实际上是'对空'广播"。[1]在农业合作社收音站建立之后，面对农村的节目再也不是"对空言说"，而有了明确的听众与发展方向。农业合作社收音站一方面加强了对农村的文化宣传，让农民了解国家政策，将农民纳入了制度性的广播收听活动中，"使农民能够经常地收听到广播，帮助农民学习时事和各项政策、农业生产经验"；[2]另一方面则通过合作社集体组织收听的方式提升合作社这一社会组织的吸引力，鼓励更多的农民加入合作社，让"单干户们"感受到集体的力量与合作的好处。农业合作社收音站的广播由国家提供，收音员和收音站的开支通常由合作社来承担，这就相当于一群农民联合起来在国家的帮助之下听上广播，而单打独斗的农民是无力承担购买收音机、电池等费用的。也是在农业合作化运动兴起之后，中国农村市场的工业品需求结构发生了变化，从少数生活必需品拓展到一些集体性需求，如农业生产资料和文化用品等，其中销往农村的收音机数量从1954年的420台增长到了1957年的2000台。[3]通过国家主导的全国性农业合作社收音站的建设，中国农村地区逐渐进入集体收听的收音网络之中，国家大事、政策方针等通过基层建设的各种扩散网络深入农村，中国农村真正经常性地、无时差地与城市地区同时进入了制度性的社会主义信息传播网络之中。

2. 听觉中心的现代体验：乡村广播的集体收听

在孟养玉发表的一幅名为《收音机下乡》的年画中，我们可以看到如下场景：收音员带着收音机和大喇叭找到了村里的一片平地，开始认真地调试设备，而周边的乡亲们也暂停了手边的农活，从四面八方赶来看热闹。随着收音员的手指拨动，装在树上的大喇叭开始发出阵阵声音。村里的男女老少目睹着这一切，脸上流露出不同的神情，有好奇、讶异、震惊、兴奋、喜悦……这幅年画从视觉上直观地还原了农民与收音机、电子声音相遇时的场景，不少以文字形

---

[1] 湖南省地方志编纂委员会.湖南省志：第20卷 新闻出版志 广播电视[M].长沙：湖南人民出版社，1997：57.

[2] 湖南省广播事业局《省志》编写组.湖南省广播电视历史资料1930－1980[M].1981：62.

[3] 徐建青.50年代农村商品市场变化述略[J].中国经济史研究，2000（01）：91.

式留存的回忆也复现了作为新媒介的收音机进入中国乡村的场景，在此我们略摘一二：

> 当时，我在的鹤庆县收音站只有一台收音机，农民听说县里来人组织听广播，大家奔走相告，提前吃晚饭，扶老携幼，抬着小板凳，把一个院子挤得满满当当的。当他们从收音机里听到党中央和省委的声音，听到农业科学技术知识，那种高兴劲真是难以形容……一个县只有一个收音站，远远满足不了需要，在各级党委领导下，掀起了一个建站热潮。[1]

> 当时，收听广播是件新鲜事，农民把收音机称为"顺风耳"，能讲话、会唱戏的神匣子。每到一处都象迎娶新娘一样。广大农民纷纷踊跃参加收听活动。[2]

> 一九五二年收音站人员还同电影队、书店等单位人员一起，自带铺盖行李，下乡挑担吃派饭，带上收音机和天线，深入农村进行宣传。每到一个村就把二十多米高的天线架在大树顶上，打开收音机，让群众收听，一个四方铁盒子能传出声音，能说会唱，群众都感觉到很稀奇。收音站每到一个地方，群众象赶庙会一样，人山人海，热闹非凡。[3]

> 收音员还要巡回下乡，背着或用驴驮着收音机，送广播到农村。农民对无线广播深感神奇，收音员每到一村，周围农民便来看稀罕，有的甚至从十几里外赶来，自发地形成了听广播的集会。[4]

从上述文字中，我们可以感受到当时的现场氛围，农民们是高兴的、踊跃的、感到新奇的，这种新鲜的体验使得收音员凭借着收音机开设了一个"信息集市"，让农民们感受到来自外界的陌异物——既包括作为电子媒介技术实体

---

[1] 周兆燕.忆建国初期我省建立农村广播网的一段历程[M]//覃信刚.声音的记忆：我与云南广播的故事.昆明：云南民族出版社，2011：267.

[2] 中国人民政治协商会议浙江省绍兴县委员会学习文史委员会.绍兴文史资料选辑：第16辑[M].1999：73.

[3] 中国人民政治协商会议河南省孟县委员会文史资料研究委员会.孟县文史资料：第2辑[M].1990：52.

[4] 宁树藩.中国地区比较新闻史：下[M].上海：复旦大学出版社，2018：1188.

的收音机等,也包括由收音机中传来的区别于日常的声音。施坚雅曾提到集市、集镇对于中国农村的作用,它是物资交流、文化娱乐、新鲜事物的交汇处,自古以来,农民们都是通过集市来逐渐接触到外界的新鲜商品与新鲜信息。因而作为新媒介的收音机下乡,也是通过集体收听、"集市性收听"的方式来召唤民众。它将农民们聚合在一起,让他们进入电子声音所汇聚的"信息流"之中,农民们既可以听到戏曲等文化娱乐信息,也可以了解时政新闻等政治类信息。

收音机创造了一个由声音构建的虚拟空间,将现代技术和现代性体验带给了农民。这种由器物所带来的现代性体验对于农民来说无疑是陌生的,很多农民不仅是第一次听到收音机,也是在深山之中第一次看到现代化的电子产品。尽管都市现代性的展开是视觉中心的,但显然在乡村中听觉媒介在构建现代体验中发挥着至关重要的作用——小小的收音机使得政党置换了宗族与宗教,重新构建了农民的集体生活,让农民在震惊的体验、消费的乐趣、闲暇的狂欢之中感受到现代世界的充沛魅力。这种远方传来的电子声音对农民们来说是神秘的,如何向他们解释现代器物的原理,也成为下乡的收音员与当地农民交流的重要话题。下述回忆就展现了这个交流过程:

> 当地群众都把收音机当成西洋镜,扶老携幼走几十里山路赶来看稀奇热闹。每到一地,收音机周围里三层外三层,挤满成百上千人。许多老年人感到奇怪,翻来复[注:应为"覆"]去问"一个小箱箱怎装得下那么多人吹拉弹唱"、"我们这山沟沟怎么听得到北京、成都说话"?我就把在县上培训中学到的无线电知识向大家讲解,实在解释不清楚,就干脆给大家讲这就是社会主义的优越,今后农村还要实现楼下[注:应为"上"]楼下电灯电话,看到每个人脸上都洋溢着幸福的憧憬,我也深深感到做一个收音宣传员的自豪。[1]

> 有时,我们还背着收音机到农村苗族山岭、哈尼山寨、傣家竹楼组织各族人民收听广播,对提高各族人民的思想政治觉悟、讲究科学、破除迷信等起到一定作用。少数民族中的一些老人,当听到收音机里说话、唱歌时,深感惊讶,误认为里面有"鬼",经过我们反复讲解科学道理后,

---

[1] 中国人民政治协商会议四川省盐亭县委员会文史资料委员会.盐亭文史资料:第23辑[M]. 2005:55.

都说：共产党领导真好！我们一定要听党的话，跟共产党走。[1]

面对这种前所未有的体验，农民们诧异不解，甚至用"鬼神"来理解之，而收音员们就有向农民们进行解释的必要。收音员们通过两个层面的阐释让农民理解此间的广播声音。第一层阐释是对科学技术的普及，将无线电等现代科学知识告知农民，用科学精神破除鬼神的迷障，回应农民的疑问。农民们对于陌生事物持"鬼神"论的观点，是因为这是理解未知的最古老、最直接的方式。对于广播声音的科学解释，告知他们远方的声音是通过无线电波传递而来的，对于缺乏科学素养的农民来说这些名词依然是陌生的。继而收音员们开始对广播声音之所以能够来到乡村进行进一步阐释，告知他们是社会主义和共产党将这些先进的器物带到了农民身边。要理解共产党、社会主义、现代化这些新的名词，需要借助于各种生活体验，而收音机下乡就促成了农民的理解。收音员不仅仅是个播放电子声音的技术人员，更起到了社会工作者的作用，自觉地将"物"背后的社会关系显影出来。

在听到对广播声音的社会阐释后，农民们自然而然地将收音机下乡与"共产党""毛主席"相关联，这是持有朴素的"物的哲学"的中国老百姓的直观反应——将作为现代器物的收音机的普及与"圣人创物"的传统相勾连。在中国传统中，物的发明应用背后往往都闪烁着圣人的智慧，如黄帝被认为创制了甲胄舟车，伏羲氏则是网罟琴瑟的发明人。圣人开物、创物、役物，最终让普罗大众享用到技术的便利，也因此获得了众人的认可与执政的合法性来源。当农民们接触到广播这一新鲜事物，并且获得了信息、知识和娱乐时，很多农民自然地将其归功于共产党与毛主席，并且进一步加深了对于共产党的认同，从如下的回忆中可以一窥当时农民的所想所感：

> 桂湖村有一个姓吴的老农说："好得毛主席！唔系（要不然的话）宣传队那会来涯丁（我们）这个山地方，带收音机来涯丁收听。国民党时，就涯丁进乡公所，那'守门狗'还拿枪挡住你。那里有今天的政府咁好（这么好）。"藤山村有个70多岁的老阿婆说："收音机真奇怪，一条线架起来就能收到天下的声音，涯咁老也么听见过，若果唔系（不是）共产党，涯死也看不到这样好的东西。"龙眼洞村的一个青年农民说："有收音机，消息灵通，又听音乐，真太好了。现在我们要做好抗美援朝工作，搞好

---

[1] 李鉴钊. 征程留踪：云南老新闻工作者回忆录 第 1 集 [M]. 1995：38.

土改后，争取一村买一架收音机。"[1]

南部县幸福农业社72岁的老农民黄友义，第一次见到收音机，第一次听到广播，激动地说："只有共产党、毛主席来领导，我们这些庄稼汉才享得到这个福气！"[2]

无线电播送着沈阳人民广播电台的春节特别节目。老人、小孩、青年、妇女，聚集在收音机、扩音器的前边，静悄悄地听着电喇叭讲道理、唱戏、唱歌。农民潘文治说："在旧社会那嗒，谁看见过或听说过广播电台能到乡下来为农民广播！只有毛主席才这样关心咱们庄稼人。这回，我更看清楚了我们的幸福前途。"农民任尚武说："咱们知道社会主义社会'种地不用牛，点灯不用油。'这回应该再添上一条，叫做'不进戏院能听唱大戏，看不到报纸也能知天下事'了。"[3]

甚至在一些地方，能够亲耳听到毛主席的声音成了农民的渴望，以绍兴王金堂互助组收听第一届全国人民代表大会第一次会议的场景为例：

9月15日这天，天气晴朗，阳光普照，一清早王金堂互助组就摇来了大船，把神匣子（收音机）请到村里。收听会场设在菩提庵厅堂内，会场布置得壮［注：应为"庄"］严、简朴。会场正中悬挂着毛主席象［注：应为"像"］，两边贴着红对联："听毛主席话"、"跟共产党走"。大会开始前，二百多位农民就欢聚在一起，等待这一伟大时刻的到来。当广播中传出壮［注：应为"庄"］严的国歌声，大家肃然起立，向毛主席象［注：应为"像"］鞠躬致敬。毛主席开始作开幕词时，场内鸦雀无声，大家聚精会神认真聆听。毛主席讲话声音宏亮、句句打动人心。[4]

---

[1] 中国人民政治协商会议广东省翁源县委员会文史资料委员会. 翁源文史资料：第8辑[M]. 1990：128-129.

[2] 四川省地方志编纂委员会. 四川省志：广播电视志[M]. 成都：四川科学技术出版社，1996：101.

[3] 沈台. 收音机下乡[N]. 人民日报，1954-3-30.

[4] 中国人民政治协商会议浙江省绍兴县委员会学习文史委员会. 绍兴文史资料选辑：第16辑[M]. 1999：74.

政党领导画像在菩提庵厅堂中悬挂以及集体起立鞠躬致敬等细节,显示出这是个颇具仪式性的集体收听行为,也表达了与会农民对于政党与政党领袖的认同。整个集体收听活动除听到远方领袖作报告的声音外,还设置了讨论环节,一群农民将国家的意志与自己的发展方向结合起来,确认了未来的发展目标——"乡农会委员王阿旺和互助组长王金堂当场表示,等秋收结束,要把周围几个互助组联合起来,走集体富裕的道路"[1]。

广播的偶尔下乡也激发了农民对于拥有收音机的渴望,正如扶绥县的收音员所记录的:

> 我曾利用随县土改大队部到雷允、郝佐、自尧、佰党、邑陇等村办公接触群众的机会,把收音机随身带到村屯,有意识地组织群众收听,让群众直接听到广播的声音,收到了较好的效果……村民梁品才很向往地说:"如果每个村都有一部收音机该多好呀。这样我们就能随时听到新闻,懂得形势的发展,就不会去轻信谣言,更不会受匪特的欺骗了。做生意时也能及时地了解到南宁的物价多少,再也不会轻易上当!"新兴村一位村民听了广播后高兴地说:"我们这些不识字的人,报纸是看不懂的,只听广播不用看报纸也能识清形势真是好啊。"[2]

从上述农民的反馈中,可以看到收音机不仅仅被视为一个新鲜的现代电子产品,还是一个被赋予了更多的社会意义与社会价值的"符号"。从远方而来的声音能够近在咫尺地被农民听到,这代表着党中央、毛主席并非遥不可及,而是关心着农民的日常生活,并介入农民的日常生活,将其拉入现代生活之中;而收听收音机本身也代表着一种全新的、更好的生活正在到来,它是现代化的一种象征,也是社会主义道路优越性的一个象征;同时,收音机掀开了现代美好世界的一角,让人们对未来的好生活有了一个直观的了解,也激发了人们的生产热情。收音机成了重要的"象征物",农民们收听收音机的行为带来的不仅仅是娱乐以及信息的知晓,也让他们对共产党和新生活有了认知与憧憬。它作为政党介入农村基层的符号,用最切实的方式向农民展示了未来——农民可以共时地获得全国性的信息,参与到一个新的社会的建设之中。

---

[1] 中国人民政治协商会议浙江省绍兴县委员会学习文史委员会.绍兴文史资料选辑:第16辑[M].1999:75.

[2] 政协扶绥县委员会文史资料编辑委员会.扶绥文史资料:第5辑[M].1998:22.

四、本章小结

1949年成立的中华人民共和国依然将"人民"放置在政权治理的核心位置，并试图延续延安的"群众路线"传统，对广袤的国土进行有效管理。通过探索参与式动员的社会建设机制，中国共产党将其触角下探到乡村，试图激活中国最广大人民的能动性，也成为一个真正意义上的深入乡村基层的政府。为了实现政府和民众的高度互动，中国共产党开始探索建设一个适配于社会主义大一统的传播构型，除对专业新闻机构进行整顿管理之外，还开启了致力于群众宣传的全国宣传网的建设。

全国宣传网的建设，试图破除新闻宣传的专业主义壁垒，规定了执政党内的成员都有教育民众的使命，而民众本身的声音也应该通过宣传员回馈到执政党耳中。这种新的传播构型试图将执政党政治力量所及的地方，都纳入到全新的党与民众的信息互动环境之中，让民众知晓并认同，最终形成一个如臂使指的高效社会。可以看到，下探到乡村的宣传网建设与乡村政治重建、乡村社会建设等同步进行，共同开启了新的社会主义乡村建设的征程，也打破了此前城乡之间的信息壁垒，试图让中国全境，不论城乡，都进入到共时的信息传播系统之中。

而无线电广播技术也因其能够进行跨越时空的迅捷共时传播，在交通不便、文盲众多、报纸不足的历史条件下成为向广袤乡村进行信息传播的首要手段。无论是"人民本位"的新的社会道统，还是新中国成立初期抗美援朝、缴纳公粮、土地改革、农村互助合作社建设等重要的中心工作，都使得中国共产党必须让农民知晓、同意并追随，以此促成各项社会主义建设事业的开展。以收音员为核心的收音网，成为党的声音进入乡村的重要媒介：一方面收音员抄写的收音小报由宣传员通过黑板报、喇叭筒（土喇叭、土广播）等传播渠道进入乡村之中；另一方面通过收音员偶尔下乡或者设立收音点的方式，发动农民进行集体收听。由此，很多农民第一次接触到现代电子器物，而作为媒介电子产品的收音机更具象征意义——党中央与最边远地区的穷苦农民在电子声音营造的空间中会合，这预示着一种全新的、更好的生活正在到来。

在全国收音网以及乡村收音站的运作过程之中，可以看到收音员的重要作用，通过人的力量克服物质的局限，通过流动的人来克服地理空间的障碍，以实现动员全社会的效果。收音员不仅仅是广播电子声音的中介，而且还是电子声音的解释者，他们有机地将农民的实际需求与党中央的政策方针进行勾连，从而实现农民能够理解、同意、服膺于中央指挥的目标。通过收音员组织的集体收听,农民们进入一个新的"信息集市"之中,不仅获得了文化娱乐,也实时地了解时政新闻,并获得了农业生产方面的科学知识,一个现代的、全新的世界通过声波向农民打开。

也是在农村广播收音网的建设中,我们看到了社会主义信息传播网络建设的初步实践,它试图建立一个平等、普惠、人民本位的公共传播体系。广播在农村地区的出现和扩散,并非由商业力量促成,而是让人民知晓的执政理念落地生根的结果。也正是这种公共传播的社会意向所引领的诸种实践,使得长久以来隔阂城乡的信息传播结构坚冰得以逐渐融化,一个新的、涵盖了农民的传播构型开始形成,使农民们真正进入全国性的信息传播网络之中。

第四章 让农民都听上广播："在地现代化"的媒介基础设施

一、作为典型的地方创新：首个农村有线广播网建设

1. 第一个农村有线广播网：县委书记的发现与实践

有线广播的技术原理并不复杂，世界上最早的有线广播诞生于19世纪60年代，到了20世纪初期，在世界范围之内各种有线广播的技术应用也早已成熟。新中国成立之后，当收音网在全国范围内普遍建立之时，在中国的城市空间、工厂空间内，也早已开始了一系列的有线广播网络建设。通常情况下，这些小范围的有线广播通过传声器将声音转换成音频电信号，经广播机放大处理后，通过广播线路传到广播终端，最终音频电信号通过扬声器等转换成声音，实现声音信息的远距离、点到面传输，非常适合在集体空间、公共空间中组织群体收听。

在1951年之前，中国乡村中可能会零星地出现收音机的身影，也可能在很小范围内出现了串联着几个扬声器的小片有线广播网。但在收音网建设之前，广播从未作为大众传播工具在中国乡村之中发挥作用，更难成为农民日常获取信息、娱乐的媒介工具。究其原因，现代电子产品的社会使用与扩散通常是发生在现代都市中，也需要建立在以现代能源为基础的技术体系之上。就广播这一现代电气化产品而言，它要大范围地进入某一地区的日常生活，前提是电力这一现代能源在本地区已经实现了稳定获取和普遍使用。如无充足的电力供应，任何现代电子仪器设备将无从成为日常生活之伴侣。

从1882年中国上海出现发电厂到1949年新中国成立，中国境内的电网发展非常缓慢，且呈现出区域发展极不平衡的状态，"只有在工业发达的上海建成城市电网，在日本侵占的华北地区建成跨省、市的京津唐电网和日本占领的东北伪满洲国建立的跨省东北电网"[1]，其他的一些城市也形成了规模较小的电

---

[1] 黄晞.中国近现代电力技术发展史[M].济南：山东教育出版社，2006：169.

网,如南京、重庆、济南、苏州、长沙等地。20世纪初的中国,当一些城市中电力已经成为工业发展的引擎,并为城市居民带来了各种现代电子消费体验之时,乡村却仍鲜见"电"的身影,游离在"带电"的现代生活之外。

就"触电"而言,位于中国东北吉林省中部的九台县(今长春市九台区)占据着独特的优势。这是由其优越的地理位置决定的,九台县距吉林省长春市与吉林省吉林市的距离分别是52公里与76公里。在1932年,伪满洲国"执政"期间,九台士绅董子芹、杨荫溥以九台"界于吉长两市之间,占吉长铁路中心点,物产丰饶,地处要冲"为由,请设县治。[1] 1933年,伪满吉林省公署警务厅长金名世到任后,执行伪满政府以确定治安为第一要义的政策,遂于当年开始修筑各县警备道路和架设各县警备电话,他在1957年在抚顺战犯管理所关押期间的交代材料中表示:

> 当时各县的警备道路干线均是互相衔接,以[注:应为"一"]共总延长里数约有两千六百公里。架设警备电话所需的电线、电瓶、铁钩、电杆各种材料,都是由伪民政部警务司配达到省,再由伪警务厅发交各县架设……在修筑警备道路和架设警备电话的过程中,因为办理缓慢,曾招来伪吉林省治安维持委员会委员长日寇陆军大佐加纳丰寿的指责。至于修筑这种警备道路的主要目的,是为便于当时日伪军出动讨伐的使用;警备电话的架设,是为建立情报网,以便遇有警报,则讨伐部队就可迅速出发。[2]

可见,伪满吉林省辖治范围内警备电话网络的建设,是服务于日本侵略者建立覆盖全省的情报网络这一政治决策的。早在1927年,九台县就有了电话局,但是这个电话局开设的仅是长春至九台的长途电话,显然是为了维系中心城市与九台县的消息流通。在1934年8月,九台县成立了九台县公署专用电话处,该电话处设置在"县城的保安街警务局楼内,归县公署统辖,纯警备用,不收费,设专人管理"。当时的抗日义勇军"三江好"在九台附近活动,九台县警备电话的设置,显然是为了维持伪满政府对地方的控制,压制各种抗日力

---

[1] 王遴公.九台县历史沿革概述[M]//九台县政协文史资料办公室.九台文史资料:第1辑.1986:1-6.

[2] 中央档案馆.伪满洲国的统治与内幕:伪满官员供述[M].北京:中华书局,2000:183-184.

量。通过运用日本株式会社的一些先进通信设备，如手动式电话总机、信号机等，警备电话网络连接了九台县城与周边辖区，"市外通话地有二道沟、沐石河、其塔木、波泥河子、龙家堡、双庙子、苇子沟、上河湾、升阳、头道嘴子、营城子、营城车站、裕东煤矿公司"。[1] 自此，九台县城与县辖的农村通过警备电话网络形成了一个信息即时交换的电子网络。

可以说，建设覆盖伪满全境情报网的冲动，使一个辐射到县域乡村的警备电话网得以迅速建立。而这个电话网历经伪满统治、日本战败直至新中国成立，一直发挥作用，体现了信息基础设施所具备的"时间性"，一旦建成之后就可以长时间地发挥作用，而这一网络之所以得以持续运行，就不得不提及东三省丰富的电力资源。在日本占领东北之后，通过对民营电业的收买吞并，东北既有的电力产业逐渐归"满电"所有。从1937年开始，日本制定了第一个五年产业开发计划，其中就涵括了大规模的电力建设，最终也建成了全中国电压等级最高、装机容量最大的跨省电网——东北电网，其中的中部电网以号称"东亚第一大工程"的丰满水电站为核心。这个1937年开始建设、1943年投入使用的水电站位于吉林省长春市西南15公里处，距离九台县的直线距离不过100公里，它为东北工业发展提供了蓬勃的动力。

中国第一个覆盖整个县域的农村有线广播网，就出现在九台县，它的灵感源于时任九台县委书记张凤岐的偶然发现。在1949年，九台县内的工厂、机关单位陆续开始了小片有线广播网的建设。在当年8月，粮油加工厂和麻袋厂请技术人员王斌德建设了县内的第一个有线广播站，用一台功率为19瓦的扩大机带着20个小喇叭发出声音，此后王斌德又为九台法院、一商店、九台中学、九台粮库等单位建设了近10家独立的有线广播站，但此时并没有人想过将有线广播网的范围扩大到整个县域。直到1949年末、1950年初，县委书记张凤岐在打电话时听到了串音，他请王斌德查明后，发现这是广播和电话混讯。也正是这个偶然发现，使张凤岐了解到广播信号也可以通过电信电路传播。由于自伪满时期始，九台县城与下面的各区、村已有电话通信网络能够通信，张凤岐就突发奇想，开始考虑是否能够利用通往各区、村的电话线路让农村地区也通上广播。为了检验这个想法是否可行，他让县里的电工王斌德、金殿英拿着喇叭到距离县城100多里的龙家堡和其塔木进行收听试验，试验结果证明通过电话线路远距离传送广播声音在技术上是可行的。[2]

---

[1] 九台市政协文教卫生委员会. 九台文史资料：第3辑 [M]. 1991：105.

[2] 九台市政协文教卫生委员会. 九台文史资料：第3辑 [M]. 1991：107-108.

在1950年建立广播收音网的中央决议下发之后，1951年吉林省委也在省内强调开展收音网建设工作的重要性，各地收音网陆续开始建设。此时，在面对如何建设广播收音网这个问题时，九台县委内部开始了讨论，并出现两种不同的声音：一种声音认为可以建立一个城区有线广播站，即在县城的范围内建设有线广播网。因九台县城内早就有了建设小片有线广播网的实践，所以这个方案是切实可行的。但以张凤岐为代表的另一种声音则要更进一步，他们主张把喇叭引到农村去，一定要让农民听到广播，这意味着有线广播网覆盖的范围超越了小小的县城，进入更加广阔的乡村地区。最终，九台县委达成了共识，要让农民听上广播。[1]在县域范围之内建设覆盖乡村的有线广播网络，是从未有过的实践，因而张凤岐的主张更为果敢大胆，也正是这种勇于创新的理念与勇于实践的行动力，推动了中国第一个农村有线广播网的诞生。

在党内说服不同声音，落实了将有线广播通往农村的县域治理规划，其背后的共识是对"农业"和"农民"重要性的认可，认为作为技术工具的有线广播网不应是少数人获取信息、娱乐的工具，而应覆盖包括农民在内的更广大的人民群众，推动本地的经济发展与社会发展。可见，九台县委认可"教育农民"与"推动农业生产"之间的联系，认识到作为信息技术工具的有线广播所拥有的"化人"潜力，也认识到农民所蕴含的促进社会发展的力量。这种认识并非无源之水，作为革命者的张凤岐曾经体会过民众的力量，这在他的一篇文章中可见一斑：

> 那个年代里，我们和老百姓吃在一起，住在一起。他们住炕上，我们在地下打地铺。他们吃完了饭，我们再用他们的锅做饭，粮食是自己的，当然也是老百姓种的……看到村子里婶子、大娘对我们那么好，我也时常想起自己在家受苦受罪的妈妈……在那个年代里，我们的军队之所以能打败日本鬼子，又推翻了蒋家王朝，就是因为我们的身后有如山如海一样的老百姓。在那难忘的岁月里，我们人员伤亡是很大的，可是队伍却越来越壮大。正如《山东战歌》中唱的——"我们有三千八百万人民和我们血肉相连"。[2]

---

[1] 九台市政协文教卫生委员会. 九台文史资料：第3辑[M]. 1991：108.

[2] 张凤岐. 我们是老百姓的队伍[M]//许行. 历史：走向太阳. 长春：吉林人民出版社，1992：285-292.

对于新中国成立前参加八路军的老革命张凤岐来说，农民在他的心目中占据着重要的位置。作为农民出身的革命者，让穷苦人过上好生活是他的革命目标之一。在革命的过程中，他逐步认识到革命者与百姓的情感关系——军队与百姓为了共同目标奋斗的鱼水情，也认识到了革命者成功实践的力量源泉——有三千八百万人民在身后支持。重视普通民众的力量，希望普通民众也能够过上好日子，这种朴素的人民观使得张凤岐在甫一听到广播串音时，就有了让农民也听上广播、利用广播来组织教育农民的朴素心愿。这也是一个地方社会管理者的社会治理方案，试图通过教育民众的方式提高民众素质，让受过教育的民众更好地从事社会建设。可见，推动中国第一个农村广播网的建设，是"情感"与"理性"交织作用的结果，既希望农民能够获得更好的生活，也期待能够通过新的信息宣传方式，使在革命年代被纳入政治图谱中，作为政治动员对象、革命主体的农民，在新的历史条件下依然能够成长为社会建设的能动主体。

"让农民听上广播"的县委决议通过之后，九台县开始了农村有线广播网的事实性建设。为此，县财政拨出7000多元来建设改造线路，原先九台县下辖的21个区有13条电话线路，其中的10条改造后用于有线广播传输。同时，县里的宣传部门动员和组织农民统一购买喇叭进行安装。相比于小片有线广播网来说，横跨纵贯整个县域城乡的有线广播网技术难度更高，所以九台县也通过寻求外援的方式解决技术问题：本地技术人员王斌德在建设过程中求教吉林人民广播电台的屠淑文，并获得了各种支持；吉林广播电台给予了一些广播器材，并派工程师浦野（日本人）、熙崇焕来九台帮忙安装广播扩大机等。就这样，全县有180个村安装喇叭246只，有90%的村由此通了广播，九台县有线广播网辐射了县域内绝大多数村庄。据吉林省到九台调研的人员回忆，距县城75公里的其塔木村距县广播站输出点最远，喇叭的音质虽不太好，但晚上还是可以听清广播播出的内容。[1]

这种日后被称为"九台模式"的有线广播网建设方案，实际上是"一线多用"，将原本仅用于电话通信的网络同时用于播送广播信号。为了不妨碍电话信息的传播，九台县制定了"一线多用"的通信规则：广播每天在固定时间播出，中午对城区播出，晚上对农村播出。其中，对农村播出的内容十分丰富，

---

[1] 陈海峰.无悔的岁月——关于我国农村广播网工作的回忆[M]//中华人民共和国史广播电视编辑部.当代中国广播电视回忆录：第二集.北京：中国广播电视出版社，1995：366.

包括"与通讯员收音员联络（对通讯员来稿要求和对收音员通知等）、文艺节目（以放唱片为主），还有每周两次对妇女广播、两次政治教育广播、两次卫生常识广播、一次时事讲话。每天15分钟，包括各区、村生产消息、生产经验、模范人物介绍、批评与表扬、生产小常识，还有首长讲话或农民讲演"。[1] 从内容设置上来看，既有时事消息，也有娱乐信息；既有对妇女广播这种对象性节目，也有政治教育、卫生常识这种受众群体广泛的节目；既有来自全国的各种声音，也有服务于本地区生产与建设的各种信息。九台模式之下的农村广播网并不仅仅是"上意下达"的"灌输"网络，而是一个嵌入本地区生产之中的行动性网络。

由于收听终端（喇叭）数量有限，九台县农村有线广播网在农村的收听方式是以集体收听为主，为此各村设立了收听小组组织收听，在集体收听之时村里的宣传员要向农民解释广播内容，并结合广播进行宣传。这种集体收听的模式使得一个喇叭常常有几十、上百名受众，最多的超过300人，有的村还建了宣传棚。1956年召开的三次宣传总路线的广播大会，有129万多人次收听。[2] 九台县农村有线广播站，被认为能够更高效地向农民进行时事政治教育、政策法令宣传和文化、科学、卫生知识传播，能够及时高效地动员农民迅速完成紧急任务。广播大会也成为一种经济实用的社区动员形式，用于传达重大国家方针、进行深度社会动员。可以看出，除了对农村进行政策传达与知识普及，农村有线广播网还参与到了农村的日常生产生活中，将农民拉入整体的社会政治议程与讨论之中。曾经在伪满时期仅仅被政府工作人员所使用，目的是维持地方治安、镇压地方动乱的警备电话网，经过改造成为供民众集体收听、丰富民众生活、助力民众生产的农村有线广播网。

从吉林九台的创造性实践中，可以看到对现有技术进行创造性使用，其动力来自对社会发展目标的确认，其目的是服务于实现社会发展目标的路径规划。以张凤岐为代表的党内精英，在战争年代因代表人民的利益、与人民鱼水情深而获得民心，并最终取得了战争的胜利。在社会建设时期，他们依然将民众利益视为技术应用的终极目标，从而将广播技术作为教育群众、联系群众、发展农村的工具。电话线路尽管能够传递信息，但其支持的是点对点的高效即时通讯，在电话机稀有的年代，通常保证的是党政消息的传递等，服务的还是少数人。将电话线路创造性地改变成有线广播后，它即刻成了为多数人服务的

---

[1] 九台市政协文教卫生委员会. 九台文史资料：第3辑[M]. 1991：109-110.

[2] 九台市政协文教卫生委员会. 九台文史资料：第3辑[M]. 1991：110-111.

技术。可见技术的潜力和可能性并无定数，它取决于其所处的社会结构，取决于社会能动主体对其的社会规划、社会改造和社会应用。

对技术的创造性使用，使得被规划、改造、应用后的社会技术开启了无数新的可能。对于地方政府而言，农村有线广播网的存在，使得地方拥有了一套可管可控、可用于地方社会建设的信息传播系统；对于农民而言，广播不仅仅将他们拉入集体收听之中，使他们获取信息、获得娱乐，同时也孕育了农村时间与北京时间并置的新的时间性，使农民们不再局限于本地、局限于眼前的生活。广播作为一种新型媒介，提供了一种关于现代生活的图景与想象，给农民带来了现代化的体验。农村有线广播网的产生，使得消费电子媒介不再是城里人的专属，农民们也能拥有这种全新的生活体验。

2."九台模式"的全国性"点式"扩散

从时间上来看，第一个农村有线广播网与以收音点、收音站为主的全国广播收音网的建设几乎是同步的，尽管两者所使用的技术方案不同，但建设目标是一致的——将更广泛的人群纳入新中国的社会动员体系、信息知识获取体系之中，让更多的人能够听到广播。

借助通往乡村的电话线路来建设农村有线广播网的成功实践，提供了一种普及广播、联系大众的新思路，因而九台实践首先在吉林省内被视为一种创新。为此，东北人民广播电台调查研究室组织东北各地的人民广播电台对九台县农村有线广播网进行了调查，并于1952年6月，由吉林省委宣传部和吉林人民广播电台在《东北日报》上发表了联合调查材料。同年7月，吉林省委在全省宣传员代表会上介绍了九台经验，时任省委宣传部副部长的宋振庭将县广播站称为农村宣传阵地的"半壁河山"。8月份，东北人民广播电台调研室主任林青、吉林人民广播电台台长王世民率领调查团来到九台，总结了九台县的经验，并上报了中央广播事业局印发全国。同年12月，在第一次全国广播工作会议上，梅益肯定了九台实践，表示"东北九台、肇东电台已证明是成功的经验，应向全国推广"。这个被称为"九台模式"的方案，引发了各地的学习与尝试，第一批试点九台经验的是东北各省和福建顺昌、云南昭通等，此后浙江、江苏、山东、四川、广东、山西各省均加入学习九台经验的大军之中。[1]

林青和王世民在调研中指出，有线广播网与收音站相比有四大优点：一是收听范围大，听众大大增加；二是时间、地点固定，群众收听方便；三是既能

---

[1] 当代中国的广播电视编辑委员会.当代中国的广播电视：上[M].北京：当代中国出版社，2009：306.

传播中央和省台的节目，也能自办节目，有利于宣传本县党委、政府的中心工作和播放地方文艺节目；四是广播喇叭比收音机便宜，容易推广普及。[1]。

从经济成本上来看，要形成规模化收听，有线广播网覆盖普及的人均成本更低，同时具有边际成本递减的特性，有利于后续广播网络的拓展与增密。尽管在网络建设初期，将电话线路改造成"一线两用"，会有一些开支，但一旦建设好之后，有线广播网可以低成本地增加收音点，成本优势突出。通过增加收音点的方式扩大收听人群，就需要购买更多收音机，设置更多收音站，安排更多收音员，但是"购买一架普通的能够使用的收音机差不多要一百五六十元，另外每月的电池费还需要二三十元……还要一个专人来保管"。而有线广播网建成后，要增加收听人群，只需在原先的线路之上再接小段线路、挂更多喇叭，"农业合作社和农户安一个广播喇叭，只要二三十元就够了，而且每月不要花电池费，也不要专人管理"[2]。

正如林、王二人所观察到的，除经济账之外，有线广播网有着独特的社会效益，即能够服务于本地社区。诚然，信息传播的技术基础设施可以促进信息流通，如无线广播能够使信息跨越空间，让远方的声音在本地回响。但在当时的条件之下，给每个县配置发射机、建设无线广播发射站几无可能，这意味着无法通过无线广播进行县域内的信息传播。收音机能够收到远方的声音，却无法听到周遭的变动，但有线广播能够直接为本地所用。因而在推广有线广播时，一个有效的策略就是告诉政府管理人员有线广播能够成为一个为我所用的工具，帮助政府进行直接、高效的社会治理。正如鹿野所说："有了它不仅各乡各社都能收听到中央和地方人民广播电台的广播，而且县里的党、政领导机关也可以利用它直接向人民群众讲话。在少数民族地区和方言较重的地区，必要时还可以用民族语言或地方语言进行广播。"[3] 同时，这种技术襄助社会治理的方案也被认为是经济的，能够节约行政经费，"过去一千多名干部到县里开一次'三级会'，吃、宿和路费至少要花七千元……用广播大会代替'三级会'，不但省下了这笔钱，还不耽误工作和生产"。[4]

同时，这种定点式的广播终端也被认为能够方便群众收听。在收音网的建

---

[1] 肖东波.中国共产党理论建设史 1949－1956[M]. 北京：中共党史出版社，2006：78.
[2] 鹿野.建立农村广播网 [M]. 北京：科学普及出版社，1956：2-3.
[3] 鹿野.建立农村广播网 [M]. 北京：科学普及出版社，1956：3.
[4] 鹿野.一个农村有线广播站的成长[M] // 广播事业为农业合作化服务.北京：新知识出版社，1956：16.

设过程中，收音员携带收音机到收音点组织集体收听，每次都需要携带好电池等相应设备，并需要调试机器使收听能够顺利进行。有线广播网定时定点播出广播节目，不需要调试机器设备，播音时间也契合农民的日常生活规律，如九台县选择晚上对农村进行广播，这使得收听广播能够迅速成为农民惯常生活的一部分。

尽管有诸多益处，但是要在全国农村建设有线广播有其现实的局限性。广播网络建设是整体工业系统中的一环，它的有效运行需仰仗电力资源与传输线路。在没有发电设备、没有开通传输线路（如可以改造后"一线多用"的电话线路和广播专线）的地方，广播声音的有线传播无从成为可能。改造邮电线路使其"一线多用"需要电信部门的配合，建设广播专线则成本很高，这是当时单一的广电部门所无力承担的。在新中国成立初期，时任中央广播事业局副局长的梅益曾表示："当时我们十分困难，1950年广播事业局的经费只有二百二十二万……乔木同志对我说，广播是新的事物，许多领导同志不熟悉它，你们要大叫大喊，引起各方特别是领导同志的重视，这样事情就比较好办。"[1] 在1952年政务院的一次会上，梅益提出"经过适当准备后为减轻国家财政负担，在全国开征广播收听费"，但当场就被周恩来批评："广播事业刚刚在发展，你就想收费？收费是有关几百万群众的事情，不要增加群众负担，削弱广播影响，要收费应由中央作出决定，现在不能收。"[2] 在经费捉襟见肘的状况下，要在全国范围内建设跨越城乡的有线广播网络，这几乎是不可能完成的任务。

九台县之所以能够将建设有线广播网的理念迅速变成实践，是因其境内已有通设到村的电话线路，同时县委书记在县内凝聚共识，协调了邮电、广电等不同部门共同建设。作为值得鼓励的地方创新，九台模式被中央广播事业局当作一个典型，在全国性会议上予以肯定，并倡导有条件的地区学习，利用县内既有的资源建设通往乡村的有线广播网。第一次全国广播工作会议的认可，使得九台模式被更多人所知，利用邮电线路传输广播讯号的成功经验使得各地看到了电话线的"新用法"，在具备相应电力、线路条件的一些县域，开始采取九台方案试点建设了中国第一批农村有线广播网。

顺昌农村有线广播站——全国第二个农村有线广播站，作为福建省第一个面向农村的县级有线广播站，也是借助于邮电线路建成的。与九台县类似，顺昌县域内有着丰富的电力资源。早在1926年，顺昌县洋口镇教会就安装了发电

---

[1] 胡乔木传编写组.我所知道的胡乔木[M].北京：当代中国出版社，2012：173.
[2] 郝时远，杨兆麟.梅益百年纪念文集[M].北京：社会科学文献出版社，2014：114.

机组供教堂、中美学校和公普医院照明，20世纪30年代有"闽北小水电之父"之称的纪廷洪在顺昌亨龙岭建立了白龙泉电站，在解放之后人民政府将电站接管并改为地方国营电厂。[1] 顺昌作为福建省委宣传部的宣传试点县，福建省委宣传部李耀春（后来调任顺昌县委书记）、省电台孙耀国、省人民出版社彭冲、《福建日报》记者廖无我、地委宣传部郑安祥等人组建的工作队在该县工作。1952年5月，工作队决定筹建县广播站，也是在征得邮电局同意后利用农村电话线路安装了第一批10个喇叭。顺昌县广播站于5月中旬正式开播，在试播成功后工作队又在各区安装了60个喇叭，最终成为福建省建设农村有线广播站的示范。[2]

农村有线广播网的建设极大地增加了农村中广播收音终端的数量，以1954年初建成的河南省第一个农村有线广播站——郾城县广播站为例，在此前整个郾城县（今漯河市郾城区）共有8个收音站，有线广播网的建设使得郾城县下辖各区均安装上两只广播音箱。郾城县当时下辖14个区——城关、十五里店、新店、裴城、阴阳赵、大刘、叶岗、邓襄、召陵、砖桥、老窝、黑龙潭、商桥、孟庙，这意味着共有28个可以集体收听广播的收音地点。与九台县一样，郾城县广播站也是利用邮电线路传播广播信号，这种有线广播的建设方式具有可拓展性，即电话线路到达的地方，广播声音即可到达。到了1956年，该县的广播喇叭已普及到初级社，全县喇叭总数发展到了8000只。[3]

利用邮电线路"一线多用"传输广播声音，意味着广播时间不是全天候的，为此各地都根据自己的状况，制定了广播播音时间。以璧山县（今重庆市璧山区）为例，在区、乡（镇）电话线末端处安上喇叭广播之后，就开始了"三段式"的播出模式，即"每天早、中、晚3次，每次1.5小时左右"。这种依靠电话线路进行广播播音的尝试，虽然受限于电话线路的分布，同时为了电信业务的正常进行需要控制时长，但确实增加了乡村广播收音网的密度，邮电网和广播网"两网合一"的尝试，使更多的农民能够听到广播。

在这一系列地方农村有线广播网的建设实践中，我们可以看到起到关键作

---

[1] 福建省顺昌县政协文史委员会，福建省顺昌县水利电力局. 顺昌文史资料：第16辑 水电赞歌 顺昌水利水电建设纪实 [M]. 1998：164-167.

[2] 中国人民政治协商会议福建省顺昌县委员会文史资料委员会. 顺昌文史资料：第9辑 [M]. 1991：90-93.

[3]《当代河南历史丛书》编委会. 当代河南的广播电视 [M]. 北京：当代中国出版社，1994：15-16.

用的要素有：

一是地方的经济基础与工业基础，有线广播网的建设与当地电气化水平、电子工业发展水平息息相关。我们可以看到在工业水平较高或电力发展水平较高的地区——无论是东北地区的九台还是东南沿海地区的顺昌，更加容易建成有线广播网。而在一些因没有火电站、水电站、电厂而电力资源匮乏的地区，以及电话线路没有开通的地区（由于电话线路也需电力维持，因而两者很大程度是重叠的），并没有建设并长期运营农村有线广播网的能力。同时，建设农村有线广播网依靠的是地方的财政经费，如若没有资金保障，让农民听上广播也只能沦为空谈，因而能否将有线广播通往乡村，取决于该地区的整体发展水平。

二是地方党委的决策与协调作用。通过建设收音点的方式来拓展农村的广播收音网络，其依靠的主要是广电部门与政府宣传部门。由收音员带着收音机、干电池来组织集体收听，通过人的力量如收音员的勤奋工作来弥补物资的匮乏——收音机普及率的不足。但农村有线广播网的建设至少涉及电力、邮电、广电三个部门，建设启动资金门槛也较高，党委能否协调好几个部门之间的关系，让它们共同为农村广播公共事业发力，成为能否建设好农村有线广播网的前提。这一方面涉及地方党委的协调能力，同时也需党委能够达成普遍共识：在农村的广播网络建设上投入资源、建设乡村、教育农民是有紧迫性与必要性的。

三是上下资源的对话与共建。无论是上述的九台县、顺昌县还是郾城县，能够顺利建起农村有线广播网的一个重要原因是有来自省台的"外援"，省广播台和其他部门能够从技术上、资源上对地方实践进行有力的帮助。如前文所说，在中央集权的治理模式之下，精英人才通过一系列选拔逐渐进入重点中心区域，因而相对于地方农村地区来说，中心城市拥有更丰富的人才储备。只有地方与中心地区能够实时保持对话状态，中心地区及时回应地方的需求，才能帮助地方实践更好地展开。

在20世纪50年代早期，中国的绝大多数农村地区还是通过收音员下乡、建立农村合作社收音点等方式来收听广播，九台模式的产生及其蝴蝶效应，兼具偶然性与必然性。它的偶然性在于，它的灵感火花源于县委书记遭遇的一次串音，恰恰当地既有的电话线路、人才储备可以低成本地开始这场技术试验，使得让农民听上广播从漫想变为现实。而它的必然性在于，在新中国成立初期的社会建设、社会动员之中并未将农村与农民排除在外，因而通过各种媒介手段来让农民知晓、动员农民成为一项重要的工作，新的社会信息系统被视为应服务于社会需求。只要有了技术、人才、资源、资金方面的准备,有了一个具有操作性的建设模式,那么各地建设农村广播网的步伐就一触即发。是党对于自己与农民关系的认识和理解,党对于中国农民与中国农村的未来前景与期待,激发了党内精英对于中国乡村的建设热情,并为了农村建设与农民发展进行各种尝试与实践,发挥创造潜能并由此开启了中国农村的有线广播时代。

二、全国推广:"在地现代化"的配套信息方案

1. 全面建设农村有线广播网:决策一跃的背后

在九台之后,全国各地都开始了农村有线广播网的试点工作,一些省份陆续建设了本省第一座通往农村地区的县有线广播站,如1952年云南昭通、1954年江苏宜兴与河北昌黎等地都开始了有线广播网的建设。尽管农村有线广播网在对农民传播方面有诸多好处,但因为现实条件的局限性,九台模式并没有立即促成全国性的建设热潮,农村有线广播只是以点状扩散的方式缓慢增加。在中央层面,尽管鼓励九台模式的创新,但也是鼓励有条件的地区进行建设,并没有给出配套政策资源促使其在全国范围内迅速推广。直到50年代中期,要将广播收音网拓展到乡村地区和偏远地区,在中央层面采取的主要措施依然是建设更多的农村收音点。

这个状况从1955年开始改变,当年8月,中央广播事业局在全国农村有线广播工作座谈会上开始对全国广播的发展提出了新的规划,除向到会的代表介绍了吉林、福建两省建设农村有线广播网的经验外,还制定了"重点示范、分批发展"的农村有线广播网建设规划与方针。9月20日,中央广播事业局下达《关于今明两年在全国有条件的省、区逐步建设农村有线广播的指示》,并在10月份《广播业务》创刊号上刊登了左荧的文章——《发展农村有线广播是建设农村收音网的方向——对今明两年在全国有条件的省、区逐步建设农村有线广播的指示的说明》。12月15日,第三次全国广播工作会议在北京召开,会上明确了农村有线广播网建设的各项方针,并于12月20日颁布的《我国广播事业"二五"计划和十五年规划的方针和任务》中指出未来城乡广播的发展任务。

实际上,在上一年(1954年11月)的第二次全国广播工作会议中,发展农村广播和建设农村广播网并没有被视为重点工作。在这次会议上,梅益作了题为《学习苏联广播工作经验,改进我们的广播工作》的报告,会议强调广播的宣传工作与内容建设——采取政治性和文艺性两种形式精办节目,强调中央台与地方台的关系——以中央电台为基础、地方电台为补充构成一个宣传的整

体,因而在后续的工作中加强文艺广播内容的建设,削减了地方广播节目内容的生产。[1] 第二次全国广播工作会议精神传达到各地后,各地方台开始了相应的行动,如贵阳地区贯彻会议精神,转播中央台的时间由原来的50分钟增加至125分钟。[2] 这是一直以来中央广播事业局"先中央后地方"的发展思路的延续,这从该部门计划草案中的中央、地方经费分配方案可以看出:

> 经费的分配是事业建设中的一个重大问题……在一九五三年提出的第一个五年计划草案中,中央和地方的比例是67比33,而在一九五五年的草案中,改为76比24。基建投资的分配,第一个五年计划的前四年的比例是84比16,逐年数字,中央台是1826(万元,下同),1822,2796,3695;而地方(不包括收音站、广播站的建站费用)是645,358,172和726。[3]

为何会在1955年这个时间节点发生如此大的转变?这就不得不提到50年代中期中国共产党农村发展战略的转变。1953年末1954年初,毛泽东带领新中国第一部宪法起草小组成员离开北京,乘坐火车经过德州、济南、浦口、上海到达浙江,也正是在浙江考察途中毛泽东第一次接触到农村有线广播网。1954年初,毛泽东听闻杭州附近的新登县(今杭州市富阳区新登镇)"组织起来"了,试办了浙江省第一个农业生产合作社,就提出要去看看。在浙江省公安厅厅长王芳的陪同下,毛泽东来到松溪乡王家水碓村与农业合作社社员交谈了解情况,在村里与农民交谈期间,他听到了新登县有线广播的声音在村里响起,"兴奋不已","对秘书田家英说,要将发展农村广播这一条,写进'农业发展纲要'"。[4]

毛泽东的欣喜,显然是目睹乡村的新变化后油然而生。新登县试办了浙江省第一个农业生产合作社,而毛泽东所听到的广播声音来自新登有线广播站,这是浙江省建立的第一个农村有线广播网。最重要的是,在前往王家水碓村之前,毛泽东已经听闻浙江农村因为组织起来而日渐欣欣向荣——时任浙江省委

---

[1] 赵玉明.中国广播电视通史[M].北京:中国广播电视出版社,2014:191-192.
[2] 贵阳市地方编纂委员会.贵阳通史:下[M].贵阳:贵州人民出版社,2011:582.
[3] 广播电影电视部政策研究室.梅益谈广播电视[M].北京:中国广播电视出版社,1987:122-123.
[4] 浙江省新闻志编纂委员会.浙江省新闻志[M].杭州:浙江人民出版社,2007:1072.

第一书记谭启龙向他汇报了浙江农村的变化。解放前浙江农村抗灾能力薄弱、生产力水平较低，新中国成立时全省处于全年缺粮98天的状况。但新中国成立后通过土地改革、互助组和农业合作社等方式，缺粮情况开始改善。农民组织起来、合作起来能够建设更好的乡村，这一想法也在王家水碓村走访时被验证，社员们表示合作社成立后兴修水利、改地造田，农作物产量得到了提高。[1]

新登县的新变化与农村有线广播给毛泽东留下了深刻的印象，毛泽东认为只把上面的广播内容办好、办活泼还不够，必须让更多的群众能够听到广播。在1955年4月中旬，毛泽东派出一行四人的农村调查组重点调查农村有线广播的情况，并询问"全村装了多少喇叭，有多少人经常听广播，每天听几次，听多少时间，最喜欢听哪些内容"等问题，调查组回去后向毛泽东作了汇报。[2] 显然，毛泽东对于广播的发展思路与此前中央广播事业局的思路并不一致：中央广播事业局强调广播的内容生产，将有限资源集中到中央，而毛泽东则更强调广播的渠道拓展，扩大广播的地方收听。

正如前文所分析的，有线广播在当时的历史条件下是最具备扩散潜力的大众传播技术，同时也能为本地所用，能够帮助本地组织起来。如新登县有线广播站每天早中晚开播三次，除了转播中央人民广播电台与浙江人民广播电台的内容，也会播送乡土特色的本地新闻和农业技术内容。而从1952年当地开办物资交流大会时起，广播就起到了重要的作用。农民们通过广播了解物资大会信息，并且在物资大会上"买买农具、土特产，围着喇叭听戏、听广播"。[3] 况且，农村有线广播的建设与农业合作化也并非毫无关联，建设有线广播不仅仅需要地方财政支持，更需要本地农民出钱出力支付架设广播线路、安装喇叭以及广播日常消费的成本。由此，作为新生事物的农业生产合作社也往往能够率先架设有线广播。以浙江黄岩县（今台州市黄岩区）为例，该县第一个农业生产合作社——孝友乡雅林村先进社成为该县第一个通有线广播的合作社，社里出钱出力买毛竹和小杉树当线杆，县文化馆将广播线架到社中。[4] 与此前的初级农业合作社最早听上收音机一样，有线广播也成为彰显"合作"力量的一个标志——农民合作起来能够办成单打独斗的农民所办不成的事，乡村通过集体

---

[1] 马社香.中国农业合作化运动口述史[M].北京：中央文献出版社，2012：267-269.
[2] 陈冠任.治录：毛泽东与1949年后的中国 3[M].北京：中共党史出版社，2014：933-934.
[3] 浙江省新闻志编纂委员会.浙江省新闻志[M].杭州：浙江人民出版社，2007：1073.
[4] 黄岩广播电视志编纂委员会.黄岩广播电视志[M].杭州：浙江人民出版社，2005：99.

化的组织也可以将广播纳入日常消费之中。

显然,毛泽东的广播发展思路最终占了上风,在1955年8月份召开农村有线广播座谈会、9月份下达《关于今明两年在全国有条件的省、区逐步建设农村有线广播的指示》后,当年10月,在以农业合作化为重点讨论话题的党的七届六中全会上,毛泽东提出要"发展农村广播网",由此农村有线广播正式走上了发展的快车道。这一发展思路转型的背后,最重要的推动要素是全国农村有线广播工作座谈会上所指出的:"农村合作化运动已日渐高涨,全国农村社会主义改造的大风暴也就要到来。新的形势要求广播更好地为我国农村巨大规模的社会革命运动服务。发展农村有线广播是我们今后相当长时期的重要政治任务之一。"[1]发展农村广播网、建设先进的媒介信息网络,内嵌于加速农村合作化、建设乡村这一重要的国家议程之中。

而加速农村合作化、农村社会主义改造成为重要国家议程的背后,则是中国对于农村发展道路与国家发展道路的探索。在决策出台之前,党内曾就全国农业合作化的速度和规模问题产生了较大的分歧。龚育之指出,党内领导层对于将个体农民组织起来、引导向社会主义方向是有共识的,但对于"农业怎样组织合作,先从生产环节还是先从供销环节组织合作,用怎样的速度组织合作,这些方法和步骤问题上,则是有过不同的思路和主张的。比如,刘少奇、张闻天,曾经主张从供销环节组织合作,认为农业生产环节的合作,需要等到工业化以后,等到农业使用机器进行大规模生产以后。而毛泽东则更加关注农业生产的合作,强调工业化对农业合作化的需要"。[2]

对于供销环节合作的强调有其合理性,实际上为了保证国家工业化的顺利开展,从1953年末中国开始了统购统销政策——农民的粮食不能自由买卖与交易,而由国家借助政权的强制性力量从农民手中统一收购又对城市居民和工业企业统一销售。这种政策对于保证工业生产利润、积累国家工业化所需的建设资金,有着一定的促进作用。反对加速农业生产环节合作化的声音指出,迅速改变小农私有制可能会引起部分农民的消极应对——表现为减少劳动投入、减少农业生产投资等,这样不仅难以完成粮食征购以保证工业化发展,同时也不能够照顾农民的情绪,会引发农民的反对。

但毛泽东认为维持乡村的私有制是"小惠",而农业合作化是"大义",在

---

[1] 当代中国的广播电视编辑部.中国的有线广播[M].北京:北京广播学院出版社,1988:321.

[2] 龚育之.党史札记:一集[M].北京:人民出版社,2014:98-101.

中国工业发展程度不高的现状之下，合作化应该优于机械化，而非先工业机械化后农业合作化。他认为社会制度革命（从私有制到公有制）与技术革命（从手工业生产到大规模现代化机器生产）不可偏废其一，"我们对于工业和农业、社会主义的工业化和社会主义的农业改造这样两件事，决不可以分割起来和互相孤立起来去看，决不可以只强调一方面，减弱另一方面"。[1] 尽管毛泽东也看到了农村社会主义改造会面临的困境，"农民对社会主义改造是有矛盾的。农民是要'自由'的，我们要社会主义"[2]，但他认为只有农业合作化才能既保证工业的发展，阻止小农土地私有制导致的贫富不均、小农破产等弊病，也保证"工农联盟"的社会主义制度得以维系。他在《农业合作化的一场辩论和当前的阶级斗争》中如是论证：

> 以前那个反地主、打土豪、分田地的联盟是暂时的联盟，它巩固一下又不巩固了。在土地改革后，农民发生了分化。如果我们没有新东西给农民，不能帮助农民提高生产力，增加收入，共同富裕起来，那些穷的就不相信我们，他们会觉得跟共产党走没有意思，分了土地还是穷，他们为什么要跟你走呀？那些富裕的，变成富农的或很富裕的，他们也不相信我们，觉得共产党的政策总是不合自己的胃口。结果两下都不相信，穷的不相信，富的也不相信，那末工农联盟就很不巩固了。[3]

加速农业合作化运动的目的，是试图将国家工业化建立在国家与农民的联盟之上。尽管党内存在着不同的声音，激起了大量的探讨，但最终达成共识，在1955年10月的七届六中全会（扩大）上通过了《关于农业合作化问题的决议》。毛泽东在会上表示"参加这个会议只有中央、省（市）委、地委三级，然后我们去说服县、区、乡三级，来解决意志不统一、看法不一致的问题"。[4] 这一决议，实际上确定了探索乡村发展道路的大体方向。当年11月，毛泽东与

---

[1] 中共中央文献研究室. 毛泽东年谱一九四九——一九七六：第二卷[M]. 北京：中央文献出版社，2013：410.

[2] 中共中央文献研究室. 毛泽东年谱一九四九——一九七六：第二卷[M]. 北京：中央文献出版社，2013：370.

[3] 中共中央文献研究室. 建国以来重要文献选编：第7册[G]. 北京：中央文献出版社，2011：261.

[4] 中共中央文献研究室. 毛泽东年谱一九四九——一九七六：第二卷[M]. 北京：中央文献出版社，2013：445.

14个省的省委书记、内蒙古自治区党委书记开始商定"农业十七条",试图规划乡村社会主义化与乡村现代化的发展路径。"农业十七条"在讨论过程中逐步被扩充到四十条,并形成了新中国的第一个农业中长期规划《1956年到1967年全国农业发展纲要(草案)》(以下简称《全国农业发展纲要》),于1956年1月23日由中共中央委员会政治局会议讨论通过。

显然,在农业合作化加速共识逐渐厘清的过程中,农村广播的重要性也逐渐凸显。在七届六中全会上、《征询对农业十七条的意见》中乃至《全国农业发展纲要》中,均提出了发展有线广播网的主张,梅益对此回忆道,"1955年10月毛主席在七届六中全会上提出的要发展农村广播网,以及1956年1月把发展农村广播网列为《全国农业发展纲要》的第三十二条,都是乔木同志和一些亲自感受到农村有线广播的威力的省委书记共同倡议的"。[1]《征询对农业十七条的意见》提出"在七年内,建立有线广播网,使每个乡和每个合作社都能收听有线广播"。[2] 而《全国农业发展纲要》则更加细致地点出了广播发展的长期规划,"从1956年开始,按照各地情况,分别在7年或者12年内基本上普及农村广播网,要求各乡和大型的农业、林业、渔业、牧业、盐业和手工业的生产合作社都装置收听有线广播或者无线广播的工具"。[3] 自此,发展农村有线广播网成为中央层面下达的农村整体规划中的一部分,成为一项由中央推进的工程,其背后凝聚着党内的社会发展共识和中央的强烈意志。

媒介技术不是外乎于社会结构的存在,而是服务于社会整体目标的工具,这在中共高层早有共识。早在1952年的政务院会议上梅益就提出"集中精力抓宣传工作,把广播电台的技术部门交给邮电部",但这一提议遭到周恩来的拒绝,他认为"广播宣传和广播技术的关系十分密切,历来都是统一领导,相互间任何不协调都影响宣传任务的完成。统一领导正是技术严格服从于宣传的有力的组织保证"。[4] 也正是在技术严格服从于宣传、技术严格服从于政治的发展路线下,中央广播事业局紧跟国家的整体规划,从1955年下半年开始将工作重点放在对农民广播上来。9月,中央广播事业局下达《关于今明两年在全国

---

[1] 胡乔木传编写组. 我所知道的胡乔木 [M]. 北京:当代中国出版社,2012:172.

[2] 中华人民共和国国家农业委员会办公厅. 农业集体化重要文件汇编 1949—1957:上 [G]. 北京:中共中央党校出版社,1981:524.

[3] 中共中央文献研究室. 建国以来重要文献选编:第8册 [G]. 北京:中央文献出版社,1994:57.

[4] 中华人民共和国史广播电视编辑部. 当代中国广播电视回忆录:第三集 周恩来与广播电视 [M]. 北京:中国广播电视出版社,1994:6.

有条件的省、区逐步建设农村有线广播的指示》后，在10月份的《广播业务》创刊号上，左荧直接指出农村收音网的未来发展方向就是农村有线广播。[1]

左荧认为，收音站的发展模式阻碍了广播的大众化收听，其面向的人群狭窄，"省台广播收听范围就被相对地固定了下来"，因而不能满足党政机关交付的任务和群众收听广播的要求。甚至，一些中小城镇广播站满足于服务市民和中小工商业户，这限制了广播对农民、对农村的传播。而要实现广播的广泛传播、对农传播，由农村有线广播所带动的"小喇叭"是使用成本最低的收听工具，"据调查，全部新建一个装有150个喇叭的农村有线广播站，建站费用约需6000元，维护每月只要90元就够了；而购买150部收音机，则约需两万元，每月维护费要1500元到2000元，而且每站需要一个收音员来管理"。

因而，左荧给出的规划是：一是将城镇广播利用电话线拓展到乡村，"先以我国各省现有的980多个有电源设备的中小城镇为基础，利用当地的地方电话线路，把广播送到县以下各区所在地和主要的乡镇"；二是扩大这980多个农村有线广播站的规模，增加电力和喇叭，使"前述所有县的村镇和合作社、互助组都装有喇叭"；三是逐步用广播专线取代电话线。同时，确定了农村有线广播站的经营方针，即"采取地方投资，辅以群众自筹的方针，并且有计划地使它逐步走向企业化"。

中央广播事业局在1955年12月3日，将《发展农村有线广播的方针和规划》呈报国务院审查批准。在12月15日到12月22日召开的第三次全国广播工作会议上，梅益将规划告知参加会议的各省、自治区、直辖市广播电台台长、副台长，苏州、南通、张家口、承德、四平等市有线广播站站长和中央广播事业局有关负责人。规划指出了发展农村有线广播的总体原则——"采取民办公助、从点到面、从简陋到正规、从集体收听到单独收听的方针……逐步扩大电力，延伸支线，改进设备，尽可能满足全县村、社收听需要，再向院、向户发展"。同时，对于农村有线广播的线路、经费、编制和领导等问题做出了指示："线路应充分利用现有县内电话线路"，"广播站基本建设费一部分由村事业费解决，一部分由农业社、供销社、信用社等分担……线路所需要的木杆或竹竿，应动员各社或群众捐助"，广播站工作人员"不列入国家编制，其工资由站的经费支付"，广播站"收支向县财政科领报，直接受当地党委宣传部领导，并同时受省人民

---

[1] 左荧.发展农村有线广播是建设农村收音网的方向：对今明两年在全国有条件的省、区逐步建设农村有线广播的指示的说明[M]//赵玉明.风范长存：左荧纪念文集.北京：中国传媒大学出版社，2005：47-55.

广播电台的指导"。[1]

这样的农村有线广播网建设方案需调动地方的积极性，因而，在第三次全国广播工作会议结束后的第二天，《人民日报》发表评论《发展农村广播网》，指出"七年内全国农村有线广播站将大大地发展起来，根据农业合作化运动的进展速度，全国各地凡是有农业合作社的村子基本上都将能够听到广播"，并且号召"地方各级领导机关应该充分关心和重视这一工作，把它列为地方全面规划的一个重要项目，并且加强对它的领导"。[2] 由此，推动广播收听大众化的愿望，及通过广播动员、组织农民的现实急迫性，共同使得建设农村有线广播网成为一项重要的全国性政治工程。

2. 地方跟进：农村有线广播网的广泛建设

在1955年发展农村有线广播网的中央号召初现苗头之时，一些积极的省份就开始了农村有线广播网的建设动员活动。以浙江省为例，1955年10月浙江人民广播电台在富阳县（今杭州市富阳区）开展农村有线广播试点，并召开了试点现场会。全省各县收音站的工作人员都来到了现场学习，绍兴县的金溥人是其中之一，会后他开始了本地建设农村有线广播网的筹备工作：

> 回绍后，我首先到绍兴邮电局了解绍兴县的电话网路情况，并作了初步规划，然后向县委作了汇报。县委十分重视和支持，并确定了广播、电话"双管齐下"的建网方针，专门组织成立了由县委副书记梁耀东兼主任的"绍兴县有线广播站筹备委员会"……同时印发了《中共绍兴县委关于建立农村有线广播站计划》，要求争取在1951年春节建成播音。[3]

面对资金、人力不足的情况，金溥人通过展示有线广播可能的潜力以获得各方支持，"我在向省台服务部采购广播器材时，购得了一台国产钟声牌钢（注：原文为'纲'，应为'钢'）丝录音机，在一次年终的县级机关干部大会上，录制了县委书记张树森的讲话，当场放给大家听，受到很大震动，感到广播确

---

[1] 广播电影电视部政策研究室.梅益谈广播电视[M].北京：中国广播电视出版社，1987：86-89.

[2] 当代中国的广播电视编辑部.中国的有线广播[M].北京：北京广播学院出版社，1988：126.

[3] 中国人民政治协商会议浙江省绍兴县委员会学习文史委员会.绍兴文史资料选辑：第16辑[M].1999：76.

是一个重要的宣传工具。县委书记张树森同志乘机再次动员大家共同把农村有线广播建设好"。[1] 相比于收音机来说，建立县级有线广播可以进行本地声音的播出，这成为动员各级机关干部参与建设农村有线广播的重要策略。有线广播对于本地建设的重要作用，成为建设农村有线广播的合法性来源之一，即有线广播可以用于解决中国最基层"意志不统一、看法不一致"的问题。正如梅益所强调的：

> 第一，地方党、政领导机关可以及时地、广泛地向农村居民传达、解释党的政策、指示、决议和法令。通过广播，在几百里甚至几千里地区内，所有的人都可以同时听到这个传达或讲话，而且听得周全，比一层又一层的传达省事、省钱、省时间又不耽误生产。第二，通过广播可以传播生产知识，交流生产经验，表扬先进，批评落后，提高生产积极性。有时有了紧急任务，还可以进行全面动员。比方要防汛、防洪、防止灾害性天气对农业生产的打击，一广播，所有的人都动员了。[2]

尽管各省都在1955年回应了中央广播事业局建立农村有线广播网的倡议，并做出了一系列的规划，但推进的速度并不一致。以湖南省为例，1955年下半年，湖南人民广播电台参加中央广播事业局的全国农村有线广播工作座谈会，回来后想参照吉林九台的做法，做出了利用农村电话线路发展全省农村有线广播站的初步规划，但"邮电部门以需保证电话通畅为由而未赞同"。[3] 而在一些广电与邮电部门取得共识的省份，建设农村有线广播网的实践就顺利得多，浙江省建德县（今建德市）就是其中一例：

> 建立县农村有线广播站，实行"民办公助，依靠群众"和"边建边播"的方针，省里补助部分广播器材物资，县里解决广播站用房和扩音机、收音机等站内设备购置，架设广播线路和安装喇叭，由受益单位承担费用。11月上旬，建德县着手架设广播专线……架设广播线的杉木杆，由

---

[1] 中国人民政治协商会议浙江省绍兴县委员会学习文史委员会. 绍兴文史资料选辑：第16辑[M]. 1999：77.
[2] 梅益. 普及农村广播网[M]//北京广播学院新闻系. 中国报刊广播文集：6. 1980：112.
[3] 湖南省地方志编纂委员会. 湖南省志：第20卷 新闻出版志[M]. 长沙：湖南人民出版社，1997：230-232.

所在地农业社分段摊派……沿线各乡政府、农业合作社、企事业单位安装了240多只……（1956年）全县17个乡通了广播，其中11个乡是利用电话线路通广播的。[1]

在1956年初作为中央意志的《全国农业发展纲要》提出之后，一系列中央层面的决策顺势而出，横亘在农村广播网建设前的各种阻碍逐渐冰解壤分。1956年2月，国务院发出了《关于农村广播网管理机构和领导关系的通知》，明确了各部门的具体职责——中央广播事业局负责全国农村广播网建设的规划，编制全国农村广播网的年度发展计划，提供农村广播站的机房、播音室的定型设计，统筹器材，介绍和总结农村广播网的经验等；省、自治区、直辖市设广播管理局或处，在业务上受中央广播事业局领导；县农村广播站为县人民委员会的直属单位，在业务上受省、自治区、直辖市人民广播电台指导。[2]

同月，《解放军报》刊登《总政治部关于军队参加和支援农业合作化运动及农业生产的实施方案》，规定"部队通信兵，在不影响本身任务的条件下，应积极协助建设农村的广播网和电话网"，包括军用电路无代价地允许地方加挂电线，每年每个电话兵应抽出不少于十个劳动日帮助驻地附近的农业生产合作社架设电线，各地通信兵部队的修理机构与技术人员，均应帮助驻地附近农业生产合作社修理与维护无线电报话机、收音机，并帮助就近的农业生产合作社培养电话器材的维护修理与管理人员等。[3] 同年4月，中央广播事业局和邮电部联合制发《关于利用县内电话线路建立农村广播网的暂行规定》，为各地利用邮电线路建设有线广播提供了政策保障。联合通知中写道："本暂行规则在制定时，因时间紧促，未能对各地情况进行调查，其中不免有不完备和不切合实际的地方，各地在执行时，可根据当地具体情况由邮电部门及广播单位协商处理。"[4]

为了让邮电部门和广电部门能够更好地合作，有些省份甚至进行了部门机

---

[1] 洪淳生，吕建月. 中国共产党建德历史（1949－1978）[M]. 北京：中共党史出版社，2008：213-214.

[2] 当代中国研究所. 中华人民共和国史编年：1956年卷[M]. 北京：当代中国出版社，2011：101.

[3] 总政治部办公厅. 中国人民解放军政治工作历史资料选编：第13册 1955.1－1956.12[G]. 北京：解放军出版社，2010：475.

[4] 贵州省地方志编纂委员会编. 贵州省志：广播电视志[M]. 贵阳：贵州人民出版社，1999：515-516.

构方面的变革，如1956年3月，河南省成立了河南省人民委员会电话、广播网建站办公室，[1]同时在11月召开全省广播工作会议专题研究农村有线广播问题，并决定将115个县级收音站全部改为有线广播站。[2]1955年因邮电部门不配合而不能借用邮电线路进行有线广播建设的湖南省，在1956年3月也做出响应，由湖南省邮电管理局和湖南省人民广播电台联合发出《关于县、市邮电广播部门共同协作发展有线广播的几项规定》，"地方电话线免费用作开放定时有线广播；其线路维护，仍由邮电部门负责，不收取维护费。自架广播线和城市有线广播站用市内电话杆架设的广播专线由广播站护线员维护，邮电局尽可能予以协助，不收维护费"。[3]1956年4月，辽宁省人民委员会发出《关于建立农村有线广播网管理机构的通知》，决定成立辽宁省人民委员会广播事业管理处。同年7月，第二次全省农村广播站工作会议召开，具体部署了全省发展农村有线广播网的远景规划和1956年当年广播网建设的阶段计划。[4]

确定了发展农村有线广播的方向，并协调了广电、邮电等部门之后，各地开始了县级农村有线广播网的建设。农村有线广播网的建设主体虽然是县农村广播站，但在一些偏远地区，省内给予了大量的技术支持。以贵州省为例，在1956年4月贵州省从技术训练班中抽调31人，组成2个安装工程队，赴该省发展有线广播网的两个试点县——镇远和黔西。在黔西县（今黔西市），技术人员借助邮电线路安装了85只喇叭，其中县城51只、农村34只。在有线广播网建成之后，黔西县农村有线广播网的运作方式是："县广播站在规定时间内将广播信号传送到县邮电局，县邮电局通过各区的电话线路传到区，经过区邮电所交换再传到乡（社）。区、乡（社）凡是有电话的地方，均用单刀双掷的小闸刀倒换。开放广播时，闸刀倒向喇叭一边，停止通话，传输广播信号；结束广播时，闸刀倒向电话一边，停止广播，恢复通话。"[5]这种制度化的安排，实现了邮电、广播能够长期在同一条线路上实现"两用"，在一直无力进行广播专网

---

[1] 当代中国的河南编辑委员会. 当代中国的河南：下[M]. 北京：当代中国出版社，2009：253.

[2]《当代河南历史丛书》编委会. 当代河南的广播电视[M]. 北京：当代中国出版社，1994：16-17.

[3] 湖南省广播事业局《省志》编写组. 湖南省广播电视历史资料：1930-1980[M]. 1981：63-64.

[4] 辽宁省地方志编纂委员会办公室. 辽宁省志：广播电视志[M]. 沈阳：辽宁科学技术出版社，1998：156.

[5] 胡耳顺. 毕节地区广播电视志[M]. 贵阳：贵州人民出版社，2003：33.

建设的地区，这种做法甚至持续到了20世纪80年代中期。

只要有电力的地区，就有了建设有线广播网的可能。以云南碧江为例。在1956年，当地开始有了以木炭为燃料的10千瓦发电机，发电机的电力除了供机关使用，也为有线广播网的建立提供了条件。在云南人民广播电台收音网组拨给两县（碧江、泸水）价值1.8万元的有线广播物资器材后，碧江县广播站开始建设农村广播网，"从剑川、瓦窑用一匹马驮一卷铁线（50千克）或两篮瓷瓶，或两筐扩音机电源层、前级增音和功放机，机架拆开人背的办法运进怒江。碧江从县广播站顺电话线杆路架设到知子罗下村的广播专线，安装动圈式小喇叭150只。边工委宣传科买来一台上海钟声牌钢丝录音机，重要广播和民族歌手唱的民族调录制下来反复播放"。[1] 自此，碧江县农村开始通了有线广播。

1956年到1957年是农村有线广播网的初步建设阶段，因为各地基础条件不一，所以各地的建设进度也参差不齐。一些省份在1956年底就已经完成了大量的建设，如浙江农村有线广播站从原来的5个发展到79个县、6个市，广播喇叭从487只增加到2.7万只；[2] 江苏省普遍建立了农村有线广播网，全省71个县中建成了64座农村、县城有线广播站，安装好的广播喇叭达1.1万多只；[3] 辽宁省全省有50个市郊区、县建起了有线广播站，县级实现了"一县一站"。[4]

到了1957年，"全国农村广播站已有1390个，带喇叭44万只以上。除西藏外，全国半数以上的县和大城市郊区都已建立了广播站，吉林、辽宁、广东、福建等省已经县县有站，大部分乡有喇叭。所有喇叭绝大部分都分布在农业社、生产队、供销社、区乡政府、小学校等公共场所和广大农民的家里；少数分布在县城。有少数县和乡村安装的喇叭数量已经基本上普及到农户……此外，全国还有将近3万个农村收音站。这样，有线广播在我国广大农村中就构成了一个规模巨大的农村宣传网"。[5]

从早期农村有线广播网的建设中可以看到，当全国性号召发出之后，地方的响应十分迅速积极，用"运动"式的热情来参与到有线广播网这一工程的建

---

[1] 怒江傈僳族自治州地方志办公室. 怒江傈僳族自治州志：上册[M]. 北京：民族出版社，2006：758.

[2] 浙江省中国共产党志编纂委员会. 浙江省中国共产党志[M]. 杭州：浙江人民出版社，2007：776.

[3] 江苏省普遍建立了农村有线广播网[N]. 人民日报，1956-11-27.

[4] 辽宁省地方志编纂委员会办公室. 辽宁省志：广播电视志[M]. 沈阳：辽宁科学技术出版社，1998：156.

[5] 大公报社人民手册编辑委员会. 1957人民手册[M]. 1957：582.

设之中。广播网建设采用"民办公助"原则,"民"指的是农业合作社与群众,"公"指的是国家政府。通常的操作模式是"利用县内电话线路,动员各社或群众捐助资金或木杆、竹竿,自架支线到村、队,安装喇叭"[1],在"民"和"公"的协调组织中起到关键作用的是中央与各级党委。这种实践体现了"毛泽东模式"的乡村治理方案——国家管理不应当采取无为主义,而应当深入到中国社会的最基层,摒弃了"费孝通模式"的乡村自治,即任由士绅阶层扮演国家与乡村之间的中间人角色。这种乡村治理方案的背后,是坚信普通民众组织起来可以进行地方建设,最终实现社会主义。

在广播建设理念转变的背后,也是中国自主探索社会主义建设道路的过程。苏联广播呈现出高度中央集权的态势,技术由邮电部统一管理,内容则由文化部统一管理,尽管技术与内容分部门管理的提议早被反对,但第二次全国广播工作会议主要还是学习苏联经验,强调对中央台的建设,削减地方台的内容。农村有线广播网的建设,更注重拓展广播的收听群体,并试图将广播服务于地方社区建设,它构建的一整套信息传播系统,既用于倾听中央的声音,同时也能够为本土所用。作为中国第一个农村中长期规划的重要一环,农村有线广播网的建设过程,体现了中国共产党在社会主义建设过程中不愿刻板地照抄苏联模式,它试图探索如何在中央的领导下,调动地方的积极性进行社会建设,即如何在"工农联盟"的基础之上,实现中国的工业化与社会主义现代化。

三、狂飙猛进与停滞不前:"乌托邦"与"滑铁卢"

1.忍不住的"腾飞":第一次农村广播网建设热潮

《全国农业发展纲要》是新中国成立后第一个中长期的农村发展规划,其所提及的均是较长时段的建设目标,如要求在7年或者12年内基本普及农村有线广播网,因而全国各县域依据自身的状况决定建设的速度。但从1958年开始,全国范围内社会建设的步伐开始全面加快。在当年3月的中央工作会议上,"鼓足干劲,力争上游,多快好省地建设社会主义"的路线被提出,在5月的党的八大二次会议上正式通过。这一社会建设总路线的提出,开始了全国范围内"大跃进"的热潮。广播部门也积极响应号召,在1958年4月召开的第五次全国广播工作会议上,中央广播事业局确定了大力发展农村广播网的目标,要求在1960年基本完成百分之百的乡、百分之八十的农业合作社都有收听工具,意在

---

[1] 中共广西玉林地委宣传部.玉林地区光辉的三十五年:1949-1984[M].1984:209.

使中国乡村中的广播网覆盖密度在两年之内大幅提高。

中央层面的呼吁，引发了地方的积极响应，各地对于农村有线广播的建设进度立刻加快。一些地区"加码"了中央广播事业局的要求，如辽宁省广播网建设的要求就是"力争3年乡乡、社社、队队、屯屯通广播"。[1] 还有一些地区用"运动战"的方式建设农村有线广播网，如南京市郊区（当年末合并为人民公社）在100天的时间里突击"架设线路780公里，安装喇叭1900多只；建成区、乡广播站26个，基本做到郊区有线广播网初步建成，市、区、乡三级全面沟通，农业社和村村队队都通广播，近郊的部分社队喇叭发展到户"。[2]

也正是在这一场狂飙猛进的"运动"中，农村有线广播网基本上在全国范围内蔓延开来。地处边陲的西藏自治区在主要市县建立了有线广播站，涵括拉萨、昌都、日喀则、那曲、山南、林芝、江孜、亚东等地。[3] 内蒙古自治区在1961年底全区85个旗县都建立了广播站，有公社放大站218个，乡镇苏木收音站7000余个，入户喇叭26.9万多只，初步形成了遍及农村牧区的有线广播网。[4] 在全国的1747个县（包括自治县和旗）中，1960年建立广播站1600多个，1961年拥有了广播站2万多个，而全国广播喇叭的数量也从1957年的99万只，增加到1958年的299万只，1959年、1960年、1961年喇叭的数量继续高速增长，分别为440万只、628万只[5]、660万只[6]，农村中的广播收听终端数量空前增长。

农村有线广播网建设能够加速，其原因是多重的，除"多快好省"的社会整体规划以外，它也是社会准备与社会需求共同作用的结果。从社会准备上来看，从50年代中后期开始中国农村的合作化程度大大提高，1957年有1.2亿户农民加入了合作社。1958年8月29日，北戴河会议通过《中共中央关于在农村建立人民公社问题的决议》后，"人民公社化"运动在全国迅猛发展，农村的

---

[1] 辽宁省地方志编纂委员会办公室.辽宁省志：广播电视志[M].沈阳：辽宁科学技术出版社，1998：156.

[2] 吴传梁，南京市地方志编纂委员会.南京广播电视志[M].南京：南京出版社，1998：103.

[3] 江村罗布.辉煌的二十世纪新中国大纪录：西藏卷[M].北京：红旗出版社，1999：475.

[4] 内蒙古广播电视编辑室.内蒙古广播电视志[M].呼和浩特：内蒙古人民出版社，1987：198-199.

[5] 赵玉明，艾红红.中国广播电视史教程[M].北京：中国广播电视出版社，2009：95.

[6] 当代中国的广播电视编辑部.中国的有线广播[M].北京：北京广播学院出版社，1988：172.

组织模式彻底发生了改变，显然"人民公社"作为组织模式的合作化程度更高。1958年，全国共建成人民公社23630个，加入人民公社的农户达12861万户，入社人口高达56017万人。[1] 建设农村有线广播需要调动地方资源，显然相较于动员单打独斗的农民参与建设来说，动员规模更大的农民合作组织更为高效可行。更高程度的合作，更能够满足大规模公共工程调配人员与物资的需求。

同时，作为一项现代技术工程，农村有线广播网并非凭空建设，尤其是需要电力部门和邮电部门的配合。要实现广播建设的狂飙猛进，其前提是地方工业乃至一整套技术网络系统的全面准备。就维系农村有线广播网不可或缺的电力来说，20世纪50年代末，全国能源生产速度大幅攀升，其中电力的生产速度在1958、1959、1960年三年中实现了"跨越式"的发展，1957年中国总发电量为193亿千瓦小时，而1958年、1959年、1960年三年的数值则分别高达275亿千瓦小时、423亿千瓦小时、594亿千瓦小时。[2]

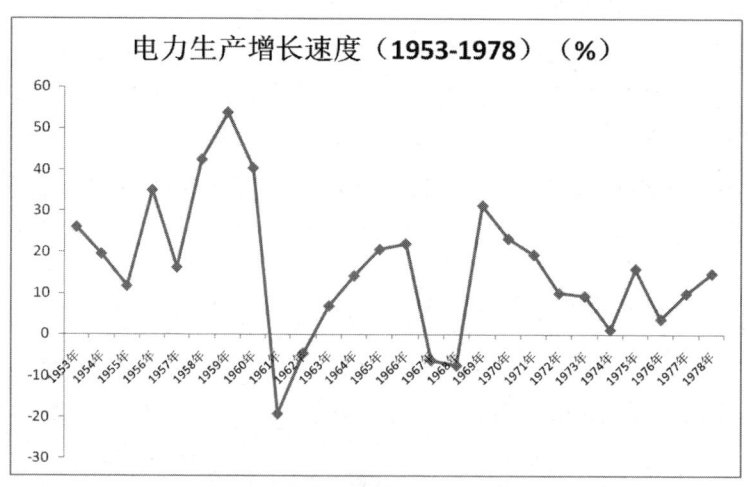

图4.1　全国电力增长速度图示

要将广播声音通过有线网络传送到中国乡村，在当时的历史条件下，靠广播部门专门建设所有线路是难以达成的，因而借用建设好的邮电线路成为一种有效的解决方案。在50年代末，邮电部门也加速了全国邮电线路的建设，尤其是对农村电话线路的建设。1958年9月邮电部发出了通知，要求力争在年底完成队队通电话的目标，这些进入农村生产队的电话线路稍加改造利用便可以成

---

[1] 中国农业年鉴编辑委员会．中国农业年鉴1980[M]．北京：农业出版社，1981：4-5.

[2] 中国能源年鉴编辑委员会．中国能源统计年鉴1989[M]．北京：中国统计出版社，1990：8.

为农村有线广播网的一部分。邮电部门在50年代末的建设卓有成效,从以下数字中就可以看出:

> 一九五八年到一九六零年三年中,农村电话的建设工作,在"大跃进"高指标的压力下加速进行。直到一九六零年底,全国农村有99.1%的人民公社和86.9%的生产大队通了电话,还未能达到"队队通电话"的要求。在农村电话迅猛发展的形势下,已通电话的24000多个农村人民公社中,有88%的公社装了电话交换机,都成为一级交换中心;已通电话的生产大队中,也有10%装了交换机;甚至生产队中,也有1200多个装了交换机。[1]

同时,1958年4月,中共中央和国务院发出关于工业企业下放的几项原则,规定邮电部"除了保留北京通信枢纽以及北京通各省的长途通讯干线和邮政干线的管理权以外,其他单位全部下放"。[2] 此后,各省跟进工业下放的中央指示,以贵州省为例,1955年4月,省委下发《贵州省委批转省邮电局党组关于邮电体制下放问题的报告》,指出根据"统一规划、分级管理、加强协作、共同负责"的原则,"县以下的邮电分支机构改为所在地的人民公社为主与县、市邮电局双重领导",同时县内邮电基本建设由各地自行开展,下放邮电企业业务的收入和支出的差额和应上缴的基本折扣基金都纳入各专区、州、市(指贵阳市)的预算,作为当地收入。[3] 其他各省也跟进政策,做出类似的安排,将邮电下放地方的决策大大增加了地方的自主性,使得地方政府更加容易跨部门协调。当然,邮电的下放只是50年代末中央放权地方的一个表现,实际上为了积极调动地方的积极性,中共中央将经济权限下放地方,各地的大中型建设项目都由地方自行审批,并鼓励群众性的大办工业运动。

正因为将希望寄托在地方的积极性和创造力上,50年代末中央、地方权力关系的调整,使得地方党委可以调动更多的力量进行社会建设。如果说电力的发展、邮电部门的建设与邮电企业的下放为农村有线广播网建设提供了必要的

---

[1] 当代中国的邮电事业编辑委员会.当代中国的邮电事业[M].北京:当代中国出版社,2009:51.
[2] 张晋藩,海威,初尊贤.中华人民共和国国史大辞典[Z].哈尔滨:黑龙江人民出版社,1992:317.
[3] 中共贵州省委党史研究室,贵州省档案局.建国后贵州省重要文献选编(1958-1959)[G].2012:275-276.

社会准备,那么在"鼓足干劲,力争上游,多快好省"的号召下,全国各地包括农村地区都陷入了发展工业的热潮之中,地方工业的发展、地方社会建设的热潮也有了对于服务地方的信息技术的现实需求。群众性生产活动的兴起,意味着对现代媒介技术有了更多需要——要充分调动人的能动力量,需要进行大量的宣传动员工作;哪怕是粗放型的工业生产,都需要集体调度,开展指令发布、人员安排、物资调用等协调管理工作,而适用于集体收听且能够发布本地信息的有线广播,无疑是最为合适的传播媒介工具。

也是在1958年的第五次全国广播工作会议上,中央广播事业局开始提倡地方发展广播工业,认为"适当发展地方的广播工业,并加强与有关部门协作,对地方广播事业多、快、好、省地发展有着重要意义"。[1]因而在50年代末,全国各地开始发展广播工业,建设了大量的广播器材厂,并逐渐能够在本地生产广播相关的电子器材,如中波发射机、有线广播扩大机、收音机、无线电元件、喇叭等。社会系统的准备、社会现实的需求与广电部门本身的建设热情,促使了农村有线广播网建设的"奋力一跃"。

地方的广播热潮是以何种方式展开的,从江西省进贤县的一段历史资料中可见一斑。1958年6月26日,进贤县人民委员会跟进了中央的总路线方针,发放通知要求根据"多、快、好、省"的精神和"依靠地方、群众,利用现有设备,积极发展,逐步正规"的原则,"苦战一个月,争取在'八一'前实现我县广播化的精神,计划在我县各地建立一个庞大的广播宣传网"。[2]这意味着,在一个月之内,进贤县境内的广播喇叭数量要从500只增加到3000只。进贤县的有线广播网建设依然遵循着"民办公助"的原则:

> 资金一律由群众自筹,各社可发动群众搞副业生产和义务劳动等办法来解决;或从公积金和乡自筹粮中解决一部分。资金的收集办法是:社交乡、乡交区、区交县广播站。每只喇叭暂收人民币贰拾元(其中包括喇叭及其附件、铁丝等),待工程结束后,多退少补……各社区抽出二到三名政治可靠,身体健壮并有一定文化程度的男性青壮年,集中到乡,由县邮电局线务员带领,一边学习一边安装,其工资概由乡按本乡各社

---

[1]《当代河南历史丛书》编委会. 当代河南的广播电视[M]. 北京:当代中国出版社, 1994:37.

[2] 进贤县人民委员会关于普及广播网,实现我县广播化有关事项的通知(58)会办字第(071)号[M]//吴振明. 进贤县文化广播电视旅游志. 2006:261.

分别大小情况，平均摊负，各乡还可大力组织转业军人协助广播的架设工作。[1]

建设能够串联起3000只喇叭的有线广播网并非小的工程，但在县委的通知中却没有提及建设农村有线广播网应具备的技术标准。反而在建设材料方面，除县广播站统一调拨的"喇叭筒、铁丝及其有关零件"等工业品外，其他的材料标准均比较模糊：

> 木杆选用的原则是：要手摸不到，风吹不倒。各地可开展协助，有木杆的地方支援没有木杆的地方；树源少的地区，可充分利用各种杂树。但对于跨过铁路、公路和河道的木杆，一律要用标准木杆。（标准是：杉树，高二丈五尺，杉径一尺五寸）……喇叭木箱一律各社自备木匠制造。各社必须在七月五号以前，按计划安装数量，把木箱做好。（大致标准，可参照县广播站装在各地的喇叭。）[2]

从进贤县的实践中，能明显地看到50年代末广播建设热潮中地方实践的一个特点，即政治的时间压倒了技术的时间。政治话语中强调"速度是总路线的灵魂"，无非是为了点出社会建设的紧迫性，鼓励单位时间内的最大产出。但不同的社会实践，尤其是不同规模的技术工程本应有着不同的建设周期，但在"大跃进"时期，技术工程的建设时间要服从于政治话语的"快"，有时甚至会出现很多违背工程建设规律的实践操作。有线广播网在乡村中也是信息基础设施，阿克希·古普塔指出基础设施有着独特的时间性，基础设施的建成只是一种仪式化的投入使用，但实际上它永远处于被修复、管理状态之中。[3] 这意味着，仅仅是将喇叭安装好并不是有线广播网建设的结束，而仅仅是其投入使用，进入修复、管理状态的开始。但政治的时间性，尤其是官僚系统的阶段性考核，往往关注的是建设落成的那一刻，将其作为实践完成的指征，而未考虑到基础

---

[1] 进贤县人民委员会关于普及广播网，实现我县广播化有关事项的通知（58）会办字第（071）号 [M] // 吴振明. 进贤县文化广播电视旅游志. 2006：262.

[2] 进贤县人民委员会关于普及广播网，实现我县广播化有关事项的通知（58）会办字第（071）号 [M] // 吴振明. 进贤县文化广播电视旅游志. 2006：261-262.

[3] ANAND N，GUPTA A，APPEL H. The Promise of Infrastructure[M]. Durham：Duke University Press，2018：62-79.

设施的实践涵盖着建设、维护、使用的整个过程。

对于农村有线广播网来说，其有线传输的技术特性使得其对线路维护的要求较高，安装上喇叭只是一个开始，此后有大量的维护维修工作，保证线路不会因老化、损毁或其他意外状况而出现故障。而作为系统工程的有线广播网络只要一处有了问题无法及时维修，那么小喇叭也会"哑"掉，发挥不出预想的效果。云南省临沧市耿马县的史料就记载了一段尴尬的经历，匆匆上马的广播工程，在耗费大量人力、物力之后依然难以提供稳定的广播服务：

> 1959年初，耿马县开始创办农村有线广播网……农村劳动力紧张，建站所需铁丝、皮线等器材，县里买不到，县委要求因地制宜，就地取材，只要弄到一段铁丝就挂上一只喇叭。因广播站没有电杆，只能把广播线架到电话线杆上，但产生串音，广播质量差，后来又重新架设广播专线。在架设广播专线中，城关镇把5根木杆送给县广播站，缅寺的佛爷也把准备盖房子的木料送给县广播站使用，经过近一个月的努力，共架设广播专线9公里，安装入户喇叭125只。但由于就地取材，所架广播专线不合格，传输质量差。[1]

耿马县的经历体现了这个历史时期地方实践的另一个特点：就地取材、"大搞土法"、"土洋结合"，以群众运动的方式促成建设。耿马县有线广播网的建设过程，既缺乏专业的技术规划与指导，也缺乏相应的物资准备，因而历经了建设、遭遇挫折、重新建设、再次遭遇挫折的曲折历程。在缺乏专业技术人员、器材设备支持的基础上，动员群众匆匆上马社会工程在50年代末并不罕见，而在这个过程中群众也会遭遇各种挫折。但工业化、社会实践中的"土法"在这段时期的政治话语中并不被贬斥，反之，还受到褒扬鼓励。如在1960年，《科学通报》上的一篇文章就论证了为何要提倡"大搞土法"：

> 不大搞土法，就不能大搞群众运动。过去有些科学技术之所以不能广泛在群众中推广使用，形成群众运动，重要原因之一就是因为受了"洋设备"条件的限制……所谓"土"，要有新的看法。有一类"土"，是比较初级简单的东西，先上马，以后逐步改进提高，由初级到高级，由简单粗糙到精密。还有一类"土"，则是土生土长的，带有重大的创造性。

---

[1] 罗灿武. 临沧市广播电视志 [M]. 昆明：云南科学技术出版社，2006：96.

看起来简单，但是原理是很先进的，"深入浅出"，不仅不比洋法差，而且还有洋法所没有的优点……因此，大搞土洋结合，不仅因为它简便易行，可以迅速上马，可以把科学研究的群众运动迅速展开；而且是大大发扬群众自力更生的踏实苦干精神和巧思巧干的首创精神。[1]

从上述材料可以看出，对于"土"、对于粗放的群众运动建设工业的褒扬，背后有着一整套完备的论证逻辑，即在逼仄的现实条件——"洋设备"匮乏的限制之下，要想实现快速现代化、工业化的社会理想——让科学技术在群众中广泛推广使用，那就要正视现有的技术积累，通过群众运动的方式创造性地超越现实困境。这与金冲及曾提及的50年代末的"民族心理"契合，即民众试图力争在难得的和平时期改变中国积贫积弱的现状，同时在革命战争、抗美援朝、新中国成立初期建设时民众能动性所带来的改变给予了人们巨大的信心——相信"苦战三年，改变面貌"绝非空话。[2] 也可见，中国共产党政治时间中对"快速"的追求背后，是有其历史惯性的。从诞生之日起，它就承载着中国人对于一个更美好社会的期待，毕竟中国人经历了百年积贫积弱、外侮内乱的痛苦，收拾旧河山后自然有迫切的改造、建设社会的愿望。为了实现工业化与社会主义化，中国共产党曾通过群众路线，通过发动更多人参与社会建设的方式完成一件件大事：从新中国成立后平定内外的战祸动乱，到"一五计划"的提出与顺利完成，再到对工业、农业、手工业的社会主义改造及完成。对于中国乡村来说，尤为如是，土地改革运动从根本上扫除了几千年来的封建土地所有制。而此后中国共产党又试图通过合作化运动，重新将分散于小农手中的土地归于集体所有，并最终确定了以人民公社的组织形式来管理中国乡村。

可以说，在新中国成立前十年，中国大地上不断开展着各种社会实验与社会运动，在这段浓缩的时间中承载着激烈的变动。悬置在这些变动之后的则是"社会主义""共产主义"的社会愿景，就新中国成立后的中国共产党来说，这些主义不仅仅是共产党获取政权的"工具"或是一种话语策略，其本身即是共产党进行各种活动的"目的"。鲍曼认为乌托邦在历史进程中具有"关键和建设性的作用"，"乌托邦使现在相对化"，即它们通过展现人类社会的另一种

---

[1] 胡维佳. 中国科技政策资料选辑（1949—1995）：中 [G]. 济南：山东教育出版社，2006：472-473.

[2] 金冲及. 生死关头：中国共产党的道路抉择[M]. 北京：生活·读书·新知三联书店，2016：347-348.

可能，破坏事物存在的方式不可避免也无法改变的观念；"乌托邦"不仅展现另一种可能的现在，同时也在展现另一种可能的未来，并以此来影响现在的行动。[1] 它内含着对过去存在模式的一种破坏与反叛，在规划下的理想社会主义没有到来之前，"乌托邦"如同地心引力一样吸引着人们"不断革命"、不断突破现状。

同时，也应该看到，"快"不仅仅是一种改变社会的情感诉求，就50年代末的历史而言，"快"的背后也有着不可逃避的现实压力。对苏共二十大的路线与观点的意识形态分歧、对苏美合作主宰世界战略的不认同，以及对苏联试图干涉中国主权的反对，使得中苏两国的蜜月期岌岌可危。而在新中国成立初期，中国的工业化是在发达的工业国家——社会主义盟友苏联的帮助下进行的。尽管与苏联的关系没有彻底破裂，但已经出现裂痕，这也使得中国原先的工业化道路遭遇挑战。迎面而来的问题，首先是在中苏关系没有彻底破裂之前，如何迅速消化从苏联引进的技术、机器设备；其次是倘若离开苏联的指导和帮助，中国如何依靠本土的力量，实现国家的工业化。也是在此背景下，"土洋并用"、群众运动作为一种科学技术的推广方案被提出并付诸实践。对"土"的推崇，是寄希望于动员基层民众的力量，快速促进中国的工业发展，试图充分运用人力资本来拓展自主工业化的道路。因而国家对于民众工业化尝试中的试错与失败持宽容态度，其更看重的是在实践过程中民众可以不断提高技术能力。

历史性地透视农村广播网建设的狂飙猛进，可以看到两股力量潜伏在后，一是实现社会主义乃至共产主义建设的"乌托邦"理想，二是与苏联脱钩、走自主工业化的现实准备。当整个社会的情感所向与现实需求频率同步时，就激荡出了前所未有的建设热情。但从历史后果来看，应更加审慎地看待和反思这种热情。从农村有线广播网的实践中，可以看到现代工业体系各部门往往互相促进、互相作用，这既意味着如果工业部门中的某个关键环节存在阿喀琉斯之踵，那么其他工业部门都将受限于此，在特殊的历史条件下要想快速发展将无从谈起；同时也意味着各部门的跃迁往往造成系统性的后果，倘若没有对系统性跃迁加速的精准预判与控制，往往会因"快"而走向失控。

2. 争议与挫折：农村有线广播网的部分休克

前文提及在农村有线广播网建设过程中有着各种推进力量，但在实际运作

---

[1] 鲁思·列维塔斯.乌托邦之概念[M].李广益，范轶伦，译.北京：中国政法大学出版社，2018：251-252.

中,也并非毫无阻力、毫无风波。50年代末,囿于当时的社会物质条件,广播系统无力架设专网,农村有线广播网大多利用电话线路来传送广播声音。这种广播网与电信网融合的"雏形"状态,使得一线可以二用,让更多的农民尽早听上了广播。但同时,对于邮电线路的改造与占用也对邮电工作流程造成了影响。在1957年5月22日浙江省的一场座谈会的资料、1959年8月吉林省邮电管理局给省委写的报告以及《大庸县志》中,就可以看到部门协作背后的龃龉:

> 全省有线广播影响长途电话,各自为政,电话不能听了,铁路调车也影响,去年政协会议我大叫,也没改。3.12号给省人委一报告,要求解决,提出方案,四办说给办,到现在还没有批。[1]

> 据调查各县(市)每天广播占用电路在八小时以上,有的县在十小时以上(早四点三十分至七点三十分,中午十一点三十分至十三点三十分,晚十八点至二十一点),严重的影响着长途电话和电报的畅通,致使有些重要电话,电报因受广播干扰或因广播占线,需等候二、三小时才能输通……建议全省各地统一有线广播时间,一般每日广播时间以不超过六——七小时为宜;如有特殊重要广播或有广播大会时可不受限制,以保证广播需要。[2]

> 同年(1956年),召集县邮电局、县广播站协商,借用农村电话中继线路,定时向农村开放有线广播,为避免广播声干扰市话电路,实行市话、农话分杆架设,背向行走。电话广播共用1条电路,虽是定时开放,但相互间矛盾冲突较大,开广播不能打电话,广播电压过高,严重影响电话通信传输性能……[3]

可以看出,地方有线广播对于电话线路的改造与使用,干扰了原先的邮电

---

[1] 华东师范大学中国当代史研究中心. 中国当代民间史料集刊14:沙文汉工作笔记1957—1958年[M]. 上海:东方出版中心,2016:133.

[2] 吉林省档案馆. 中国共产党吉林省委员会重要文件汇编:第10册 1959年[G]. 1989:449-450.

[3] 樊永刚. 大庸邮电简史[M]//中国人民政治协商会议大庸市永定区委员会文史资料研究委员会. 永定文史资料:第7-8辑. 1992:255.

通信操作流程与秩序。在广东省，在利用邮电线路播送广播的阶段，因"广播系统得益很多"而"同邮电系统的矛盾很大"，甚至出现了在政府会议上正面交锋的状况：

> 随着时间的推移，矛盾越来越大，特别是广东沿海偶有敌情，中断通电话产生了不少问题。每当发生这类事时，邮电部门就要求停止传送广播。但因有中央文件作依据，他们也没有办法。为此事，邮电部门多次向省政府报告，要求停止用电话线传送广播节目。记得有一次在省政府何文秘书长主持的会上，我同邮电局李清万副局长吵起来。他的理由是：邮电是企业，不能无偿占用他们的电话线路。我坚持这是中央的规定。吵到后来，无果而散……[1]

在大庸市（今张家界市），为了解决邮电、广播之间的协作矛盾，在地方党委的领导下试图将邮电与广电部门合并，但"由于两单位的性质、任务不同，殊难开展工作，即行分开"。这样的结果并不难以理解，因广电网、邮电网虽因需完成建设农村有线广播的任务而进行了"融合"，但这两个部门之间的社会定位、功能角色却不尽相同。

尽管都是社会主义时期的公共事业，但邮电部门与广播部门在当时的中国却有着不同的社会功能。邮电部门服务于公共物资的运输与邮电信息的传播，其运作的主体是各邮电企业。作为国民经济重要的生产部门，邮电有着营利的需求。但是广播部门在新中国成立初作为宣传单位，它是出于社会公益目的设立、由国家财政拨款资助的部门，自然也就没有营利的需求。因而，两者之间存在矛盾也属正常。也应看到，在新中国成立后，尤其是"大跃进"期间邮电企业下放地方之后，在地方党委的协调和统一管理之下，各部门可以暂时放下部门利益得失并服从于更大的社会发展工程。

如果说广电、邮电在融合过程中产生摩擦在所难免，那么另外一种警示的声音则能够引发更深层次的思考。在1956年，陆定一在谈及宣传工作中的形式主义时，就提到"据说，农村中现在有些乡村也买了大批喇叭，准备做到广播

---

[1] 广东省政协文化和文史资料委员会.广东文史资料：第86辑[M].北京：中国文史出版社，2010：177-178.

'家喻户晓'"。[1] 其指向的是：在新中国成立初期物力维艰之时，轰轰烈烈的各种建设是否能够起到切实的效果，而非带来了负面的影响，既打乱了日常的生产秩序，又消耗浪费了大量的社会资源。

当然，可以预见的是，若非以建设农村有线广播网这种方式普及广播，绝大多数农民是难以成为广播听众的。根据《江西省物价志》所记载，在1957年江西各地的收音机批发价略高于120元，零售价则在130多元、140多元，[2] 而当年中国农民人均纯收入不过73元，即一个农民要两年不吃不喝才能够买上一台收音机，更遑论购买之后还要支付维持收音机正常运转的电池费用、维修费用等。通过集体建设、借用电话线路的方式扩大广播收听范围，是当时社会经济发展状况下广播普及到乡村的有力方案，可能也是唯一经济可行的方案。让起到宣传动员作用的信息传播网络建设先行，是中国共产党的一贯路径，也体现了其对于文化领导权的重视。实际上，在建设农村有线广播网的过程中，"听广播又不能转化成钱"的理念，与建设广播一定要花钱的矛盾一直存在。农村有线广播网究竟存在着多大的社会价值，其起到的组织、教育农民与向农村宣传的作用，与其所需的社会投入、耗费的社会资源是否匹配，这是一个需调用社会理性来综合判断的问题。

值得注意的是，浇灭了50年代末狂热的最冷冽的一盆水，是农业粮食的短缺。尤其在最困难的1960年，"各省市天天向中央告急，搞得总理吃不下饭，睡不好觉"，为此周恩来设计了《中央粮食调拨计划表》，随时准备在全国范围内调拨粮食"救急"，并说服省份之间的相互调拨支援。[3] 吃饭这个问题，在遭遇粮食短缺的至暗时刻，才凸显其至高无上的重要性。与解决粮食短缺、解决生存问题相比，对乡村进行信息基础设施建设的必要性和紧迫性显然分量不足。也由此，热潮退去之后农村有线广播网进入了短暂的休克期。

在50年代末急急上马，迅速普及到公社、大队的农村有线广播网，在这段历史时期内，出现了普遍的、明显的衰退。越深至底层农村的有线广播网络，其衰退速度越快，下面一些地方史料就展现了当时的场景：

（山东省）到1962年初，通广播的大队已由96.6%下降到61%；喇叭不

---

[1] 中共中央宣传部办公厅，中央档案馆编研部.中国共产党宣传工作文献选编1949－1956[G]. 北京：学习出版社，1996：1098.

[2] 江西省物价志编纂委员会.江西省物价志[M]. 北京：方志出版社，2003：178.

[3] 吴超.重大历史事件中的周恩来[M]. 北京：九州出版社，2013：191-192.

响的占到40%。[1]

（吉林省）1961年，全省有200多个公社广播放大站停播，占全省公社广播放大站总数的44.7%；全省有线广播喇叭中有近半数的喇叭声音小或者不响，20万听户听不到广播。[2]

（南通专区）到1959年底，6县和市郊广播专用线路已达6352杆公里，比1957年增加3.8倍；喇叭数为2.28万只……1962年底，6县广播专用线路杆程减少到4458杆公里，比1959年下降30%；喇叭数也从3年前的2.28万只减少到2.22万只。海门县喇叭数减少33%；南通县公社放大站从6个调整为4个，海门、海安、启东等县公社广播站全部取消。在调整时期，海安广播网路正常维修也难以为继，不少地方用江芦作广播线杆。[3]

（常州郊区）至1960年乡站已拥有扩大机功率1.7千瓦，喇叭1320只，基本实现了乡和每个自然村都能听到有线广播。1960年，国民经济困难时期，根据第七次全国广播会议的"压缩规模，合理布局，精简人员，提高质量"的方针，仅留新闸一个乡的放大站，其余全部撤销，有线广播基本瘫痪。至1963年底，全区仅存喇叭230只。[4]

这种"瞬间休克"不难理解，50年代末的狂飙猛进过程中，很多地方的有线广播网建设"因陋就简，土法上马"，很多零部件也是就地取材、匆忙赶制，难以保证网络的质量和稳定性，会出现群众所反映的"广播线，不停地建，今天有，明天断，声音小，听不见"等状况。加之，包括广电部门在内的政府各部门对有线广播的投入收缩，使得这些本就质量不高的有线广播网络未能得到充分的维护。以有线形式存在的传播网络，一旦某一小段线路出现了问题未能及时维护，往往会导致这段线路之后的一片广播网停止工作，甚至出现大规模

---

[1] 山东省地方史志编纂委员会 . 山东省志：广播电视志 [M]. 济南：山东人民出版社，1993：158.

[2] 吉林省地方志编纂委员会 . 吉林省志：卷四十二 新闻事业志 广播电视 [M]. 长春：吉林人民出版社，1991：210.

[3] 南通市地方志编纂委员会 . 南通市志：下 [M]. 上海：上海社会科学院出版社，2000：2333.

[4] 常州市郊区地方志编纂委员会 . 常州市郊区志 [M]. 1988：378.

的网络"瘫痪"。

需要看到,这种"瘫痪"是特殊历史情境的结果,也是在困厄环境中主动调整的直接后果。在1961年1月召开的八届九中全会上,中共中央决定对国民经济实行"调整、巩固、充实、提高"的八字方针,之后,全国经济进入"整顿阶段"。广播事业局也随后跟进,在1962年上呈国务院的《关于全国广播事业的调整方针和精简工作的报告》中也给出了农村有线广播站的"调整"方案,即"农村有线广播站,凡能经常广播、听得清楚、经费自给的都应当保留,并积极办好;凡不具备上述条件的就停办。农村人民公社广播站,原则上应当停办。有些公社广播站,确实办得好,又为群众所喜爱的,可以继续办下去。"[1]中央的决议迅速到达地方,以山东省为例,根据"广播事业局《关于全国广播事业的调整方针和精简工作的报告》的精神,和省委劳动力领导小组办公室、省计划委员会1962年下达的'减少城镇人口、减少国家职工计划'的决定",对农村有线广播进行全面的整顿。

从"凡能经常广播、听得清楚、经费自给的都应当保留"的调整原则可以看到,在物质准备充足的状况下,当有线广播网这一信息传播网络能够服务本地的日常生产生活、能够产生出可感知的社会效益时,它就具备在本地存活下来的生命力。因为它成为社区传播的内在需要,并能够获得社区资源维系其生存和发展。反之,如果在物资匮乏或本地资源不充足的状况下,建设一个先行于本地社会需求、不能产生社会效益的信息传播网络,那么在遇到各种社会压力时,只能以"站撤网毁"为结局。

在现实的压力和主动戳穿泡沫的部门决策下,曾经热火朝天的农村广播网建设暂时陷入僵局。但要看到,1958年有线广播迅速向下拓展是新的乡村建设的一部分。它开启了对于乡村信息基础设施的整体性规划。陕西省吴堡县的《本站广播线路图及广播线路负荷量计算等资料》显示,在1958年,该县广播站的工作人员对全县境内有线广播线路做出了详细规划,这些规划对建设有线广播的技术准备、物资设备等做出了说明。工程人员来到县域内的各个地点测绘计算,试图规划出一个覆盖所有乡镇村庄的有线广播网。如在安家山乡,工程人员先测算出在该地建设有线广播站所需的电力电压,并根据该乡的地理状况和乡村分布,规划了一幅涵盖安家山乡所有村庄的有线广播建设规划图。同时,规划人员也在图中标示,"乡社按 [注:应为'安'] 喇叭从何处开支?……如

---

[1] 劳动人事部编制局 . 机构、编制、体制文件选编:下 [G]. 北京:劳动人事出版社,1986:1153.

铁丝与喇叭能解决的话乡的意见：汉滩、李家塌、虞家塌、袁（家）山四社均安"，即规划时试图将所有乡村都考虑在内，但在具体安装时也会综合考虑安装成本与开支出处。

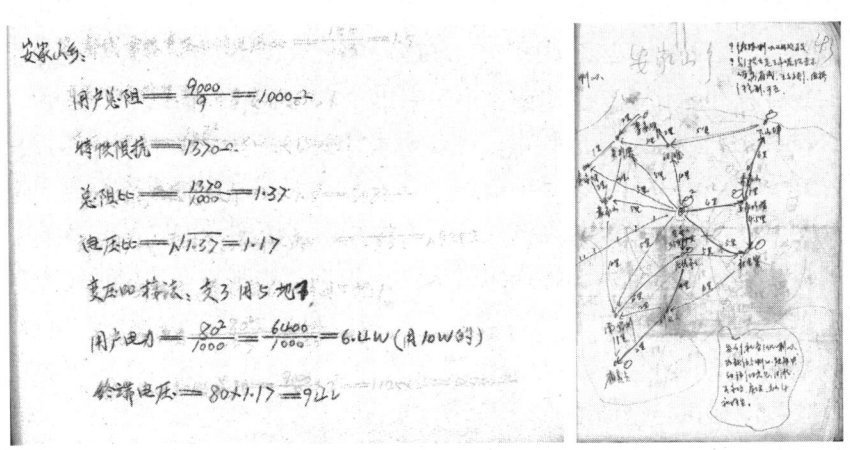

图 4.2　安家山乡有线广播规划图

这种规划背后，体现了为乡村、为所有农民提供公共产品的愿望，同时也在现实层面为乡村有线广播网的建设提供了操作方案。待时机成熟，就可以继续进行有线广播网络的扩展。正是在50年代末，更加深入乡村的公社广播站得到了空前的发展，如到1960年3月底山东省有94%的人民公社建立了广播站[1]，黑龙江省87.6%的农村人民公社建立了广播站[2]。在一些地区实现了"队队通广播"，如陕西省兴平县（今兴平市）的520个生产大队、2925个生产小队均安上了广播喇叭[3]，在一些公社广播喇叭甚至普及到每家每户，如上海梅陇人民公社4167户农户家中都通上了广播[4]。

因而，这段历史实践的重要意义在于，它将有线广播网这种新的传播网络和媒介工具带入乡村社区，这意味着中国县域开始了大规模的传播基础设施的规划与建设。从1956年开始，中国县市有线广播站数量开始激增，从新中国成立初的11座增加到了1958年的2580座，此后直到20世纪80年代，中国县市有线广播站的数量都保持在2000座以上。[5]

---

[1] 山东省第一季度广播网发展成绩巨大 [J]. 广播业务，1960（5）：28.

[2] 黑龙江广播网发展很快：城市人民公社普建广播站 [J]. 广播业务，1960（5）：28.

[3] 兴平县社社队队通广播 [J]. 广播业务，1960（5）：29.

[4] 上海县梅陇公社4月底达到一户一只喇叭 [J]. 广播业务，1960（5）：29.

[5] 国家统计局. 中国统计年鉴1981[M]. 北京：中国统计出版社，1982：460.

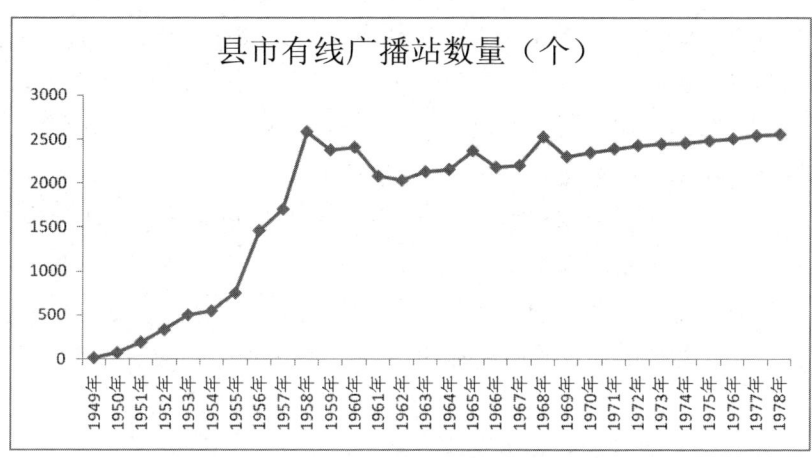

图 4.3　中国县市有线广播站数量

而这些普及到县域的有线广播站,并非仅仅是为了转播中央台、省台的内容,而是为了继续将触角向下深入中国乡村。50年代末新中国土地上出现的第一次农村有线广播网建设热潮,开始了在乡村普遍建设有线广播网的实践。自此,一个从县辐射到广袤乡村的农村有线广播网络初具雏形。

3. 广播大众化的社会效应:"新声音"的涌现

尽管广播网向下蔓延的步伐被社会危机所打断,一些已经进入乡村的公社广播站、大队广播站由此关停,但由收音站升级而成的县广播站基本上维持了下来。一些被保留下的未关停的公社广播站、大队广播站也开始运作,这一切都为乡土社会带来了新的变化。

与收音站相比,广播站的意义在于其不仅能够转播中央人民广播电台及省、市电台的节目,同时它也能够自行播音。有线广播网络的蔓延,促进了社区新闻内容的生产,也是在这一时期,各地开始涌现大量的县广播电台、公社广播电台自办节目。通过这些节目,本地的新闻信息、通知通告也可以借由有线广播网向农民扩散,这开启了社区新闻通过大众媒介在本地传播的新时代。例如在内蒙古自治区察右后旗,在这段时期,当地的入户喇叭从1956年的300只增加到1961年的2872只,基本上建成了连接乡村的有线广播网。同时,开始每天播放40分钟的自办节目,自办节目的内容"主要是依据党在各个时期的任务及中心工作,编播察右后旗各条战线上的大事、要事、新人、新事以及旗委、旗人民政府的政令、指示……"。[1]

---

[1] 察哈尔右翼后旗地方志编纂委员会. 察哈尔右翼后旗志[M]. 呼伦贝尔:内蒙古文化出版社,2007:1052.

在贵州省，除了电源不足的玉屏、威宁两县，其他县站也开始天天播音，播音内容包括自办节目。从《广播评比》《广播大会》《党委负责人讲话》《气象信息》《农业技术知识讲座》《共产主义教育讲座》这些栏目名称可以看到，自办节目围绕着本地的社会生产和百姓生活。同时，广播站通过邀请本地的民间艺人与群众曲艺团体定期演唱，使得农民能够在广播中频繁地欣赏到本地的文艺作品，也由此丰富了农民的日常生活。[1]

一首发表在地方报纸《凤县报》上的诗歌《听广播》，生动地再现了服务农村的县广播站建立后农民收听广播的场景：

> 今日想，明日盼，咱县建立广播站。
> 发电机，隆隆转，电杆电线各乡串。
> 日落西山回了庄，喇叭哇啦开了腔。
> 修铁路，造机器，祖国建设日日异。
> 施罢肥来翻冬地，根除病虫打胡基；
> 时事政治刚听完，叮叮当当开大戏；
> 《楼台会》《游龟山》，田玉川巧遇胡凤莲；
> 锣鼓刚停听预报，阴晴风雨都知道。[2]

丰富多彩的广播节目就这样回荡在乡间地头，让农民们得以体验广播这一现代媒介的魅力。同时，有线广播在县域的扩散过程中，也体现了其协助乡村治理的技术能力。通过广播大会、"田头广播"、流动广播站等形式，各级干部或对广大农民进行社会动员、宣传教育，或在田间指挥农业生产，或在水利建设及麦种麦收的重要时刻鼓劲呐喊。有线广播成为各级党委开展群众动员工作、在生产劳动场所进行指挥的重要工具。在人民公社集体组织生产的劳动模式之下，广播使得低成本的人员组织、信息传达成为现实：

> 生产队长莫老么……他隔晚通过放大站向社员布置明天的工作，早上督促出工，中午搬到工地，在现场表扬批评，调动力量指挥生产，晚上又搬回食堂，进行评比，宣传政策，组织社员收听广播电台、县和公

---

[1] 贵州省广播电视厅.贵州省广播电视简史资料[M].1985：61.

[2] 中国人民政治协商会议陕西省凤县委员会文史资料工作委员会.凤县文史资料：第13辑[M].1996：77-78.

社站播送的政治节目和文艺节目……群众也感到有很多方便。过去每天早上向队长要活路，现在头天晚上就从广播中知道了，早上一起来就可以去工地，不必再等布置。[1]

在有线广播网络下沉至县域之后，广播大会成为一种较为频繁的县域宣传模式，如贵州省记载有些县"广播大会开得多，有的县委书记、县长每隔十天就到广播站播讲一次"。[2]这种模式的流行，一方面是因为50年代末发动的大量群众运动需要普遍的社会动员，因而各地政府充分利用当时最先进的媒介资源，如广东省阳春县（今阳春市）在有线广播建成之后，县委"很重视广播宣传工作，发挥有线广播的'喉舌'作用，经常组织劳动模范上台广播，以先进典型教育群众……县委书记马如杰、副县长林举英还不定期到广播站召开广播大会，动员群众，治山治水，改善生产条件，发展农业生产"。[3]此外，则是因为这种新型的会议模式也降低了组织传播的成本，节约了大量的金钱与时间、精力，正如一则材料中所展示的，"县委书记利用广播，第一次召开了全县广播大会，会后，县委书记高兴地说：'过去，开一次三级会，吃宿路费，要花7千元，现在用广播开三级会议，不但省钱，而且不耽误生产。'"[4]

在《中国共产党法库县大事记》中，可以一窥当时县域中广播大会举办的频率与内容。在1958年至1959年期间，辽宁省法库县农村有线广播网发展迅速，各公社建立了21个基层广播站，利用电话线传输广播信号，并实现了社社有放大站、队队通广播。[5]从1959年开始，法库县频频召开广播大会，可从1959年全年召开的历次广播大会中一窥当年的情状：

---

[1] 贵州省三都县广播站.群众喜爱的公社食堂放大站[J].广播业务，1960（5）：29.

[2] 贵州省广播电视厅.贵州省广播电视简史资料[M].1985：61.

[3] 阳春县政协文史组.阳春文史资料：总第五期[M].1984：30.

[4] 金英秀，廉光铉.汪清县广播电视事业发展概况[M]//政协汪清县委员会文史资料办公室.汪清文史资料：第4辑.1996：28.

[5] 法库县地方志编纂委员会.法库县志[M].沈阳：沈阳出版社，1990：498.

表 4.1 辽宁省法库县 1959 年全年广播大会统计表[1]

时间	会议名称	举办者	参加者
1月10日	推广普通话广播大会	县委、县人民委员会	机关、团体、学校、厂矿、企业、人民公社全体干部，共6925人
3月2日	支援备耕生产誓师大会	县委	全县财贸干部和职工，共2500多人
3月2日	水、肥第2个卫星周兴师比武广播大会	县委	县直机关干部500多人，公社机关干部和社员60131人
3月13日	水利、肥料誓师广播大会	县委	公社机关干部和县直农口单位机关干部
3月18日	第3个水肥运动比武广播大会	县委	6.4万多人
4月1日	春季造林广播誓师大会	农林水利局、共青团委、妇女联合会	1200多个收听点4万余人
5月31日	抗旱保全苗广播大会	县委	未提及
9月29日	秋收广播大会	县委	未提及
10月1日	庆祝建国十周年广播大会	县委	城乡10多万人
11月1日	深翻兴师比武誓师广播大会	县委、县人民委员会	35.5万人
12月12日	农村冬季生产广播誓师大会	县委、县人民委员会	546处，6万多人

  从上表中可见，法库县在1959年全年召开了11次广播大会，组织收听的人数量不一，少则数千人，多则数十万人。广播大会最主要的议题是当地的农业生产，在记录的11次广播大会中，有8次都与农业相关，县委会在春季耕种、夏季防旱、秋季收割、冬季生产等关键时间节点，组织动员群众投身农业生产，号召群众积极完成农业生产任务。广播大会还向群众宣传重要的国家倡议，如推广普通话、号召植树造林等。在重大的节庆日，也会召开广播大会，如国庆召开的广播大会上，县委会号召群众鼓足干劲，深入开展生产节约运动，提前完成国民经济第二个五年计划。总而言之，广播大会最重要的用途是本地建设的社会动员与重大政策的普及宣传。

---

[1] 中共法库县委党史研究室.中国共产党法库县大事记：1945－2008[M]. 2011：36-44.

除了向下产生社会影响，广播在农村的迅速普及也向上作用，导致更高层级的专业新闻传播机构在操作理念与操作实践上产生了一系列的改变。作为基础设施的农村有线广播网的基层拓展，直接结果是让越来越多的农民听上了广播。这也使得农民从远离城市生活世界的存在，变成了省、市广播电台可感知的、真实的听众，这些听众有血有肉，有自己对于广播内容的喜好与需求。这种现实状况的改变，逐渐重构了城市广播机构对于听众的想象——不再是仅以工人、知识分子为代表的城镇居民，还包括了生活在乡村中的、遍布各地的农民。随着中央对农业合作化的强调，对农村、农民、农业的重要政治意义的不断提及，对农民广播也成为新闻机构的一项重要政治任务和社会使命。因而，50年代末、60年代初，省、市广播电台围绕着对农民传播这一新课题，进行了各种不同的探索与创新实践。

最能够直接体现这种变化的，是农业节目比重的迅速增加。到了50年代后期，全国29个省、自治区、直辖市电台都举办了对农村广播节目，对农村广播节目也成为各级电台持续时间最长的节目之一。[1] 如湖南人民广播电台的《农民节目》从1956年4月的每周1次，每次20分钟，增加到1957年11月的每周3次，1959年末该节目改名为《对农村广播》，播出时间为每周2次，每次30分钟。在1962年9月确定广播宣传面向农村、为农业生产服务的方针后，湖南人民广播电台由台长、编委带领部分编播人员分别到农村进行调查，在长沙、湘阴、浏阳、宁乡、临湘、怀化、沅陵等县，组织农民收听，访问农民"广播迷"，以确定办农村广播的方案。[2] 河南人民广播电台在此期间，无论在节目设置还是人力搭配、采访重点、稿件采用比重上都体现了以农村报道为重点的思想，其60年代初开办的11个政治节目中有5个是面向农村的，包括《对农民广播》、《对民兵广播》、《对农村青年广播》、《对乡村医生广播》和《农业科学技术》，同时文艺节目也考虑到了农民的口味，开办了《公社戏院》、《本省地方戏曲》、《曲艺》、《豫剧》和《大家唱》等专题节目。还有大量"城乡互动"的节目内容出现在广播声音之中，如1960年第一季度就举办了7次主题为"城市支援农村、工业支援农业"的现场广播大会。[3]

---

[1] 当代中国的广播电视编辑委员会. 当代中国的广播电视：上[M]. 北京：当代中国出版社，2009：150.

[2] 湖南省地方志编纂委员会. 湖南省志：第20卷 新闻出版志[M]. 长沙：湖南人民出版社，1997：57-58.

[3]《当代河南历史丛书》编委会. 当代河南的广播电视[M]. 北京：当代中国出版社，1994：44-45.

江苏台从1961年开始进行了节目调整,将重点放在办好新闻和农村节目上来,明确农业节目的对象是广大农民和基层干部,并要求各县广播台转播。[1]同时,江苏台改变了对农报道时"报道上层活动比较多"的状况,更多地将报道重点放在县以下的基层,尤其是生产大队、生产小队这些基本农村组织上来。从江苏台的一个统计中就可以看出这些变化:

表4.2 江苏台播出地方稿中各级别稿件所占比重统计

	地方总稿件数	县以上稿件数	基本核算单位以下稿件数	小队稿件数
1959年9、10、11三个月	240	119（占比49.6%）	53（占比22.1%）	14（占比5.8%）
1960年9、10、11三个月	185	57（占比30.8%）	85（占比45.9%）	46（占比24.9%）

新中国成立后的农村人民公社体制实行的是"三级所有、队为基础"制度,一般来说,生产队是基本核算单位,也有少数地区以生产大队或公社为基本核算单位。从上表中可以看出,1960年9、10、11三个月基本核算单位以下稿件数量有了大幅的增长,从此前的22.1%增加到45.9%。江苏台的韩泽解释了为何此前的农村报道深入不了基层,他认为有广播从业人员在认识层面的问题,觉得"小队的东西角度太小,没有分量,而县、专区的报道中,动辄若干万人,场面大、数字大,质量才'高'";也有广播从业人员作风层面的问题,"县、专区来稿是'半成品',容易编,就优先采用,而基层来稿,由于写作水平较差,处理费事,稿件一多,有的同志看到个'队'字就往旁边一放,压久了也就不用了"。[2] 增加基层来稿比重,一方面鼓励了通讯员、记者多下基层进行报道,记录传播基层的各种生产活动与社会实践;另一方面也促使省级广播新闻机构投入更多精力,帮助基层通讯员提高写作报道质量。

值得一提的是,为了探索如何更好地做农村节目,江苏台在此期间提出了以"述见闻"的形式来替代"报告新闻"和"播送报道",并开办了诸多如"张队长谈生产""老王谈新闻""老李唱新人新事"等专栏。顾名思义,"述见闻"指的是用口语化的方式讲述所见所闻和新闻报道,这种节目形式包括一人独述和二人对谈,其目的是"讲时都要做到如同亲自所见,亲耳所闻,有现场感",

---

[1] 陆璆. 集中力量、办好节目:江苏台调整节目安排 [J]. 广播业务,1961(3):5.

[2] 韩泽. 深刻一些、生动一些:对农村广播节目编辑札记[J]. 广播业务,1961(1):8.

为此"要求记者采访更深入细致,要求广播员改变腔调"。[1]江苏省的探索在《广播业务》杂志刊登后,杂志编辑部收到的一封东北来信认为"农村节目把党报社论改编成对话播出是不严肃的,是违背党性原则的;采用说新闻、谈心会等形式也违背了新闻真实"。为此梅益在1961年9月到南京视察时查阅了农村节目的播出稿件,抽听了几档节目的录音,召开座谈会让江苏台、部、组的工作人员汇报改革的思路和做法,并询问他们关于那封来信的看法。梅益对江苏台的探索持正面鼓励的态度,认为"广播有广播的宣传方法",要用广播宣传能否收到应有的效果来评估广播报道的形式:

> "他们(农民)不识字,主要靠口头宣传。我们是大规模的机构化的口头宣传。在这一点上说,我们比报纸要合适。""我们搞广播宣传,对工人、对知识分子还比较容易,对农村就比较困难,如果做好了,就是打破一道难关,走上了阳关道。"……"千万不要忘记广播是给人听的。你们要多向那些比较着重用语言来表达的文艺形式学习,如评弹、说书。"……"在节目里采用对话、谈心会的形式,使内容容易为听众接受,也便于强调和重复。特别是对农民讲话,就要三番五次地讲,这在知识分子看来是罗嗦,但对农民来讲就要这样,这样能记住。"[2]

从梅益的讲话中可以看到,当作为基础设施的广播渠道拓展重构了听众人群时,那么针对不同听众的广播形式探索就有了必要性。此前,省、市广播收听的最主要人群是包括工人、知识分子在内的城市居民,他们与农民之间存在着一定的"文化区隔"。基础设施的拓展以及向农民宣传、教育农民的时代任务,使得身处城市中的省、市广播从业者需要而且必须重新感知农民,营造出一个让农民能够参与其中的声音虚拟空间。当农民与农村的生活世界需要在广播声音中再现时,广播这一能够再现世界的媒介系统也要随之改变,形成一个能够囊括最广大农民的声场。

因而,农村有线广播网的迅速建设、向下拓展,与广播内容需改变文风的讨论同步,是有其历史线索的。1959年,杨兆麟发表了《改进广播文风问题的研究》一文,指出了"在广播工作者队伍里,一部分知识分子的立场、观点和思想方法还没有得到根本的改造,理论政策水平不高,语言、文字的表达能力

---

[1] 韩泽. 深刻一些、生动一些:对农村广播节目编辑札记[J]. 广播业务,1961(1):8-9.
[2] 韩泽. 有所思[M]. 长春:吉林人民出版社,2004:409-410.

不强，思想作风上脱离群众、脱离实际，习惯于公式化、一般化、不为群众所喜闻乐见的报道方法"，并指出"最大限度地吸引和争取听众，为尽可能多的听众服务，就成为广播工作的基本要求之一"。[1] 刘江在其《试谈通俗化口语化》一文中则进一步指出"要改进文风，首先就得改造我们的思想感情"，不能"只知道书本上的语言"、"总觉得洋的才够味"，要将形象生动的劳动人民的语言纳入语言表达中来。而要做到这些，"不改造自己的思想，不深入实际，不和劳动人民接触是不行的"。[2]

探索新的广播语言，将劳动人民的语言纳入广播声音中来，这些诉求导致各地出现了各种全新的对农广播形式的探索。除了江苏台的"述见闻"，其他各省台在当时都纷纷开辟了各种栏目，如上海电台对农村广播节目里的《阿富根谈生产、谈家常》、浙江电台的《勤俭嫂谈家常》、江苏电台的《老张说新闻》、广西电台的《刘大姐谈心》、江西电台的《江保根讲故事》等。[3] 从"阿富根""勤俭嫂""老张""刘大姐""江保根"这些名字中可以看出，这些栏目是模拟劳动人民的口吻，创造一种农村日常生活的聊天环境，来吸引农民收听。由此，向农民宣传、教育农民的声音不再来自知识分子或政治干部，而是来自电波中这些虚拟的进步农民。

以《阿富根谈生产、谈家常》为例，1961年上海人民广播电台的副总编辑邹凡扬想开一档人情味比较浓的节目，以对农民进行社会主义思想教育。在当时的上海农村，大家互相称呼时经常会在人名前加个"阿"字，显然这个虚拟的"阿富根"是个典型的上海农村男性农民、男性社员。为了和阿富根进行讨论、对谈，也为了发出农村女性的声音，节目中还设置了一个女性农民的形象，这位名叫"小妹"的女社员代表女性进行发言。如同栏目名称所示，阿富根和小妹谈的话题不仅包括农业生产，还涵括邻里关系、婆媳关系、生活小常识在内的各种农村家常事。[4] 在人物设定上，阿富根和小妹既有性别分工，同时也有代际差异，阿富根是"思想觉悟比较高、阅历深、见识广、农业生产经验丰富、善于说古道今的"先进农民，而小妹则是"政治敏锐、易于接受新事物、

---

[1] 北京广播学院新闻系.中国新闻广播文集：下册[M].1961：332、335.

[2] 刘江.试谈通俗化口语化[J].广播业务，1960（5）：11-13.

[3] 当代中国的广播电视编辑委员会.当代中国的广播电视：上[M].北京：当代中国出版社，2009：152.

[4] 许云倩.上海，不能抹去的记忆[M].上海：上海人民出版社，2015：68-69.

文化水平较高但是社会经验较少、农业生产技术懂得不多"的年轻农民。[1] 两人通过对话的方式，来讲述各种道理，如在1962年的六一儿童节，阿富根和小妹讨论了儿童教育问题：

> 阿：听了刚刚那位女社员讲的她怎样教育自己小囡爱护队里的作物，我倒想起一句老话来啦。
> 小：哦？啥个老话？
> 阿：这句老话是从前说书人用来警告世人的，叫"天下父母几个知，教儿更比养儿难！"意思是……。
> 小：哦，天下父母几个知，教儿更比养儿难！
> 阿：哎，天下父母几个知，教儿更比养儿难，这句闲话对我伲现在做父母，做上辈人的来讲，还是着实有道理的。
> 小：是啊，要教好小囡成为对人民有利，成为人才这比养大他更要难得多。[2]

很显然，对话模拟两个农民的口吻，内容是关于儿童养育问题的闲聊。从教育儿童爱护集体财产这个话题出发，通过对"教儿更比养儿难"这句话的重复，两位农民反复强调了儿童教育的重要性。"集体主义""社会主义"这些社会理想通过教育儿童珍惜集体财物、"对人民有利"这样的对话体现出来，这样，新的社会意识与农民们耳熟能详的"老话"有机地勾连了起来，抽象的、现代的、不便于农民理解的语汇以一种更为简便易懂的方式表达出来。这种新型的农民节目的巧妙形式安排——通过贴近农民本身的话语习惯与日常生活，创造出探讨"社会主义""集体主义"新话题的氛围，调和了农村之中的新语汇和旧道理，帮助农民积极调用过去的经验来建设当下的社会。

这种广播形式的探索使得"虚拟农民"成为广播声音的诉说主体，同时也再现、制造了一个社会主义新农民的形象，试图用一个理想的农民来对其他农民进行启蒙教育。这种对理想农民的形象制造是有意为之的，据参与了制造浙江台"勤俭嫂"形象的广播从业者许而权回忆，何以"勤俭嫂"能够深入人心，是因为这个虚拟形象背后是有鲜活生动的创作原型的。电波里广受欢迎的"勤

---

[1] 上海市广播电视局《当代》编辑组.上海广播电视资料汇编：第一辑[G]. 1986：51.
[2] 上海市广播电视局《当代》编辑组.上海广播电视资料汇编：第一辑[G]. 1986：52-53.

俭嫂",其原型是创作者接触过的大量的农民模范,通过运用农民的日常生活语言对女性农民劳动模范加以艺术创造:"她出身贫农,从小讨过饭,做过童养媳。解放后翻了身,觉悟高,听党的话,勤俭持家,勤俭办社有成绩,出了名,当了劳动模范,见过毛主席;经常到县里、省里、北京开会,跑过大码头,见过大世面,知道的事情多,能分清是非曲直,道理讲得透。她没有架子,肯替大家办事。"[1]

"勤俭嫂"让农民感到亲切的另一个重要原因是,在声音表达上,她说着和普通农民类似的"家乡话",因而能够被农民视为身边人。这种广播人物语言的选择,也是有其考量的。新中国成立初期,绝大多数浙江农民是听不懂普通话的。甫一开始,浙江台对农村广播用普通话和杭州话播音,但随着农村有线广播网的拓展,广播收音范围已远超杭州,但浙江其他县市的农民无法听懂杭州方言。为此,浙江台分几个语言调查小组前往嘉兴、金华、宁波、台州地区,带着四种有普通话、杭州话、浙江官话、越剧道白的录音磁带让农民听。调查组通过对十多个县的调研发现,"越剧道白效果最好,多少见过一点世面的农民全能听懂,一般农民也能听懂八、九成,尤其受到妇女的欢迎。其他几种语言,能听懂五、六成的就算很好了"。[2]当"勤俭嫂"开始说起越剧道白时,绝大多数浙江的县广播站都愿意转播,取得了很好的传播效果。

当这样的一个"勤俭嫂"向农民说起"勤俭持家、勤俭办社、民主办社、民主分配、粮食生产、多种经济、干部作风、忆苦思甜、移风易俗、破除迷信、科学文化"等内容时,电波中呈现了这样的一个虚拟场景:先进的"虚拟"农民在和现实中的农民进行交流。"勤俭嫂"是一个理想的社会主义农民形象——她积极参与政治、乐于接受新事物、勇于表达、勤奋善良、有集体主义意识、乐于帮助他人等,这为现实中的农民想象自我提供了一个蓝本。从《勤俭嫂谈家常》这个节目收到的听众反馈可以得知,农民们在遇到移风易俗的问题时,经常参考"勤俭嫂"的意见,并用"勤俭嫂"的观点来说服他人,可见"勤俭嫂"已经成为能够影响农民的舆论领袖。广播这一"再现"的媒介系统,不仅参与到了社会想象的制造中,也参与到了对社会现实的改造之中。农民的口语文化与广播从业者对农民的启蒙,通过这样的方式有机地结合起来,使得

---

[1] 当代中国的广播电视编辑部.中国的广播节目[M].北京:北京广播学院出版社,1987:334-335.

[2] 当代中国的广播电视编辑部.中国的广播节目[M].北京:北京广播学院出版社,1987:335.

广播的声音真正地融入了农民的日常生活。

这种探索也改变了被称为"干部腔"的说教方式，试图将社会主义教育的广播讲话说到农民的心里去。为了"说到农民心里去"，广播从业人员就必须了解农民的话语习惯和日常生活，并需要倾听农民对节目内容的反馈，同时参与到农民生产建设过程之中寻找"共情"。河北台在其农村报道的经验总结中写道："感情并不是抽象的东西，而是十分具体的……我们在农村看到公社化以后，随着生产关系的改变，生产力的进一步解放出现的那种轰轰烈烈的劳动场面，真是激动人心……再播起稿来，感情就有了基础，再不是空洞的想象了。"[1] 由此，社会主义的农民在广播语言中形象渐渐丰满起来。

广播声音形式"再造"的背后，也是话语权与情感结构的转变，农民终于作为"真实的大众"存活在广播声音之中，通过与农民的"共情"，广播从业者用各种方式赋予了农民言说的权力。自此，在广播媒体的符号层面，农民再也不仅仅是一个有待启蒙、有待教育的对象，而成为一个能够自我启蒙、自我教育的能动群体。

四、本章小结

本章详细阐述了农村有线广播网何以登上历史舞台，并一跃成为乡村最重要的传播媒介这一历史过程。在新中国成立初期，位于中国东北的吉林省九台县利用本县既有的乡村电话线路，建设了中国历史上第一个农村有线广播网。尽管有线广播网的技术并不复杂，它在国内外的应用也早已有之，但要应用在广袤的乡村，在当时的历史条件下却非易事。作为电子媒介，作为复杂技术系统的一部分，农村有线广播对乡村技术系统基础设施有所要求，如若没有电力系统的有效运作，没有传播线路的成功架设，声音难以遍及乡野。

吉林省九台县建设了第一个农村有线广播网，这种通过电话线路传播广播信号的模式被称为"九台模式"。作为一个偶然的发明，九台模式的最初设想源于县委书记张凤岐的朴素愿望：让农民也能够听上广播。其成功背后也有其必然性，即九台县委的共识——作为技术工具的有线广播网不应是少数人获取信息、娱乐的工具，而应覆盖包括农民在内的更广大的人民群众，并推动本地的经济发展与社会发展。他们希望在革命年代作为革命动力的中

---

[1] 河北台播音组. 我们对农民广播的一点体会 [J]. 广播业务，1960（9）：30.

国农民，在社会主义现代化建设的年代，也能够在党委的组织之下成为社会建设的能动主体。

在电话线路上"嫁接"有线广播，是因新中国成立后物资匮乏，难以建设广播专网而做出的工程创新，但也需要党委在电力、邮电、广电等部门之间进行协调与决策。在1955年之前，九台模式以较慢的速度在全国范围内呈点状扩散，在全国绝大多数地区还是采取建设收音点的方式拓展广播渠道。中央之所以决定将发展农村有线广播网作为未来农村收音网建设的方向，是在两种不同广播发展道路中的有意识选择。一种道路是仿效苏联，将有限的资源集中到中央，强调内容生产；另一种则着重广播的地方性，强调渠道向农村拓展。后一种发展方案的支持者是具有超级影响力的毛泽东。在确定农业合作化的重要政治意义，决定加速合作化速度之后，为了扩大农民的广播收听，有线广播网因其人均覆盖成本较低，能够服务于本土社区的宣传、组织工作，终于取代收音点成为农村广播网络建设的主要方案。

由此，"发展农村广播网"成为新中国第一个中长期的农业计划——《全国农业发展纲要》中的一项内容。这个由中央主导、倡议的农村建设计划，是中国共产党斟酌权衡再三的决策——一方面试图通过合作化获得社会生产力的提高，为工业积累提供剩余价值，促进中国的工业化；另一方面则是保证中国工业化与现代化建立在"工农联盟"的基础之上，促进工业化的同时推进中国的农业社会主义现代化，发展农村社区，让"社会主义"的发展模式打败"资本主义"的发展模式。试图通过组织农民发掘地方的能动性，建设乡村社区，这也是毛泽东所倡导的乡村治理方案的具体体现——国家积极主导社会建设，联合民众行动起来创造历史。

50年代末的中国见证了农村有线广播网建设的第一次高潮。农民组织力度的加强、集体调度能力的提高、国家放权地方的政治决策，以及各地工业农业加快建设的热情，使得电力、邮电、广电工业整体加速发展，也加快了农村有线广播网向下蔓延的步伐。在50年代末的狂热过程中，政治的时间压倒了技术的时间，并试图以就地取材、"大搞土法"、"土洋结合"的群众运动的方式促成社会发展。其中既有快速建设社会主义的期待，又有试图寻找一条自主工业化道路的现实探索。但从历史后果上来看，呈现出工农经济部门比例失衡、积累消费比例失衡的状况。可见，工业体系的发展并不能超越整体的社会条件，若无对其整体性跃迁的预判与把控，一场轰轰烈烈的事业可能以失控告终。

在1959年到1961年的三年困难时期，农村有线广播网建设陷入了困顿状态，在部分地区甚至出现了"撤站毁网"的状况。农村有线广播网的这段历程说明了"信息结构先行"与乡村的现实承受能力之间应该寻求平衡,只有信息结构内嵌于本土社区并能够运转良好,才能显示出激活社会潜能的力量,否则就很容易被放弃、抛弃。但同时,也要看到对于乡村社会、乡村信息基础设施的整体性规划正在展开,国家以空前的姿态展示出发展乡村的愿望。也正是在此期间,中国县域普遍建立了农村有线广播站,并逐渐向公社、大队、小队蔓延,一个辐射广袤乡村的农村有线广播网络初具雏形。

作为重要的农村信息基础设施,有线广播网的蔓延意味着广播大众化真正开始实现,这也带来了各种社会效应。它意味着中国共产党试图将媒介系统下沉,建立一整套农民也能够收听、农村社区也能够使用的信息系统。它给农民以现代化的诱惑,打破他们熟悉的时空关系,将他们带入更广阔的世界之中,中国的农民开始无时差地了解世界的发展动态。有线广播网也展示了新的媒介技术在社区建设中的潜能,本土的开放信息系统能够帮助党委、政府在广袤的田野中组织农民,组织大规模农民从事生产、对大规模农民进行即时动员开始有了可能。

这种信息基础设施的下沉,也带来了媒介内容生产机构的改变,因为农民群体从远离城市生活世界的存在,变成了可被感知、需要回应的真实听众。如何有效地对农民进行广播成为重要的课题,作为回应,全国各地的广播机构进行了不同的探索,也带来了一系列的实践成果。这些探索除了增加对农民广播时间、增加农村题材的节目内容,还有对农村基层实践的关注,更有改造广播文风使之深入人心的努力。这一系列实践的目的是打破城市居民与农民之间的"文化区隔",使得广播声场涵盖最广大的农民、再现农民的生活世界。

为了让广播的声音深入农民心中,广播从业者探索了以"虚拟农民"的口吻进行报道的方式,改变了以往的播音腔调,通过塑造一系列艺术形象,声波中虚拟的进步农民成为对农宣传主体。由此,媒介系统中再现了一个个理想的农民形象——他们善于表达,积极投身社会事务,勤奋善良,同时他们能够将新的社会期待、社会道德与老道理有机勾连起来,从而影响农民的真实生活世界。这一切都使得农村的日常生产生活、农民的日常表达成为广播信息流的重要组成部分,这些新的声音共同塑就了新的社会主义中国的言论空间。

在农村有线广播网发展的背后,是有意识的社会选择,其中既包含着中国共产党依靠农民的革命传统,同时也有着对农民和农村现代化转型的期待。这是一套既具有全国性又具有本土性的信息系统,使得当时的农民不仅参与本土建设,也随时保持着对外界信息的获取,收听广播、了解天下事成为农民日常的生活状态。它不仅使得中国共产党在农村的大规模宣传成为可能,让农民知晓一整套社会计划的蓝图,也试图培育新型的社会主义农民,使其在国家现代化的蓝图中找到自己的位置,成为新社会的建设者。

第五章　信息网络的乡土实践：广播网深入社、队、农户

一、重启广播网：中国人民公社与全球60年代

1. 从休克中恢复：各地"整顿"、恢复广播网

20世纪50年代末、60年代初，中国的农村有线广播网遭遇了极大的挫折，在全国各地，大量的农村广播站被关停。但当中国社会熬过最艰难的时光后，这些休克的网络又重新恢复，尽管恢复的速度与程度不一。根据各地的社会恢复状况，各地农村有线广播网苏醒的过程不一，在各地的资料中都体现了这段历史状况：

> 一九六二年，（云南）省广播电台及时向省委反映了这一情况，提出当前迫切需要解决县广播站的编制问题，使之能正常活动和恢复广播工作。一九六三年，省编制委员会批准了县广播站一百的编制……[1]

> 1962年3月，山东省广播管理局召开农村广播网会议决定，抓精办节目和治响喇叭，对广播网进行整顿。经过两年的艰苦努力，到1964年的下半年，全省有101个省、市，1307处公社，13422个大队完成整网工作；到1965年底，已恢复公社广播放大站406个，治响喇叭120万只，并开始建设有线广播的独立传输系统。[2]

> （贵州省）一九六三年二月，随着国民经济的好转，为了恢复和发展

---

[1] 中国人民政治协商会议碧江县委会文史资料编写组. 碧江文史资料选集[M]. 1987：128.

[2] 山东省地方史志编纂委员会. 山东省志：广播电视志[M]. 济南：山东人民出版社，1993：158.

农村有线广播网，召开了全省第五次广播网工作会议，对发展农村广播网重新进行规划，要求把停办的县站逐步恢复起来。确定以县广播站为中心，逐步架设由县到区和由区到公社的广播专线，建立起广播网的传输系统。架设广播专线所需的资金，采取省投资、地方自筹、群众集资三种办法来解决……到一九六五年底，喇叭有了较大幅度的增长，发展到七万只，县广播站由六十八座增加到八十座，实行收费的站有七十二个。架设广播专线四千七百公里。[1]

1962年陕西广播事业管理局提出"对目前存在的线路失修，喇叭不响等问题，进行整顿"，第三个五年计划初期，农村有线广播的主要任务也规定为："整顿线路，整响喇叭，建立维护组织，健全维护管理制度，逐步实现喇叭收费。"……1963年初开始整修线路，建立经常的维护队伍……1965年底，通广播的乡镇（公社）由1964年10月的88%增长至99.7%，村（大队）则由51%增长至56.9%。全省农村有线广播网经过整顿基本恢复并超过1960年的水平。[2]

可以看到，从砍网整顿到"整响喇叭"之间的间隔时间并不长，农村有线广播网得以"转醒"的一个最重要原因是：1959－1961年社会经济发展遭遇的挫折并没有动摇以人民公社为组织模式治理、发展乡村的中央意志。作为人民公社配套媒介基础设施的农村有线广播网，随着人民公社的社会复苏，也随之恢复发展。1960年到1962年这段历史时期，是人民公社制度的修正期。1960年11月，中央向全党全国发送《中共中央关于农村人民公社当前政策问题的紧急指示信》，规定了12条政策以纠正公社化的"共产风"。[3]1961年3月，中共中央工作会议通过了《农村人民公社工作条例（草案）》。中共中央将此草案下发给全党，供全国农村支部和农民人民公社全体社员讨论。信中指出党中央认为"现在急需在总结过去三年多经验的基础上……制定一个农村人民公社工作条例，把人民公社工作中发现的问题作一个系统的解决"。它的最终目标是，使公社各级干部和全体社员"对于人民公社是什么性质，对于公社各级应该做什

---

[1] 贵州省广播电视厅.贵州省广播电视简史资料[M].1985：56-57.
[2] 陕西省地方志编纂委员会.陕西省志：第69卷 广播电视志[M].北京：中国广播电视出版社，1993：329-330.
[3] 程同顺.当代中国农村政治发展研究[M].天津：天津人民出版社，2000：30-31.

么，不应该做什么，应该怎样做，不应该怎样做，就可以有一个统一的、全面的、正确的了解"，从而调动广大农民的积极性、促进农业生产的发展。[1]

在次年9月，中国共产党第八届中央委员会第十次全体会议通过了《农村人民公社工作条例（修正草案）》，从规模上确定了人民公社不宜过大，同时确立了人民公社的所有制：公社、大队、生产队的三级所有制，并以生产队作为经济核算单位，而此前蔓延的平均主义"大锅饭"也得以遏制。相较于草案，修正草案在细节上有所变化，自此人民公社制度固定了下来，并延续到1978年中共十一届三中全会之后。同时，这个会议还做出了《关于进一步巩固人民公社集体经济、发展农业生产的决定》[2]，这项决定进一步重申了中国共产党对于社会发展道路的规划："第一步实现农业集体化，第二步在农业集体化的基础上实现农业的机械化和电气化"，并预计"经过20年到25年的努力，就一定能够在基本上实现党中央所预见的、农民和全国人民群众盼望很久的农业现代化的目标"。这一决定体现了中国共产党对于国家整体发展方案的规划，并形成了对"农业"、"工业"关系的共识："必须以发展农业为出发点，安排经济计划的次序，是农业、轻工业、重工业"，"国家计划部门，经济工作部门，重工业部门，轻工业部门，手工业部门，交通运输部门，商业部门，财政金融部门，还有科学技术部门，文化教育部门，这一切部门制定的计划和采取的措施，都必须肯定以农业为基础，面向农村，把支援农业、支援集体经济放在第一位"。

在论述为何农业现代化是中国工业化和现代化的基础时，《决定》的逻辑是：中国80%的人口均生活在农村，"这是世界上任何国家都没有的最广阔的国内市场，这是一个社会主义的国内市场。这个国内市场，有极大的潜在力量，能够容纳愈来愈多的力量的轻工业品和重工业品"，即试图通过盘活国内市场来实现社会发展。因而，在中央和地方的权力安排上，"大权统一于中央，小权适当分散"，在中央调控的基础上要求地方各级发挥积极性建设农业。这一发展道路，是对50年代末转向农村政策的继承，同时在具体操作策略上又有所调整。作为对中国现代化、工业化道路的一次整体安排，这一决定预示着国家将以农村现代化作为支点，来支撑中国的工业现代化。

这一战略转型，是在资本积累薄弱的状况下发展中国工业化的一种探索。

---

[1] 中共中央文献研究室.建国以来重要文献选编：第14册[G].北京：中央文献出版社，2011：196.

[2] 中共中央党校理论研究室.历史的丰碑：中华人民共和国国史全鉴 经济卷 5[M].北京：中央文献出版社，2005：664-668.

正如迈斯纳所总结的，毛泽东（及他的支持者们）并不拘泥于教条的马克思主义现代化路径，"马克思主义假设工业化必然要求城市化，与此相关的命题是，城市对农村居于完全主导地位是实现共产主义的历史前提……毛的革命策略是以对农村的革命政治潜力的信念为基础的，因此，他在革命胜利之后就把农村看成是社会经济大变化的出发点……毛主义的目标既不是使城市'农村化'，也不是使农村'城市化'，而是要使农村现代化，使城市逐步融于现代化的和共产主义的农村环境，这样一来整个社会便向消除城乡差别这一最终目标迈进了"。[1] 尽管社会主义工业化、现代化的目标一直是明晰的，但就实现目标的策略与具体路线图方面，中国共产党并不拘泥于教条与他国经验，而是一直根据现实状况来做相应调适。

"以农业作为出发点"的工业化道路探索，也是建立在50年代末的惨痛教训之上的。要实现任何一个工业部门的跃迁，都要实现与之相关整体工业体系的跃迁，这也意味着需要投入大量的资源，同时也意味着倘若工业体系没有配套支持，那即便一个部门突飞猛进也对整体发展无济于事。诚然，从1957年到1960年，中国重工业的增长速度较快，几年之内增长了2.3倍，但同时段的农业总产值却下降了22.8%，1960年时中国粮食产量、棉花产量都跌到了1951年的水平。从1958年到1960年中国的积累率分别为33.9%、43.9%和39.6%，远高于第一个五年计划的平均积累率24.2%，而高积累率、大量的基本建设以及工业部门中对于钢铁生产的过多关注，导致了财政赤字与市场紧张。[2] 这种脆弱的社会状况如果遭遇突发事件，如20世纪50年代末的自然灾害及苏联毁约等，那最终会使整个社会付出沉重的代价。

耗费大量资源的"小土群"（即发动群众采用土办法突击炼钢、炼铁，使各地形成一片一片的小炼钢炉、小炼铁炉群），虽使钢铁生产的相关工业部门各数字有了相当的增长，但生产出来的钢铁质量较低，没有得到较好的经济效益。这种工业发展模式并没有获得预期的收益，反而需要从农业里抽调大量的人口，"各行各业都打农民的主意，因为所谓'全民办工业'，实际上主要是农民办工业，大家挤农业"。[3] 20世纪50年代末期惨痛的经验表明，这种以"小

---

[1] 莫里斯·迈斯纳.毛泽东与马克思主义、乌托邦主义[M].中共中央文献研究室《国外研究毛泽东思想资料选辑》编辑组，译.北京：中央文献出版社，1991：70-72.

[2] 中共中央党史研究室.中国共产党的七十年[M].北京：中共党史出版社，2009：332.

[3] 薄一波.若干重大决策与事件的回顾：下[M].北京：中共中央党校出版社，1993：714.

土群"、农业调拨大量资源优先支持工业发展的自主工业发展道路是具有脆弱性的。甚至,让人扼腕叹息的历史后果——如粮食短缺,人民日常生活、社会经济活动受到严重影响等,反而违背了试图跨越发展的初衷。

  工业体系是整体社会运转中的一环,如若为了工业发展而偏废其他,往往会造成难以挽回的损失。就农业大国中国而言,农业关乎人民的生命,也关乎人口的再生产,50年代末的教训使得中国共产党必须重新寻找方案,也因此可以理解为何中国共产党转而将农业现代化作为中国渐进工业化的抓手。同时也应看到,这一政策的出台有其现实的迫切性,国际环境的突变迫使中国必须转向国内市场以维持稳定发展,其中最大的变化就是中苏关系的冰结与破裂。基于同属社会主义阵营的意识形态认同以及冷战格局下地缘政治的战略联盟关系,新中国成立后中国的工业化进程离不开苏联"老大哥"的帮助。据相关文献记载,中国在1960年有30%的生铁、40%的钢、50%的钢材、80%的载重汽车、90%的拖拉机、30%的合成氨、25%的发电量、20%的发电机、25%的铝、10%的重型机床,都出自苏联援助下建成的中国工厂。[1] 同时,苏联还为中国培养技术人才提供了大量的帮助,除了新中国成立后十年间派出技术专家援华,还有大量的中国工人去苏联工厂实习,数批留学生在苏联高等院校学习。可以说,苏联在中国工业化历史中书写了浓重的一笔。

  同时,在中国的对外贸易网络中,苏联是中国最大的国际贸易伙伴,中国与苏联缔结的双边贸易关系使得双方成为彼此的巨大市场。在美国等国禁运封锁的情况下,中国从苏联进口大量的机器设备、石油、钢材、汽车、飞机,而苏联也从中国进口服装、大米、大豆、水果、蔬菜、棉花、有机金属等商品。从一个数字中可见中苏贸易对于中国的重要性,1952年中苏贸易占中国外贸总额的比重为54.8%,1955年这个数字则是56.9%,可谓占据了中国对外贸易的半壁江山。[2] 但从1958年起,因为苏联试图干涉中国主权,中苏联盟逐渐从蜜月期进入摩擦期,1960年6月布加勒斯特会议后苏联对中国全方位施加压力,并于当年撕毁协议,撤走全部在华苏联专家。中苏关系的转变,对于中国来说影响深远。正如前文所分析的,在失去苏联提供的各方面帮助、失去苏联一整套工业体系出口支持的情况下,新中国要快速实现工业化,不得不走上探索自主工业化这一条道路。同时,关系破裂也意味着中国缺少了巨大的国际市场。

---

[1] 张柏春,姚芳,张久春,等.苏联技术向中国的转移:1949—1966[M].济南:山东教育出版社,2004:87.

[2] 王寿椿,许煜.中国对外经济关系[M].北京:对外贸易教育出版社,1988:318-321.

在这样的状况之下，将目光投向国内巨大的农村市场，激发农村市场的潜力，打通内循环实现工业化，并非是缘木求鱼，而是现实逼仄下的战略转型。

为了激活巨大的国内市场，国家对农业的投入逐步增多，用一系列措施保证农业生产发展。对农村的投入，首先表现在充实农业生产劳动力上，1960年农村劳动力为17019万人，比1957年减少了2300万人，但1961年和1962年劳动力逐步增加到21278万人。[1] 其次是加强了工业支援农业的力度，通过让10家机械工业企业转产农业机械，增加了化肥、农药、农机等农业产品的生产和供应。最后则是农业基本建设投资的迅速增加，从1957年的12.71亿元，上升到1962年的14.42亿元，而到了1965年这个数字为24.57亿元。在大幅提高农副产品收购价格的同时，财政支农资金也从1957年的24.57亿元（占财政总支出的8.1%），上升到1962年的36.82亿元（占比12.1%），到了1965年这个数值已攀升为55.02亿元（占比11.8%）。[2]

与此同时，国家对农村的征购和税负比例却持续下降，"1965年全国粮食征购数量为973.7亿斤、征购率25%，比1960年减少5%、下降10.6%；比1959年减少28%、下降14.7%；比1958年减少18%、下降4.4%，与1957年持平"。[3] 农村农业税占实产量的比率也在逐渐下降，农村积累逐渐增多："1961年农业税负担率为9.3%（1958年为14.3%），1962年为8.7%，1963年为7.7%，1964年为7.7%。农民纳税后的农业收入逐渐增长。1961年平均每人纳税后的农业收入为385.2斤（细粮），1962年为412斤，1963年为481斤，1964年为528.4斤，1965年为560.5斤。"[4] 这多重的利好之下，农村发展得到了充分的保障，加之人民公社体制之下劳动成果都是集体所有、集体使用分配，这使得中国乡村能够提供更多公共产品，也为农村广播网的复苏提供了坚实的基础。

"面向农村"的战略转型，也促使广播管理部门从1962年的"整顿"思路迅速转变为鼓励农村有线广播网的发展。在1964年第八次全国广播工作会议上，梅益指出，"在我国，农民是大量的，超过5.7亿占总人口的80%。可是目前能够经常地、直接地对广大农民进行宣传教育工作的工具只有广播"，因而

---

[1] 蒋崇伟.中国农村社会主义改造与改革40年：1951.12－1991.11[M].长沙：湖南师范大学出版社，1993：161.

[2] 中华人民共和国农业部政策法规司，中华人民共和国国家统计局农村司.中国农村40年[M].郑州：中原农民出版社，1989：172，177.

[3] 王力.新中国农业税历程[M].北京：中国税务出版社，2009：30.

[4] 许毅，陈宝森.财政学[M].北京：中国财政经济出版社，1984：520.

广播的任务是"动员和教育广大农民",让他们"在阶级斗争、生产斗争、科学实验三个革命运动中大显身手"。在会议上,农村有线广播网依然被视为农村无线电化的主要方向,梅益指出即便在收音机普及之后农村有线广播依然有着不可替代的作用,"当发生突然事变的时候,它的作用更加显著"。对农村有线广播网的发展规划是,到1970年"大体每个县都设立(广播站)……五分之一的公社建立公社放大站,喇叭达1000万只……平均每57人一只"。同时,为了解决广播、邮电部门之间的矛盾,鼓励有条件的地区开始专线广播网络和载波广播网络的建设。[1] 周新武在此次大会上指出要在"农村形成以县站为中心的连接全县各公社、生产队和部分用户的农村广播网",并指出邮电部门解决广播、电话公用线路产生矛盾的五项办法:

(1)广播传送电压不超过240伏,不送交直流电源。
(2)广播时间最多不超过3小时。
(3)超过规定的时间照章收费。
(4)广播、电话控制倒换开关从广播站迁回邮电局。这一条在最近总参、邮电部和广播局的一个联合通知中已按通讯部门意见办理。
(5)严禁群众在电话中继线上搭挂喇叭,违者依法制裁。[2]

在这样的背景下,原先停办的县广播站、公社放大站陆续恢复,新的县广播站、公社放大站也开始建设起来。在一些有条件的地区,也开始了广播专线的建设,实现了广播线路和邮电线路的"分家":

> 一九六三年十二月全省(湖南)广播工作会议提出架设专线、喇叭入户的农村有线广播网的发展途径,推广了湘阴县樟树区(镇)依靠群众架设广播专线、喇叭入户和收取喇叭维修费(作为解决业余维修人员的劳动报销)……到一九六四年底,全省有县(市)广播站九十四个,广播专线发展到二千三百六十公里,喇叭七万五千只,并由二十二个县广播站试点架设广播专线、喇叭入户和实行收费……从一九六五年起,

---

[1] 当代中国的广播电视编辑部.中国的有线广播[M].北京:北京广播学院出版社,1988:166-168.

[2] 当代中国的广播电视编辑部.中国的有线广播[M].北京:北京广播学院出版社,1988:180-181.

农村有线广播网开始向公社、大队、生产队和农户的方向发展。[1]

1965年，耿马县广播站以耿马城关镇为中心，在芒蚌乡的12个村寨进行有线广播试点。在试点工作的带动下，周围几个乡都迫切要求开通有线广播。报经县委、县人委批准，县财政拨款在允捧乡的5个村寨和四排山区的弄巴乡架设广播专线，开通有线广播。耿马农场也自己找铁线器材，在场内6个生产队架设广播专线，安装喇叭。[2]

1964年12月，县广播站根据全省广播站长会议精神，制定上报《临安县广播事业1964—1965年发展规划》，规划在2年内利用电力杆架设广播专线，做到广播线与电话线分开，实现县广播站的广播专线通到每个公社的目标以及具体措施。[3]

就这样，从60年代中期起，农村有线广播网继续向下蔓延，更多的公社、大队开始建设广播站。以汉阳县（今武汉市蔡甸区）为例，1964年汉阳县广播站开始到辖区进行调查，"每个公社、每个有电话的单位，都要去亲自看看，亲自摸摸"，弄清楚了全县的喇叭状况、电话状况和电源情况。在摸底宣传的同时，县广播站工作人员听到了基层干部要求办公社和大队广播站的呼声：

（1964年）经过宣传，有些社、队领导想办公社和大队广播站，他们说，好处主要有两条：一是党委和党支部能够直接运用广播，宣传党的方针政策和上级指示，指导生产，推动工作，表扬好人好事，对社员进行社会主义教育；二是不与电话共线，没有串音，可以延长广播时间，满足听众需求……我们采取先易后难，先近后远，先经济条件好的地区，后一般地区的步骤，组织机线员到新农区的新农公社，帮助红庙、红光、么铺、会子弯、什湖、新农等8个大队建广播站……到（1965年）8月底，全县共建立3个公社广播站、22个大队广播站，喇叭达到2994只，完成了

---

[1] 湖南省广播事业局《省志》编写组.湖南省广播电视历史资料：1930—1980[M].1981：66-67.

[2] 罗灿武.临沧市广播电视志[M].昆明：云南科学技术出版社，2006：96.

[3] 临安市广播电视志编纂委员会.临安市广播电视志[M].北京：中国文史出版社，2009：205.

恢复任务。社、队广播站初步显示了它的生命力。[1]

公社、大队广播站的建立，也使得中国农村最基层——公社、生产大队，都有了"半自主"的网络传播系统，其面向的是一个个中国最基本的生产单位、生活聚落。这意味着公社、大队也可运用广播，来对管辖范围内的农村社区进行组织、动员、宣传、教育等活动。就这样，农村有线广播网逐渐深入乡村，参与到具体而微的社区日常运作之中。

2. 大办广播网：第二次农村广播建设高潮

尽管到了1964年，农村广播网的喇叭数量尚未恢复到1960年时的规模，但第八次全国广播工作会议也表明了广电部门继续发展农村广播网的决心，提出的目标是到1970年实现农村广播收听工具"每57人一只"，[2] 各地也根据自身的经济状况以及对农村有线广播的需求来确定广播建设的速度。但到了60年代中后期，在中央层面有两个重要的决策深刻地影响着中国社会，也影响到农村有线广播网拓展的步伐，最终导致了60年代末的第二次农村广播建设热潮。

首先，是国际形势尤其是中国周边国际形势的变化，使得中国共产党对于本国所处国际环境的研判发生了改变。作为社会主义阵营中亚洲板块重要的一环，中国一直在美国、苏联两个超级大国的博弈之间寻求生存空间。在50年代，中国实施"一边倒"的政策，通过与苏联的盟友关系遏制美国对中国的军事威胁，但60年代中苏关系破裂意味着中国将面临腹背受敌的状态——苏联、美国都可能对中国的安全产生冲击。同时在美苏争霸、核战争阴影下的"恐怖平衡"中，世界各地也有局部战争发生。直接让中国人拉响警钟的是，60年代中期美国对中国邻国越南侵犯加剧，同时美军战斗机也连续入侵中国领空，侵犯中国主权。据统计，自1964年8月至1968年11月，美国作战飞机侵入中国领空共计155批、383架次，被中国人民解放军击落12架、击伤4架。从1964年8月至1971年12月，美国无人驾驶高空侦察机侵入中国领空达97架次，被击落20架。[3]

战争的乌云又重新笼罩在中国上空，从1964年开始，"备战"成为中国高层频繁讨论的重要话题，当年7月毛泽东在听取汇报时表示"把一切都准备好，

---

[1] 本一. 汉阳县社、队广播站是怎样勃兴的？[M]//武汉市蔡甸区政协文史学习委员会. 蔡甸区文史资料：第六辑[M]. 1998：165.

[2] 当代中国的广播电视编辑部. 中国的有线广播[M]. 北京：北京广播学院出版社，1988：168.

[3] 中国军事博物馆. 中国战典：下[M]. 北京：解放军出版社，2008：1093.

准备好了,敌人要来也好办,趁我们还在的时候再打它一仗,也好"[1]。8月,毛泽东在总参谋部作战部5月25日呈报的《关于国家经济建设如何防备敌人突然袭击的调查研究报告》上批示:"退罗瑞卿、杨成武同志。此件很好,要精心研究,逐步实施。国务院组织专案小组,已经成立,开始工作没有?"8月19日,毛泽东和中共中央研究决定:国务院成立专案小组,建议由李富春、李先念、谭震林、薄一波、罗瑞卿、谢富治、杨成武、张际春等13人组成,李富春任组长,薄一波、罗瑞卿任副组长。[2] 随着美军在越南军事行动升级,1965年4月,中共中央发出《关于加强备战工作的指示》,对于备战工作做了具体的部署。5月21日总参谋部向毛泽东上报了刘少奇、周恩来、朱德等接见参加全军作战会议的全体同志时的指示纪要,内容为:

(一)要立足于准备早打、大打,从各方面来打,我们准备好了,敌人就不敢轻易来打,就有可能争取推迟战争,甚至使战争打不起来。

(二)要从战略上考虑问题,处理好经济建设和国防建设的关系。对增加兵员,要从全局来考虑,军队搞得太多,就要影响国家经济建设……[3]

这个纪要展示了国内领导层对于备战工作的重视,并说明了为何要为不可预测的突发战争做好充分的准备,它既是一种对于潜在风险的防控,同时也是战略遏制方案的部署,试图让潜在敌人知难而退甚至取消战争,所谓"不战而屈人之兵"。而无论是"推迟战争",还是"使得战争打不起来",都能够为中国赢得一段比较稳定的发展时间。纪要还强调"战略"和"全局",指明要在整体社会发展的视域之下看待经济建设和国防建设之间的关系。实际上,经济力量和有效的战争潜力之间并非呈现一种直线的因果关系,杨杰在对二战时英国的国防建设分析中指出,"(英国的)整个经济系统已经全部工业化……它的经济力量并未能成为有效的战争潜力,生产机构的摩托虽然在转动着,可是转

---

[1] 中共中央文献研究室,中国人民解放军军事科学院.建国以来毛泽东军事文稿:下(1959年1月—1976年2月)[M].北京:中央文献出版社,2010:244.

[2] 中共中央文献研究室.建国以来重要文献选编:第19册[G].北京:中央文献出版社,2011:112,115.

[3] 中共中央文献研究室,中国人民解放军军事科学院.建国以来毛泽东军事文稿:下(1959年1月—1976年2月)[M].北京:中央文献出版社,2010:311.

动的结果只增加了私人的财富,并没有增加国防力量"。他还援引英国军事专家温特林汉的观点:"一个成功的战争需要人力、军备、食粮、脑力、同盟和斗争的情绪。"[1] 从纪要的措辞中可以看出,领导层考虑到了国防建设必然要挤压社会经济建设的一些资源,战备部署需要在经济建设与国防建设之间寻求一种平衡。尽管需要备战,但从全局考虑,着眼点还是放在保证中国工业化进程这一重要使命之下。总之,中国并非是要迎接一个成功的战争,而是试图用一个成功的战备来反击侵略或者推迟、取消战争,由此保证中国的社会发展。

在变动的形势之下,国家的发展战略方针相较于60年代初也有了新变化。中共中央对第三个五年计划的讨论也从"解决吃穿用"变成了"把国防放在第一位",并于1966年提出了"备战、备荒、为人民"的主张。这一主张本身,也显示出中共高层的沉重危机感,考虑到了国际形势巨变之下可能出现的最糟糕场景——陷入危及国家安全的战争之中或威胁人民基本生存的饥荒之中。这些部署包括一系列对国民经济所做的区域性布局调整,实行三线建设,即"对东部('一线')和中部('二线')经济建设项目实行'停'、'压'、'搬'、'帮',重点开发和建设西部('三线'战略后方)"。[2] 同时,为应对战争与饥荒做好物质储备,"人民和军队总得先有饭吃有衣穿,才能打仗,否则虽有枪炮,无所用之……遇了荒年,地方无粮棉油等储蓄,仰赖外省接济,总不是长久之计。一遇战争,困难更大"。"备战、备荒、为人民"战略的背后,也有对国家和地方的关系的重申,强调增加地方积累的重要性,"要为一部分人民至今口粮还不够吃,衣被甚少着想;再则要为全体人民分散储备以为备战备荒之用着想;三则更加要为地方积累资金用之于扩大再生产着想"。[3]

这种战略调整,实则是对全国资源的重新分配规划。在中国人民解放军总参谋部作战部1964年4月的《关于国家经济建设如何防备敌人突然袭击的报告》中,指出了当时的中国工业化发展的特征——"工业过于集中。仅十四个一百万人口以上的大城市就集中了约百分之六十的主要民用机械工业,百分之五十的化学工业和百分之五十二的国防工业(包括:飞机制造工业的百分之七十二点七,舰艇制造工业的百分之七十七点八,无线电工业的百分之

---

[1] 杨杰. 杨杰文集(一)[M]. 昆明:云南大学出版社,2018:352-353.
[2] 何云庵. 西南交通大学史:第四卷 1949-1972[M]. 成都:西南交通大学出版社,2016:197.
[3] 毛泽东. 关于农业机械化问题的一封信[M]//中共中央文献研究室. 毛泽东文集:第8卷. 北京:人民出版社,1993:427-428.

五十九，兵器制造工业的百分之四十四）"。[1] 这种集中，在和平时期符合产业集群发展规律，但如果战争来临，尤其是核战争来临，只要摧毁了这十四个大城市，中国的工业化成果就会毁于一炬。因此，分散也是为了中国在面临核战争威胁时，能够有回击之力。在战略大后方建立完整的工业体系，使得中国人在面临核战争之时，依然能够回到战略后方休养生息，将反侵略战争变成持久战。同时，中国的工业化发展极为不平衡，东西部差距过大，三线建设除国防战略防御作用之外，还能够在这些落后地区开始工业化的进程。

按照纯粹的经济逻辑来说，在交通不便、产业无集群效应的地区从无到有进行投资，并非理性经济人的决策。但从整体社会理性来说，通过三线建设与地方建设，能够充分发挥中国的战略优势——将所有针对中国的侵略战争变成持久战，将敌人陷于人民战争的汪洋大海之中，同时也是用建设的方式来应对毁灭性的战争——就像当年建设敌后根据地一样，将国防投入转化为备份工业体系，转化为对落后地区的建设，以此来遏制战争。即便被拉入战争，也依然能够有主动权，能够抵制侵略。由此，新中国的工业化成果不再放在一个篮子中，而是散布在东、中、西等战略前线与战略大后方。从1964年开始，三线部署的产业涉及钢铁、有色金属、石油、化工、化肥、建材、铁道、交通、民航、纺织、轻工、水利等方面，可谓在战略大后方重新建设了一整套工业体系。从1964年到1980年间，中央政府把计划内50%的工业投资和40%的设计、施工力量投入到三线建设中，累计投入资金2052亿元，建成了1100多个大中型军事和重化工项目。[2]

在备战的战略下，作为重要信息传播系统的广播自然也需做相应调整。1964年8月，人民解放军副总参谋长杨成武在与中央广播事业局党委第一书记丁莱夫谈关于广播电台战时应如何布局的问题时，提出要有三线准备，即"不能只搞一套，要搞两三套；现有的电台应能加强防护能力，今后新建的电台要转入地下，保障战时有发言权，能使全世界都听到我党、我国政府和人民的声音"。[3] 同时，潜在战争的威胁使得信息的即时、顺畅流通成为必要，此前广播、

---

[1] 中共中央文献研究室.建国以来重要文献选编：第19册[G].北京：中央文献出版社，2013：113.

[2] 李哲.从"大胆吸收"到"创新驱动"：中国科技政策的演化[M].北京：科学技术文献出版社，2017：40.

[3] 杨成武年谱编写组.杨成武年谱：1914年—2004年[M].北京：解放军出版社，2014：407.

邮电两线并用带来了一些问题。如河南省邮电局在1963年对61个县做了调查统计，发现：

> 由于对当时开放有线广播的规章制度执行不严，对群众的宣传教育不够，加上广播时间长、馈送电压高，以及中继线搭挂广播喇叭等因素，造成失密、泄密、干扰长途报、话造或［注：应是"造成"］积压延误现象相当严重……全省占60%的县的广播闸刀由广播站控制，由于广播时间长，据13个县的初步统计，自1962年以来，因广播中断长话和电报的输通，造成长话销号1069张，遇限235张，电报遇限2262张。1963年，宁陵局反映：共影响紧急电话7次。其中上空电话1次，防盗电话两次（延误达2个小时）；鲁山局5月间省水利厅挂发县召平台水库的二类长途电话（抢险防汛电话），因广播延误80多分钟，次日召平台水库因水即将决口，发往外地的特急电报，因同样原因又延误43分钟。鹿邑县积压一张防汛电报时间达4个小时。[1]

为了保证突发状况下，邮电信息能够顺利传递，1965年11月30日中国人民解放军总政治部、中华人民共和国邮电部、中央广播事业局发布联合通知：为适应战备需要，广播和通讯倒换开关必须由广播站迁装邮电部门，由邮电部门控制。各地的有线广播站据此进行了整改。正如梅益所说，当发生突然事变的时候，有线广播网的作用更加显著。作为地方的信息基础设施，有线广播网的传输依靠的是实体的电信线路，这意味着如果敌人没有攻占到本土，那么他们既不能干扰有线广播通信，也不能摧毁有线广播线路。而无线广播，则较容易在远程通过技术加以干扰，妨碍信息的传播。同时持久战以及人民战争意味着需要对普通大众进行动员，农村有线广播网是当时历史条件下唯一能够触及最普遍大众的传播媒介，也是中国最基层进行大众动员、大众组织最高效的方式。因而1966年的第九次全国广播工作会议指出，第三次全国广播工作会议提出发展农村广播网的方针是正确的，应该继续执行，而研究如何办好广播面向农村、为六亿农民服务和积极发展农村广播网成为会议讨论的重点内容。[2]

也是在同一个历史时期，除对资本主义的警惕之外，以毛泽东为主的党内

---

[1] 河南省邮电管理局邮志编纂室.河南邮电历史资料汇编：第十一辑（下）农村电话专辑 [G]. 1987：173-174.

[2] 赵玉明.中国广播电视通史 [M].北京：中国广播电视出版社，2014：282.

高层对于党内修正主义的警惕也达到了高潮，担心紧张的国际环境与国内修正主义的共同作用会导致"和平演变"。对于世界范围内的社会主义趋势，毛泽东做出了悲观的判断："全世界一百多个党大多数的党不信马列主义了，马克思、列宁也被人们打得粉碎了。"因此他试图在党内进行一场"认真的演习"，让"左派、右派和动摇不定的中间派，都会得到各自的教训"。[1] 因而1966年由毛泽东发起的"文化大革命"，试图找出一种形式、一种方式，公开地、全面地、由下而上地来揭发党内的黑暗面，"部分地改造我们的国家机器"。[2] 作为意识形态国家机器的重要组成部分，广播事业也成为"文化大革命"的对象。一本出版于1967年8月，由广播事业局毛泽东思想战斗团、首都红代会北京广播学院北京公社《广播战线上两条路线斗争大事记》编写小组编印的小册子，列举了新中国成立以来（1949年到1966年）党内一些人士在新闻广播、文化文艺工作中的言论，册子前言部分写道："十七年来的历史事实说明，广播战线上始终存在着这个问题，始终存在着两个阶级、两种道路、两条路线的斗争……党内最大的一小撮走资本主义道路当权派，站在反动的资产阶级立场上，一贯进行反党反社会主义反毛泽东思想的罪恶勾当。"

安妮·达勒瓦引用结构主义者的分析，指出二元划分是人类思维的根本属性，应将其"视为人类创造'深层'或隐藏结构的一部分"，它既能帮助我们对经验进行归类，且能通过神话等方式用对立的概念组织价值观。[3] "两个阶级、两种道路、两条路线"就是由一组对立概念所形成的话语结构，册子按照时间顺序列出了诸多人的言论，同时评述结合，对作为历史的话语做出了归类。这本册子最有价值之处就是向我们展示了当时的历史参与者如何对关于农村广播的各种话语进行归类，这也为我们进入历史进行阐释提供了可能性，相关文字摘录如下：

> 一九五五年十二月：毛主席在文委党组汇报文教事业发展规划时，对广播事业作了重要指示。毛主席说：农村广播网一定要办，社社有收音机要考虑，加强广播的电力，我很赞成。

---

[1] 本书编委会.中华人民共和国国史全鉴：第三卷1960－1966[M].北京：团结出版社，1996：3755.

[2] 中共中央文献研究室.毛泽东传（1949－1976）[M].北京：中央文献出版社，2003：1508.

[3] 安妮·达勒瓦.艺术史方法与理论[M].徐佳，译.北京：人民美术出版社，2017：152.

在这个期间召开的第三次全国广播工作会议,在讨论和制定农村广播网发展计划时,却公然和毛主席的指示唱反调,不是把重点放在发展农村广播网方面,而是说什么"发展比例是城市大于农村。这是根据实际需要和可能来决定的"。

一九六二年七月二日:在旧中宣部部务会议上……阎王殿还提出要砍掉农村广播网,妄图扼杀为五亿贫下中农服务的有线广播。

对于阎王殿的一系列罪恶图谋,梅益等准备积极贯彻,但由于受到革命群众的抵制,而不能完全得逞。

一九六五年八月二十七日:周总理对广播工作作重要指示,强调要求广播系统必须加强政治思想工作和办好对农村广播节目。总理指示,中央台办的对农村节目应当包括新闻、科学知识、文艺等节目,内容要研究,要真正适合农村听。地方台更要面向农村,作用会更大。对农村播送的革命歌曲也要是大众化的、容易学的,如《大海航行靠舵手》等,让农村能学着唱。

中央台的对农村广播节目,由于丁莱夫、顾文华等的消极应付,直到一九六五年底才开办起来。

"公然和毛主席的指示唱反调""阎王殿还提出要砍掉农村广播网""消极应付"等词句,将是否支持农村广播网的建设视为走资本主义还是走社会主义道路的表现——办农村广播网是走社会主义道路,而走资本主义道路者则忽视、轻视农村广播网的建设。由此,农村广播网的建设就不仅仅是一个社会工程的问题,而是一个关乎意识形态的问题。从前文的历史分析中,可以得知广播网的建设方向、建设步骤受着众多复杂历史条件的影响,册子中的分析过于简单,将所有的行为进行去语境化的理解。但显然,册子及其背后的书写者有着其明确的主张,认为宣传部门应该促成毛泽东思想的传播,应该让广播为五亿贫下中农服务,中央台应该积极举办对农村的广播节目,只有这样,广播才算是为社会主义服务,而非背离了方向成为效劳资本主义的工具。如果认同这种主张,则大办农村有线广播网就是拥护毛泽东思想、拥护社会主义的一种表现,因为其不但服务于农民,而且能将毛泽东思想传播到最普通的农民耳中。

也正是在这个历史背景中,1967年1月11日和1月23日中共中央发出了《关于广播电台问题的通知》和《关于广播电台问题的补充指示》,提出对受到冲击的广播电台进行军事管制:

中央决定，凡是发生这样情况的广播电台，一律由当地人民解放军实行军事管制，停止编辑和播送本地节目，只转播中央广播电台的节目。已经进入广播电台的革命群众，应当立即退出。广播电台中的走资本主义道路的当权派，应当交给群众离开电台去斗争。群众有意见的领导人，应当到群众中去，听取群众的意见和批评。

各地广播电台，应当一律使用原来人民广播电台的名称，不要改变。

（注：必要时，可在广播电台内部张贴）[1]

在这种新形势下，中共中央一九七六年一月十一日关于广播电台问题的通知，需要做如下的补充规定：

（一）坚决支持各省、市的广播电台掌握在无产阶级革命派手里，成为各省、市无产阶级革命派大联合的喉舌。

（二）在无产阶级革命左派尚不能控制局面，要求人民解放军保护时，军队应当立即实行军事管制。在实行军事管制期间，军队应当坚决支持无产阶级革命派。

（三）实行军事管制是暂时的、过渡的措施。在无产阶级革命左派能够控制局面的时候，应当结束军事管制。

（四）在实行军事管制期间，除了转播中央人民广播电台的节目外，地方台可以自编一部分节目。这些节目必须是反映无产阶级革命造反派的声音，而不得反映走资本主义道路当权派的声音，不得反映资产阶级反动路线的声音。[2]

在各地革命委员会纷纷成立、保证无产阶级革命派接管电台之后，中央试图进一步推动农村有线广播网的发展。从1969年1月起，县（市）广播站（或相当于该级的广播部门）的日常事业经费列入国家预算；公社广播站（或放大站）的日常事业经费由地方财政解决，不再向群众收取收听费。这些意味着国家对于农村有线广播网的投入加大，而新生的革命委员会则将建设有线广播网视为重要的传播毛泽东思想的阵地，也对其建设加大了投入力度。以云南省为

---

[1] 中国人民解放军国防大学党史党建政工教研室．中共党史教学参考资料25："文化大革命"研究资料 上册[M]．北京：党史出版社，1988：246．

[2] 中国人民解放军国防大学党史党建政工教研室．中共党史教学参考资料25："文化大革命"研究资料 上册[M]．北京：党史出版社，1988：259．

例：

　　一九六九年一、二月间，云南省委在昆明主持召开了第六次全省广播工作会议。会议根据当时政治形势的需要，要求各地发动群众，自力更生，速讯［注：应为"迅速"］恢复，普及农村广播网。同年三月，省委又召开了"支持广播网建设协作会议"，向与会各有关单位下达了协作任务，在此同时，一九六九年二月，省委政工组、生产组转发了财政部、中央广播事业局《关于农村广播网经费开支问题的通知》……从一九六九年起，省财政每年拨给补助经费一百万元，用于农村广播事业建设。同年四月，省委又发出了《关于农村广播网人员编制问题的通知》，规定地、州、市广播管理站配专职干部一至二人，县（市）广播站配备五至七人。[1]

建设农村有线广播网和宣传毛泽东思想成为地方上进行建设的文化政治工程，从梁平县革命委员会《关于下达1969年地方基本建设计划（草案）的通知》中，可以看出地方对此的重视程度：

　　（地方基本建设计划）安排的次序是：首先是宣传毛泽东思想和出版毛主席著作的有关项目……农村广播、毛主席著作出版投资，地革委统一提取投资由地革委广播组和毛主席著作出版办公室分别安排下达，也不在这次安排之列。但为了大力宣传毛泽东思想和出版毛主席著作，县里将压缩其它方面的项目，给发展广播事业安排地方财政自筹资金4.6万元，印刷厂厂房建设国家投资2万元。[2]

在1969年珍宝岛事件发生之后，全国兴起了新中国成立后最大的战备高潮。有线广播相比于无线广播来说更具保密性，更能够触及乡村基层。它能够更好地进行战时动员的特质，也成为地方上乐意投资的重要原因之一。在山西省文水县刘胡兰公社革命委员会的一篇文章《发扬刘胡兰精神自力更生办好农村广播网》中，就可以看到中国一个普通人民公社对发展农村广播网与战备教

---

[1] 中国人民政治协商会议碧江县委会文史资料编写组. 碧江文史资料选集[M]. 1987：129-130.

[2] 梁平县国营邵新煤矿志编纂委员会. 梁平县国营邵新煤矿志：1969－1993[M]. 成都：四川人民出版社, 1996：242-243.

育关系的理解：

> 把发展农村广播网同战备教育结合起来……使大家认识到美帝、苏修发动侵略战争的冒险性和必然性，自觉地把"要准备打仗"和"打起仗来不能没声音了"、"广播不能中断"紧密联系起来。明确了发展农村广播与战备的关系，加深了对广播在战略上的重要性的认识。他们说："用最快的速度建成广播网，是形势发展的需要，是战备的需要，必须大抓、狠抓、一抓到底。"[1]

就这样，在战备、"文化大革命"和乡村建设等多重因素的叠加下，从1969年开始全国的县域都掀起了"大办广播网"的高潮，试图将广播网络蔓延到公社、大队、小队直至每个社员家中。这一次"大办广播网"的高潮持续时间较长，从60年代末一直持续到了70年代中后期。1975年12月，时任河南省委副书记的戴苏里在全省农村有线广播网宣传工作经验交流会上，就论述了为何对农村有线广播事业高度重视：

> 我省农村有6000万人口，要把毛主席、党中央的声音及时地传达给广大农民，除了报纸、刊物、无线广播这些宣传工具外，农村有线广播占着很重要的位置。除了组织好报纸、刊物的发行和阅读，组织好对无线广播的收听外，很重要的就是把有线广播办好。报纸、刊物当然是很重要的宣传工具，但送到农村的数量有限，到的时间又较晚；无线广播在农村又没有那么多收音机。在这样的情况下，我们就得充分运用有线广播，充分发挥它的作用。有线广播还有它独特的长处，就是能控制收听范围，保密性强，便于及时传达毛主席、党中央的指示，进行内部教育，是各级党委，特别是县委，发动群众、指导工作的有力工具。[2]

通过六七十年代的发展，农村有线广播遍及全国，甚至覆盖了以往有线广播网络较为薄弱的贫穷边远地区。也正是这一次"大办广播网"，使得小喇叭在20世纪70年代末成了名副其实的大众媒介，并真正形成了从县到公

---

[1] 文水县胡兰公社革命委员会.发扬刘胡兰精神自力更生办好农村广播网[R].山西省广播工作会议秘书处印，1970.

[2] 中共河南省委党史研究室.纪念戴苏理文集[M].郑州：河南人民出版社，2007：117.

社到大队再到农户的基层媒介信息系统，使得广播深入最广大农民的日常生活之中。

二、广播深入社、队、农户：群众路线与技术政治

1. 广播网建设的群众运动：地方自主建广播的成功实践

在20世纪60年代末，又一场建设农村广播网的热潮在中国大地上展开。随着中央的呼吁与配套政策的出台，各地也相继跟进。这个新中国成立后的第二次农村广播网建设高潮，为70年代中国农村广播网的大发展奠定了基础。到了1976年，全国建成县级有线广播站2503座。97%的人民公社、93%的生产大队、86%的生产队都通了有线广播，农户安装有线喇叭也达60%。此外，在牧区和边远地区，以公社和大队为区域范围，建成小片广播网16万多个。[1] 这意味着几乎所有的中国农民都可以在日常生活中听到广播的声音，广播真正成为中国历史上空前"大众"的媒介形式。一直到80年代，广播依然是广大农村地区的唯一宣传渠道。[2]

在这次建设热潮中，中国农村何以能够建成这样一个覆盖绝大多数农民的广播网络？1969年3月，中央广播事业局下发了一本《农村广播网调查报告选编》，这本调查报告由各地的成功实践汇总而成，从这些汇总的成功经验中，我们或可探知60年代末的这些弄潮儿何以能够建设好农村广播网。这本调查报告涵括了：

> 山东省人民广播电台、济宁地区广播管理站、滕县革委会关于滕县发动群众、自力更生加速农村广播网建设的"调查报告"，河南省新乡地区革命委员会调查组关于"沁阳、汲县、武陟三县大办农村广播网的调查报告"，贵州省革委会政工组、天柱县革命委员会、贵州人民广播电台联合调查组关于"天柱县基本建成农村广播网的调查报告"，四川省革委会政工组宣传组、绵阳地区革委会政工组、射洪县革命委员会关于"四

---

[1] 当代中国的广播电视编辑委员会. 当代中国的广播电视：上[M]. 北京：当代中国出版社，2009：309.

[2] 邓炘炘. 动力与困窘：中国广播体制改革研究[M]. 北京：中国经济出版社，2006：152.

川省射洪县仁和公社贫下中农努力办好农村广播网的调查报告"。[1]

在这本报告中，依然充满着二元划分的话语模式，指出了发展农村广播网代表了正确的农村社会建设方向和农民的利益，但有另外一种错误的理念一直在阻碍农村广播网的发展，也阻断了社会主义、共产主义思想的向下传播。对于阻碍农村广播网发展的种种话语，调查报告中做了如下描述：

（他们）疯狂攻击农村广播，说什么"喇叭里流不出粮食"，"不听广播死不了人"。他们上下串通一气，在三年困难时期，配合帝、修、反的反华大合唱，大砍农村有线广播，妄图一举扼杀农村有线广播。"（《让毛主席的声音最迅速地传遍千家万户——沁阳、汲县、武陟三县大办农村广播网的调查报告》）

（他们）别有用心地叫嚣："广播是吹吹唱唱，贫下中农不听广播不会死人！"……为了多得"利润"，不愿采购、运输、供应农村广播网需要的器材，不愿为农村广播开放路线。(《隔山隔水不隔音，毛主席和我们心连心——天柱县基本建成农村广播网的调查报告》)

（他们）在农村大搞"三自一包"、"四大自由"，砍掉了这个广播网……在仁和大办黑剧团，动用公社资金八千多元买剧装，置道具，大演"四郎探母"、"王汤元打鬼"等鬼戏黑戏，为复辟资本主义大唱反革命舆论。(《毛主席的声音准确及时传遍千村万户——四川省射洪县仁和公社贫下中农努力办好农村广播网的调查报告》)

这些论述均是有时代感的"阶级斗争"的二元叙述模式，从中可以看到一些对立的关键词。第一组对立的关键词是喇叭与粮食，即如何处理"听广播"和"吃上饭"的关系问题，延伸之就是广播网应该是根据消费力区分出售的"市场产品"还是普惠甚至免费的"公共产品"；第二组对立的关键词是"广播网"与"黑剧团"，即地方的文化娱乐资源的投入方向问题。报告中认为广播网中宣传的是共产党普及的现代价值观与意识形态，而"黑剧团"则是落后价值观

---

[1] 中央广播事业局. 农村广播网调查报告选编（1969年3月）[R]. 山东省济宁地区革命委员会政治部翻印，1969年5月.

和意识形态的鼓吹者。很显然，撰写报告者认为相较于"黑剧团"，更应该支持以广播为代表的普惠公共产品，更需要生产符合现代社会主义、共产主义价值观的文化产品，摒弃封建落后的文化产品。

这种二元叙事模式，以极其整齐划一的方式指出大力建设农村有线广播网是正确的、革命的，而其反面则是错误的、需要批判的，甚至将农村广播网的所有倒退都归罪于错误路线——这一涵括了"活命哲学""洋奴哲学""爬行主义""取消主义""官办广播""贪大求洋""修正主义"等无数话语的错误政治光谱。同时，这种话语层面的反对，也直接鲜明地指出了行动的目标：要发动力量建设农村有线广播网，让普通农民都能进入公共广播网络中，让普通农民也能够了解政治、参与政治、熟知毛泽东思想。对于任何阻碍目标实现的主体，这种话语也剥夺了他们发言的权力，用话语批判的方式来排除建设的阻力。

山西省襄垣县革命委员会在其农村广播网建设实践中，也记录了用这种话语策略来争取资源的经历：

> 不少领导同志说："今后再不抓广播，这笔账就要往我们身上记。"为此，县革委会因势利导，把大办农村广播，作为重要的政治任务，当作根本来抓，彻底扭转了过去广播在党政部门挂不上号的局面。有了高度的认识，就会有高度的自觉……我县建设农村广播网的道路是不平坦的，遇到了许多曲折。三级革委抓广播，有人错误地认为是"小题大作"，三级武装管广播，也有人说是"不务正业"。为此，我们在建设农村广播网的过程中，把革命大批判贯穿始终……[1]

在舆论空间中将支持农村有线广播网建设视为政治正确之后，真正的建设需在各地落地。实际上，在"大办广播网"浪潮中，推动有线广播网络能够得以快速建设的是各地革委会的"一元领导"。当时，在全国范围内的各县革委会、公社革委会、生产大队都成立了"广播网建设领导小组"，使得各个层级的有线广播网都有人负责。以山东滕县（今滕州市）为例，"县革委除了有一名副主任、一名委员分工抓广播，并吸收政工、邮电、物资、广播等部门参加

---

[1] 襄垣县革命委员会.立足战备、大办广播，让战无不胜的毛泽东思想最迅速地传遍千家万户[R].山西省广播工作会议秘书处印,1970年.

组成了广播网办公室,负责解决农村有线广播建设中的具体问题",[1]这样的安排设置使得众部门可以协力办好广播网。从云南省碧江县"大办广播网"运动中参与各方的状况,可以看出以革委会为中心的"举县体制"的强大力量:

> 1975年省农村广播网管理处拨出专款2万元,帮助碧江建设广播专线,县革委于6月8日发出关于成立"碧江县农村广播网指挥部"的通知,由工交、邮电、商业、水电、县广播站等单位负责人组成会战指挥站,同时各公社成立相应的领导小组。物资部门积极配合,保证会战的供应,架设由邮电、广播、水电部门负责。架设专线所需弯钩瓷瓶、铁线器材由国家负担;电杆由受益的公社、大队、小队负责。[2]

县革委会除了组织、协调既有的物资资源,还激励各方参与到新物资的创造中去,如滕县在遇到广播喇叭缺货情况时,就通过县革委会牵头,联合县内各工业生产部门自主生产出了喇叭:

> 县革委根据毛主席"穷则思变,要干,要革命"的教导,把县革委所在地八个工厂的有关老工人,请到县革委召开了"诸葛亮会"。县革委负责人亲自把拆开的喇叭零件一样样的摆在桌子上,请有关工厂自选任务。造纸厂拿去了纸盆、纸边;农机厂拿去了舌簧、杠杆;标件厂拿去了螺丝钉和喇叭壳。农机修配厂没有抢到任务有了意见说:"我们也得为大办广播出力呀!"最后,把生产支线变压器的任务交给了他们。[3]

在缺乏建设广播网材料的情况下,鼓励各地因地制宜、寻求办法,即发挥地方的积极性,许多广播材料短缺的问题是通过地方自主工业来解决的,甚至在农村的生产大队中也开始了部分广播器材的制作,广西省北流县(今广西壮族自治区北流市)、河南省中牟县与吉林省汪清县就根据当地的需求进行了地

---

[1] 中央广播事业局.农村广播网调查报告选编(1969年3月)[R].山东省济宁地区革命委员会政治部翻印,1969年5月.

[2] 怒江傈僳族自治州地方志办公室.怒江傈僳族自治州志:上册[M].北京:民族出版社,2006:759.

[3] 中央广播事业局.农村广播网调查报告选编(1969年3月)[R].山东省济宁地区革命委员会政治部翻印,1969年5月.

方探索：

> 老庞带领有关人员……经过实践检验，用竹竿代替钢筋生产的电杆抗折性差，不能采用。老庞肯定广播职工的敢闯精神，又及时进行引导，指出既要讲干劲又要讲科学，不能做劳民伤财的事。用废旧钢丝绳生产的电杆质量符合要求，材料容易采购而且成本低，可以大力推广，老庞就组织北部的几个乡镇建起了生产点大力生产……此外，老庞还在县城建起了用废旧钢丝绳生产水泥电线杆的基地，生产质高价廉的产品供应给各乡镇使用。到1975年底统计，全县生产水泥杆一万多条、石头杆一千四百多条，建成镇村广播专线两千公里以上，安装广播喇叭八万六千多只，占全县农户总数的70%。[1]

> 那年代喇叭奇缺，买不到。他们用紫铜线做成焊接用的火烙铁，把子弹壳砸平制作成喇叭传动片，用纺花车代替绕线机，缠制喇叭线圈，大头针做喇叭的舌簧传动针；破铁锨头制成上下盖铁和马鞍铁。舌簧喇叭试制成功后，大队办起了临时加工厂，一个月就制作、修复280多只喇叭。马家、三官庙、王庄、念卢等大队都是采用这个方法实现家家通广播的。[2]

> 但根据邮电部门的意见和广播事业发展的需要，传送广播信号必须做到专线专用。县广播站为了解决这一问题，全站技术人员同心协力试制成功了"离芯水泥广播杆"。省广播厅1965年在汪清召开了全省广播工作现场会，这一成果受到省广播厅和与会同志的肯定和赞扬。1969年成立了"汪清县广播站水泥杆厂"，正式投产后逐步实现了从县站到公社广播站区间的主干线路水泥杆化。县广播站生产的水泥杆还销往珲春、龙井、图们等地。[3]

通过地方力量实现一部分广播网器材的本土制造，背后的历史条件是从60

---

[1] 政协北流市委员会.北流文史：第31辑[M].2015：120.

[2] 政协中牟县文史资料委员会.中牟文史资料：第10辑 基础设施建设专辑[M].2001：308.

[3] 政协汪清县委员会文史资料办公室.汪清文史资料：第4辑[M].1996：29.

年代中期开始，地方工业开始被重视，中央鼓励"就地取材、就地生产与就地销售"。一系列政策配套也向地方倾斜，如从1966年起，中央政府在基本建设计划、物资使用、工业交通企业财务管理方面试行一些新办法，允许地方统筹安排一部分小型建设项目，同时大量中央企业被下放到地方，扩大了地方的经济管理权限。同时中央还鼓励县办企业的建设，不仅在两三年内可以享受优惠政策，还可将一定比例的利润留在本县。[1]在这种情况下各地兴办起包括小钢铁、小煤炭、小化肥、小水泥、小机械在内的"五小"企业，同时"三线建设"以及各地兴起的"小三线建设"将区域性的发达技术转移到欠发达地区，客观上造成了工业技术的扩散和普及。到了1971年，全国已有半数以上的县建起了"五小"企业，同时农村社队工业的规模也逐渐变大，工业门类日益增多，社队工业总产值由1971年的92.56亿元增加到1978年的381.97亿元。[2]

地方工业的发展引起了中国工业结构的变化，并形成了一系列围绕农业生产的工业生产线，如以农具、水泵、水泥为主的水利排灌支农线，以电机、变压器、电线为主的农用动力支农线，以磷肥、化工为主的化肥农药支农线等。这都使得中国农村的电气化程度空前提高，如1975年底中国农村的小型水电站达8万个左右，比1964年增长了近10倍，农村用电量（不包括农村的全民所有制单位用电）也比1964年增长了5倍多。[3]同时，在此期间地方电子工业也有了长足的发展，1966年到1976年间，全国地方电子工业投资9.56亿元，各省、自治区、直辖市普遍建立了电子工业。1976年，地方企业产值比1966年增加了12.5倍，承担起了绝大部分电子基础产品的配套任务，"如1976年地方电子企业生产的19.8亿只电子元件，占全部产量的88%；生产半导体器件3.5亿只，占全部产量的95%；电子管900万只，占全部产量的57.7%；生产的收音机、电视机分别占到全部产量的98%和97%"。[4]

可以看到，地方电子工业无论是在投资上还是在产值上，均在20世纪70年代有了长足的发展。尤其是在1969年电讯工作会议号召"大办电子工业"后，一些地区新建了大批的电子工业，以贵州省为例："1969年贵州在'大办电子'的热潮中，利用像章厂、省山地农机所、省粮食学校、邮电系统维修部门、省广播电台维修车间及贵州大学校办工厂等单位的基础，新建立了一批电子工业

---

[1] 马泉山.新中国工业经济史：1966－1978[M].北京：经济管理出版社，1998：313.
[2] 焦光辉.探索：经济体制的演变与博弈[M].西安：陕西人民出版社，2014：315-316.
[3] 陈东林.1966－1976年中国国民经济概况[M].成都：四川人民出版社，2016：125.
[4] 郭国太，曹日兴.中国电子工业结构研究[M].太原：山西经济出版社，1994：40.

厂、点……据1970年统计,电子企业有53个,职工增加到3039人。使贵州地方电子工业初具规模,改变了遵义电子仪器厂一枝独放的局面。"[1] 很多地区的电子工业的发展,和本地农村广播网的建设息息相关,广播相关器材——如扩大机、电唱机、收音机、喇叭、话筒等,成为和人们生活关系密切的电子产品。如从1968年起,为普及和发展农村广播事业,安徽省成立了普及农村广播网办公室,宿州、肥东、怀远、六安、阜阳、滁州、天长、屯溪、全椒等县、市陆续建立了无线电厂。[2] 贵州铜仁地区的无线电厂也是这样建成的:"1969年2月18日,地革委作出《大力发展农村,争取两年左右普及农村广播网的决定》,决定新建1个无线电厂,生产农村急需的半导体二用机、三用机、喇叭及其他零件。"[3] 江西省九江市无线电一厂成立于1968年,其最初的产品为以舌簧喇叭和扬声器为代表的电子元件,"1968年试制成功舌簧喇叭,共生产10万只。1970年起,生产201、204型号的扬声器20万只"。[4]

关于广播电视对于地方电子工业的促进作用,云南省《电子工业志》副主编冯国清如此描述:

> (《当代中国的电子工业》)该编辑部的同志发言说:1969年10月的会议后电子工业有发展、有失误;前电子工业部刘演副部长说:"广播电视对发展电子工业起了很大作用。各省、地区各有各的特点,起步情况也有不同……。"这个讲话的精神符合云南电子工业发展情况。1970年2月成立了省革委"三电"(注:指的是电视、电影、广播)领导小组办公室,就电讯工业工作会议提出的"一厂一件,百厂成线,一厂一角,百厂协作"的精神,提出"大办"电子工业,要求每个地(州)都要建"三电修造厂"。并由省电信局、广播事业局、机械工业局等单位抽调专人抓布点工作。于是一个"敢想敢干、土法上马、大搞会战、大打人民战争",大办电子工业的热潮很快在全省兴起,在1年左右办了53个厂(点)。虽然到1985年底前,经过调整后巩固下来的不到50%。但是,广播电视的发

---

[1] 贵州省地方志编纂委员会.贵州省志:机械电子工业志[M].贵阳:贵州人民出版社,1988:99.

[2] 当代中国的安徽编辑委员会.当代中国的安徽:上[M].北京:当代中国出版社,2009:337.

[3] 中共铜仁市委党史研究室.中国共产党铜仁地区历史:1921—1978[M].北京:中共党史出版社,2012:434.

[4] 九江市地方志编纂委员会.九江市志:第2册[M].南京:凤凰出版社,2004:373.

展对云南电子工业技术的进步，起了积极的奠基作用。[1]

如此，通过各部门的通力合作，建设农村广播网所需的大量物资、资金、人力得以解决，并形成了一种基于农村生产消费的经济循环——发展农村广播网既为人民公社下广大的农村和农民提供了媒介信息工具和公共文化产品，同时也为地方工业尤其是电子工业的发展提供了巨大的市场。

2.农村广播网的维护："赤脚广播员"队伍的建设

相比于20世纪50年代末的广播大跃进来说，20世纪60年代末开始的"大办广播网"热潮显然更具有生命力，建成的农村有线广播网在较长的历史时间里服务于中国乡村，成为而今出生于中国乡村的"50后"、"60后"和"70后"的集体童年与青春记忆。通过广播线路，全县各公社、生产大队和社员家庭中的喇叭被连接起来，其基本的技术流程是：

> 当县广播站转播中央人民广播电台和省、市人民广播电台的重要节目时，首先用收音机从接收到的无线电信号中取得音频信号，经过控制台送入扩音机。在播送自办节目时，将话筒、电唱机或录音机输出的音频信号直接送入控制台，再送入扩音机。扩音机将微弱的音频信号放大为较高的音频电压（如120伏）和较强的音频电流，通过广播线路将电压较高的音频信号分送到各公社广播站……公社广播站的扩音机将县广播站送来的音频信号再次放大到很高的音频电压（如240伏）和很强的音频电流，通过广播线路分送到各大队……经过大队的线路变压器，将馈电线路的高电压降低到适合喇叭所需要的工作电压，由低压分支线将音频电力送到每个生产队田间喇叭和社员家中喇叭。"[2]

---

[1] 云南省地方志办公室，云南省林业厅史志办公室.省志求索[M].昆明：云南大学出版社，1992：226.

[2]《农村电工》函授教材编写组.上海市业余函授教材 农村电工：下册[M].上海：上海人民出版社，1977：172-173.

第五章 信息网络的乡土实践：广播网深入社、队、农户

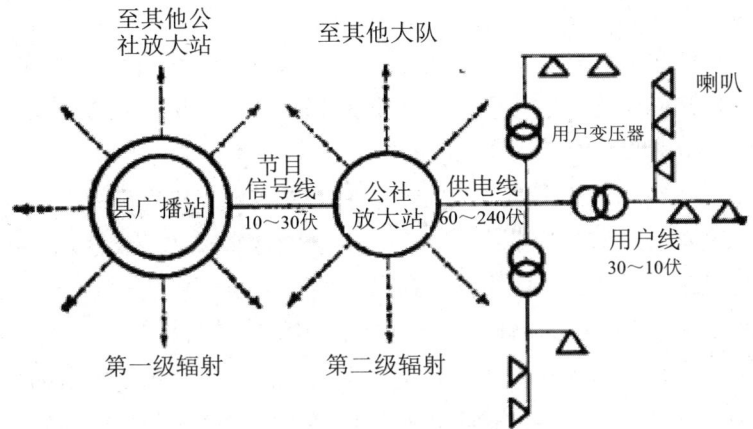

图 5.1 从县到公社再到农户的农村广播网示意图[1]

从上图可以看出，农村有线广播网通过物理线路穿越广袤的空间，将声音传递到农民的耳中，但物理线路如同整个广播网系统的"阿喀琉斯之踵"，一旦某一段线路遭到破坏，就会影响到较大范围的广播使用，这种因某段线路受损而导致一小片区域广播网瘫痪的状况屡见不鲜：

> 今年（一九六九年）五月，南萍传达"九大"精神的有线广播大会，由于太阳公社个别大队社员在广播干线上搭挂喇叭，造成昌化区的一半以上公社广播不通。最近，县革委会召开的批判方剑文有线广播大会。在大会刚要开始之前，突然高虹线路搭线，造成横畈、高虹、龙门三公社全部不能转播。平时由于玲珑山、藻溪、太阳等公社有的社员私搭喇叭而造成于潜、昌化两区广播中断的情况也屡有发生。[2]

除搭挂喇叭外，施工、自然灾害等情况都有可能影响有线广播网的正常运营。在60年代前后，架设和维护广播线路基本上还是依靠广播技术专业人员，但由于有线广播网辐射范围广阔，有限的专业人手难以即时有效地保证全网的畅通。在20世纪60年代的第一个五年，中国农村广播网经历了"整顿"与重新恢复后，县级广播站得到了巩固，公社转播（放大）站逐步建立，在一些地区甚至开始向农户发展，实现了广播的"家庭收听"。"大办广播网"之后，广播

---

[1] 杨正文. 通信明线技术问答[M]. 北京：人民邮电出版社，1983：196.
[2]《临安市广播电视志》编纂委员会. 临安市广播电视志[M]. 北京：中国文史出版社，2009：288.

网络的拓展必然面临着维护的难题,即县、公社、大队、生产队各级组织如何负责有线广播的顺利运转。由此,各地开始了农村广播网的维护管理制度的探索。一些乡村建立了公社、大队、生产队的三级广播网维护管理制度,通过各层级人员的设置来保证广播网的通畅。

根据新华社1969年的报道,河北省行唐县通过成立"办广播委员会"的方式,负责管理有线广播网的工作,这个委员会"建立了业余维修队伍,依靠群众维修广播线路和设备。全县从公社到生产大队、生产队共有维修员九百多名,他们都是政治思想好、有一定维修能力的贫下中农。公社定期对他们进行训练。现在做到了修理扩大器不出社,修理喇叭不出队,保证了线路畅通喇叭响"[1]。以浙江省平湖县(今平湖市)1965年有线广播网的运作为例,我们可以看到县广播站与公社广播站的经费使用和分工等情况,喇叭收听费总收入的60%给公社转播站,"支付亦农亦工线务员、转播员报酬,机器、网路维修,设备添置以及日常开支等",县广播站分成40%作为管理费用,用以负责"县到公社高压线维修架设、机器设备添置和日常行政开支"。县广播站的主要任务是负责县域内的广播内容制作、从县城到公社的高压线路管理,以及进行机线辅导、技术训练、提出发展规划等业务领导工作。公社广播站的任务则包括:

(一)遵守宣传纪律。保证做好县站节目的转播工作,公社转播站一般不自办节目,如需开广播大会或搞说唱节目,须经公社党委负责同志审查批准,以更能正确宣传党的方针政策,防止宣传事故发生。

(二)负责公社以下线路维修管理和发展工作。

(三)做好喇叭收听费工作。[2]

就这样,农村有线广播的维护工作也逐渐下放到了人民公社,由公社配备亦农亦工的线务员、转播员来从事农村线路维护、农村喇叭安装等工作。这样就解决了农村广播线路散落在乡间,靠极少的专业人士无法管理好的难题,也使得"大办广播网"并没有沦落到修建时轰轰烈烈、维护时困难重重的局面,下述就是几个比较典型的乡村有线广播网维护经验:

---

[1] 新华社.我国城乡革命人民认真落实毛主席的伟大指示,自力更生艰苦奋斗建成强大的农村有线广播网[N].西藏日报,1969-9-19.

[2]《平湖市广播电视志》编纂委员会.平湖市广播电视志[M].杭州:浙江人民出版社,2007:287.

大队放大站建立起来了,农村广播喇叭迅速增加,但是由于当时技术力量不足,缺乏经验,广播网路质量不高,管理制度不完善,因而线路扯生落地,地线安装不深,电杆不正甚至倒伏等现象时有发生。致使喇叭声音时断时续,音量时大时小,音质时沙时尖。为了进一步巩固发展农村有线广播,从一九七二年下半年起,逐步建立和健全了公社、大队、生产队三级管理制度,并分别成立管理领导小组。规定公社至大队的广播线路,由公社和大队共同管理,以大队为主;大队至生产队的广播线路由大队和生产队共同管理,以生产队指定专人负责为主;入户线路由生产队发动群众自己管理。每月检查一至两次。[1]

过去,由于只靠少数专业人士来,浑身是手也捂扎不过来。广播管理员说:"爬了东杆,上西杆,按下了葫芦,瓢起来,浑身是手也捂扎不过来。"贫下中农对此很有意见,说:"累断了广播员的腿,喇叭照旧经常不张嘴;我们要管,你们又不让管。"……现在……认真管理了起来,许多大队都在大队革委会的直接领导下建立了业余广播管理小组……一般有二到三名业余广播管理员,都是已经过贫下中农挑选的出身好,思想好的农村知识青年。他们多是利用业余时间,维护本村的广播线路,为社员修理广播喇叭,宣传毛主席的最新指示,组织社会收听广播,并为广播站写稿,既当修理维护员,又是收听宣传员、通讯报道员。[2]

从上面的论述可以看到,广播线路管理的难题早已有之,"大办广播网"之后所选择的解决策略是将广播线路维护的任务分发给群众,这些在当时被称为业余维修队伍、赤脚广播员、赤脚线务员的农民群众成为乡村广播维护的主体。"赤脚"这一名词来自中国的赤脚医生制度,赤脚医生指的是在乡村医疗人才匮乏的状况下一些半农半医的卫生工作者,这一群人支撑起了20世纪的乡村基层医疗。赤脚广播员、线务员也是同理,这些人依然从事农业生产,兼职做广播相关业务。从浙江平湖县记载的史料中,可以一瞥他们的日常工作和经

---

[1] 中国人民政治协商会议灵山县委员会文史资料委员会.灵山文史资料:总第6辑[M].1991:52.

[2] 临安市广播电视志编纂委员会.临安市广播电视志[M].北京:中国文史出版社,2009:8.

济收入状况：

> 1966年以后，秀溪、南桥、林埭、前进、共建等公社广播站相继建立了"赤脚线务员"队伍。人选由大队确定，广播站负责业务培训。每年冬、春两季，由公社广播站组织他们参加全公社的网路维修工作。线务员的报酬一般都由所在大队评工分，站里只发给每人每日1角至2角的菜金补贴，有的站发给1.00元至1.20元的误工补贴，让他们回队里买工分。1969年末，全县共有大队"赤脚线务员"142人。1974年8月，县委在《关于进一步加强新闻报道工作的决定》中指出："在公社和大队要建立一支以贫下中农为主体的广播工作队伍和维修管理队伍，把农村广播网管好。"是年末，全县264个大队已有"赤脚线务员"257人。[1]

就这样，由农民兼职的"赤脚广播员"成为乡村广播维护的主体，广袤乡间的有线广播进入了制度化的日常运营之中。这种依靠不脱产的农民兼职进行乡村事务管理的方式，是人民公社体制下基层治理的基本方式。除了这些广播员，社、队、组的干部都不脱产，实行误工记工和定额补贴制度计算劳动报酬。这样的方式保证了农业劳动力的人口需要，同时降低了乡村治理的人力成本，也是人民公社"工农军学商"综合发展体的必然要求——因为农民不仅是农业生产从事者，他们也可以成为乡村民办教师、广播员、社队工业工厂的工人。人民公社逐渐成为乡土社区综合发展的体制依托，人民公社中的农民也需要随之不断地进行角色身份的转换。

"赤脚广播员"的出现，意味着一些农民成为拥有电子工业相关知识的技术人才，也表明人民公社试图依靠群众路线而非依靠专家来进行有线广播网的建设与维护。这种拥有一定电子工业基础知识和技术能力的群众，在各地能够广泛地出现，并不是偶然的，它和六七十年代中国乡村的一系列变化相关。首先，从20世纪60年代调整城市与乡村关系以来，乡村拥有了前所未有的充盈的知识人才储备，尤其是掌握知识的青年数量增多。《人民日报》1963年的一篇文章就讲述了许昌东三十五里的五女店公社在新中国成立前后地方人才数量的变化：

---

[1] 平湖市广播电视志编纂委员会.平湖市广播电视志[M].杭州：浙江人民出版社，2007：191-192.

许昌东三十五里的五女店公社是一个大镇,人口四千三百二十人。解放前,全镇只有一人上过大学,五人受过中等教育,百十人读过小学。扫除文盲后,现有阅读书报能力的农民五百二十一人;近两年回乡的知识青年三百六十二人,下放职工一百九十七人。以上总计一千零八十人,占全公社人口的四分之一……村里三十岁以下的青年农民,不识字的是少数。[1]

地方识字人口数量的激增,最重要的原因是新中国成立之后的"扫除文盲"运动和基层教育工作的发展,尤其是在人民公社时期,人民公社主动承担了发展本地教育的任务并稳定地对教育进行投入,这使得"1966年至1976年,中国农村教育得到了较快的发展,实现了'大队办小学、公社办戴帽初中'的办学格局,'戴帽初中'是指在初中附设高中班。在相当一部分地区,甚至形成了'生产队办小学、生产大队办初中、公社办高中'的办学模式"。[2] 这种对乡村教育的持续投入,使得全国农村小学的数量从1962年的63.7万所增加到1965年的162.5万所,随后又有所回落,但在整个70年代农村小学的数量维持在88.3万－105.7万所之间。农村初中学生占所有初中生的比例在1962年是37.1%,之后这个比例持续增加,在整个70年代比例维持在68.3%－77.8%之间;农村高中生的比例增长走向也大致相似,在1962年所占比例为7.8%,但整个70年代农村高中生的比例维持在48%－66.1%之间。[3] 当然,60年代控制城乡人口比例之后,被精简的人口重新回到乡村,同时农村出身但并未能够通过高等教育进入城市生活的知识青年也被安排返回乡村,再加之以后的城市知识青年上山下乡运动又向乡村输送了不少受过教育的青年。这些都促成了乡村人口素质的新变化,这些人也成为此后乡村建设的重要力量。

在这段历史时期,对于农民的"技术教育"也前所未有地增加,此处的"技术教育"既包括通过课本、教科书、培训、实践等方法让农民掌握特定的技能,同时也包括促进农民对技术与人类关系的认识,即从"技术哲学"层面让农民

---

[1] 叶遥,杨昌凤,艾克恩. 变化和要求:河南农村文化生活见闻[N]. 人民日报,1963-3-25.

[2] 刘惠林. 提高农村人口素质的公共财政政策研究[M]. 哈尔滨:黑龙江人民出版社,2017:71.

[3] 中国教育年鉴编辑部. 中国教育年鉴:1949－1981[M]. 北京:中国大百科全书出版社,1984:1022、1006.

反思自我主体性与技术之间的关系。前者主要是通过学校教育体系得以实施，"文化大革命"直指教育制度的革命，在1966年8月8日中国共产党八届十一中全会（扩大）通过的《中国共产党中央委员会关于无产阶级文化大革命的决定》中指出，"改革旧的教育制度，改革旧的教学方针和方法，是这场无产阶级文化大革命的一个极其重要的任务"，因而在1967—1968年间，全国各省、自治区、直辖市相继成立了中小学教材编写组，地区、县（市）则由负责文教或政工的部门着手自编各地使用的课本。其中，理科教材强调"理论联系实际"的原则，在物理教材中配合"电磁"原理的实践内容通常为"有线广播"。[1]

而在"技术哲学"层面对农民的教育，通常是以"活学活用毛泽东思想"为主题的，即用毛泽东的唯物辩证法来处理与陌生技术之间的关系，"打破害怕与机器打交道的心理"，也帮助农民克服了对陌生事物的恐惧。湖南省江华瑶族自治县小鲁桂公社广播员曾广凤如此表述用毛泽东思想来办好广播的经历：

> 我刚调到公社当广播员时，开始什么也不懂，工作非常被动。一进广播室，我就吓了一大跳。什么大箱子，小盒子，长条条，方块块，名堂真多。连机器的名称我都叫不上来，哪里还晓得放广播呢？第一天，刚一拨弄，就把机器的指示灯搞坏了，吓得我再也不敢动了……毛主席教导我们说："人们要想得到工作的胜利即得到预想的结果，一定要使自己的思想合于客观外界的规律性，如果不合，就会在实践中失败。人们经过失败之后，也就从失败取得教训，改正自己的思想使之适合于外界的规律性，人们就能变失败为胜利。"毛主席又说："无论何人要认识什么事物，除了同那个事物接触，即生活于（实践于）那个事物的环境中，是没有法子解决的。……你要有知识，你就得参加变革现实的实践"……我在机器面前，由开始完全处于被动地位，慢慢地转为主动，使机器逐渐地听从我的使唤了。[2]

"你要有知识，你就得参加变革现实的实践"，这句毛泽东的话也出现在各种教材之中，它鼓励人们积极参与实践，不用因失败的实践而自我否定，通过不断地实践获取知识，再进入实践之中进行检验，最终成功地改造世界。也由

---

[1] 段发明.新中国"红色"课本研究[M].北京：知识产权出版社，2015.

[2] 曾广凤.毛主席的光辉哲学思想指引我努力办好广播[N].农村广播网简报，1970-12-18（9）.

此，农村学校中的理工科教材也是以实践为导向，以此实现日常生产实践与知识获取掌握的相互促进。1976年广东省中小学教材编写组所编写的《农村有线广播》就是一个比较典型的例子，其中设置了大量的实习栏目，如：

实习一　为贫下中农修理舌簧喇叭
〔目的〕培养学生为贫下中农服务的思想，掌握修理喇叭的基本技能，进一步了解舌簧喇叭的结构和工作原理。

〔器材〕万用表一块（或电池一节），备用的纸盆、线圈、舌簧片、大头针（代传动杆用）等零件若干，电烙铁或火烙铁一把，尖嘴钳一把，剪刀一把，焊锡、焊剂、砂纸、胶布、导线等材料适量。
…………

〔讨论问题〕
在修理喇叭过程中，你遇到的损坏喇叭最多的原因是什么？能不能提出相应的防护措施向群众宣传？[1]

正是在基层知识群体增加、技术能力增强的背景下，在这一历史时期出现了大量广播技术的新探索。这种探索背后的深层动力是解决一些萦绕不去的矛盾，即借用电话线路播送广播所造成的广播播音和电话通话之间的互相干扰。要解决广播、邮电之间的矛盾有两种方案，一是建设广播专线，二是通过载波技术实现一线同时多用。尽管这两种方案在各地均有所实践，但广电部门在60年代提及更多的是建设广播专线。在60年代末、70年代初之所以又开始了"载波会战"的热潮，是因为在1969年林彪下达《关于加强战备、防止敌人突然袭击的紧急指示》后，全军全党处于战备状态，载波技术可以保证电信信息传播的同时不间断广播播音。它通过频率分割的方式增加信号通路，以实现广播和电话能够在同一线路上同时进行传播。用载波的技术在50年代末就有尝试，以解决农村广播干扰通信的问题，如广东省广播事业管理局在1961年就决定在全省推广"载波有线广播"，解决电话通话与广播的矛盾。[2] 在1970年初，中国人民解放军总参谋部向全国推广山西省阳高县、长子县在电信线路上开设载波

---

[1] 广东省中小学教材编写组. 农村有线广播[M]. 北京：人民教育出版社，1976：13-14.
[2] 华南文工团（肇庆）同志. 情系荷乡六秩秋：华南文工团儿女在肇庆[M]. 2010：56.

广播实现"广播、电话、警报"一线三用的经验。广播载波化成为地方战备的一种措施，其中处于边防位置的省份更是将其当作重要的战备建设，以吉林省汪清县为例：

> （1970年3月）省广播、电视、通信战备会议后，我们就集中力量搞载波……我们对线路情况作了具体分析，研究出了具体方案，制做了传送警报信号的设备……很快就实现了县到各公社的线路一线三用，即广播、电话、警报三畅通。这样，县战备办公室在屋里一按电钮，全县各公社的警报器在一、两秒内就能发出信号，可以更有效地对付敌人的突然袭击……此外，在少数民族地区，还需要同时传送两种语言。在现有条件下，解决这一系列问题的有效途径，就是一线多用。[1]

在这样的思路之下，当地的线路能够达到一线五用——包括实线电话、载波电话、汉语广播、朝语广播和警报，乃至七用——包括电话、汉语广播、朝语广播、遥控开闭、汉语监听、朝语监听、警报信号。可以看到，这些对于既有线路的改造全部要依托于地方资源得以实现。因为地方资源是有限的，因而载波广播与广播专线这两套不同的发展方案势必在一定时间范围内产生竞争，在一些地区为了投入载波化而中断了广播专线的建设，以陕西省为例：

> 1971年在陕西省军区参预[注：应为"与"]下，陕西省广播事业管理局与陕西省邮电管理局等单位组成"载波化指挥部"，由各县电信、广播部门的军管会和县武装部强行贯彻，两年内全省县（区）广播站基本实现载波化。已建成的广播专线有的改成"三网"共用线路，产权交给邮电部门；有的被拆除；有的作"战备线路"被搁置废弃。广播专线也因此停止建设。[2]

随着载波化在实际运作过程中导致的信号混乱和通信无序，其最终并没有能够取代广播专线。1973年10月中央广播事业局在天津召开全国广播事业发展

---

[1] 吉林省汪清县广播站、电信局. 思想落实战备、设备适应打仗：从实战需要出发革新设备试验一线多用 [N]. 农村广播网简报，1970-12-3（7）.

[2] 陕西省地方志编纂委员会. 陕西省志：第69卷 广播电视志[M]. 北京：中国广播电视出版社，1993：330.

规划座谈会，会议再次重申要建成以县广播站为中心，公社放大站为基础，以专线传输为主的质量高、效能好、适应战备需要的农村广播网的要求。尽管载波化运动以失败告终，但它与农村有线广播网的建设、运营实践一起，展现了中国20世纪六七十年代所提倡的一种技术革命精神——消除对技术的畏惧，鼓励普通人参与到对技术的学习、使用、应用、维护中来，提倡一种勇于尝试、勇于试错、勇于奋斗的精神状态，最终让机器为我所用。

三、农民表达与乡村后勤：广播"嵌入"下的农民日常生活

1. 农村广播中的"复调"声音："土记者"与"样板戏"

在20世纪60年代末期和70年代，整个中国农村建立了一整套有线广播传播系统，使得县、公社、生产队、农户通过广播串联了起来，这也是中国历史上第一套县域以下的大众媒介传播系统。其中，公社广播站是在人民公社化运动之后普遍建立的，是县广播站之下的服务于乡村社区的电子媒介。从一些回忆文章中，可以看到公社广播站在当时起到的作用：

> 那时全县有线广播已经形成了初步的网络覆盖，全县各个公社都能普及……当时就一套有线广播扩大设备，接收县里边的有线广播信号，经信号扩大后传到乡里边的各个村庄，机房还配备有直播话筒，用于开临时性的广播会，传达各式各样的文件通知等……当时正是有线广播发展高潮，家家户户都安装有线广播。人员配备有两个外线员、一个机务人员，还有我负责采编播，外加一个站长共五个人……公社不管布置什么生产、学习任务，都要通过有线广播传达下去……不过当时公社领导很注重宣传，每次下乡开会、调研，都打电话叫上我，回来写出新闻稿，送到县里的广播站播出。那时候我们有一个口号就是"中不中，只管塎（音weng，开封方言，意思是稿件不管采用不采用，只管努力向县里报送）"，打电话，亲自送，谁要上县捎几封。[1]

有些公社广播站和大队广播站除转播中央、省电视台、县广播站节目外，还利用广播站召开会议、发通知，把农村播种、插秧、中耕、收

---

[1] 中共开封市委党史研究室. 开封改革开放口述史[M]. 北京：中国文史出版社，2016：92-93.

割的季节和水稻管理技术都在有线广播站广播，起到了催耕催种作用。同时，上级要搞什么运动都利用广播召开电话会议，宣传贯彻。县人民礼堂演出粤剧、歌舞时县广播站还到现场录播。[1]

显然，公社广播站的人员包括线务、机务、采编人员，形成了一个包括信息渠道维护、内部机器管理、内容采访编写播音的小型媒体团队。同时，公社广播站起着上下信息对流的作用：一方面县广播站的内容通过公社广播站得以向全公社传播；另一方面，公社广播站起到本地信息与外界沟通交流的作用，采编人员采访本地新闻或制作本地广播内容，投稿给县广播站及其他媒体。另外，公社广播站作为一个部分自主的新闻传播机构，服务于本地社区，例如在公社内部传达信息、传达文件通知、布置生产学习任务等；或在公社内部进行大规模社会动员，如"开广播会"等；或对本地新闻进行采访编辑并就地传播。

在一些有条件的大队或者生产队中也出现了广播站，这意味着大队和生产队也可以利用广播室进行如上的活动，既可以指挥本地的生产、传达本地消息公告，也可以向社员们广播公社广播站、县广播站的内容。农村有线广播网逐渐变成一个容纳"复调"的媒介渠道——地方声音与国家声音都可以凭此进行传播。

县域之下的有线广播之所以能够有效维系，除了专业的广播工作人员的努力，最重要的是广播内容生产方式的变革——"文化大革命"之后，公社广播站、大队广播站的内容生产也逐渐从由广播站采编人员生产，转变为"群众办报"的通讯员投稿提供内容的模式。这些俗称为"土记者"的业务通讯员们，为地方广播提供了大量的内容，从而激活了农村广播网的运转，使其不至于沦为一个转播工具。复旦大学新闻系的《新闻学小辞典》对"土记者"的定义是：

> 无产阶级文化大革命中涌现出来的社会主义新生事物，是无产阶级新闻队伍中的新鲜血液，他们是工厂、农村、部队基层报刊、广播站的业余的新闻工作人员，又常是上级报纸、电台的通讯员。"手上有老茧，脚上有泥巴，白天搞生产，业余搞写作"，这是土记者的特点。他们在所在单位党组织的领导下，运用本部门的宣传阵地与工具，宣传马列主义、毛泽东思想，宣传党的基本路线和政策，用社会主义占领思想文化阵地，

---

[1] 广东省四会市政协文史资料委员会. 四会文史：第33辑[M]. 2016：31.

是无产阶级的舆论战士。[1]

在对曾经担任过"土记者"的倪宁的访谈中,作者这样叙述"土记者"的兴起过程:

> "土记者",是20世纪60年代末、70年代初很时髦的名称、很被推崇的行当、很被尊重的"职务"……1968年9月1日,《人民日报》发表了毛泽东主席关于新闻宣传的重要指示,号召"不应当少数人关门办报,要群众办报"。鼓励群众写稿。因此,应运而生了一批业余写稿的人,现在叫通讯员,那时称"土记者"。因当时写稿的人很少,这些"土记者"很被群众关注、很被领导推崇。这些"土记者",当年大都是完小、初、高中毕业生,刚刚步入社会,年龄在十六七岁至二十多岁……"土记者"们都是业余写稿,白天与农民们一样干活,晚上或中午及不能干活的阴雨天采访、写稿……[2]

可见,"土记者"源于乡村中的识字阶层,是在"群众办报"的理念之下被吸纳入新闻生产之中的普通劳动者。以玉田县的第一次"土记者"学前班为例,参加学习的除了一个在校生,还有"桥公社南会村的仇长生、林东公社三渠庄村的唐山知青朱学海、刘学庄公社潮云铺村的北京知青李建华、林东公社前街村的解宗荣",[3] 可见"土记者"的主要成员包括出身农村正在读书的学生、农村中识字的农民、上山下乡运动中进入农村的知识青年等。要做好"土记者",意味着要从农民的日常生产生活中获取新闻写作的素材,所以"土记者活跃在支部的会议上,社员们干活的田间地头上,与干部群众打成一片,同样参加劳动,只不过是把发生的事情记在心里,休息时,拿起笔一一地记述,写成新闻稿件,可在大队广播室,宣传报道,还可以投向公社广播站,重点新闻投向县或省级电台"。[4] 许多"土记者"是当时下乡插队的知识青年,这意味着他们要和乡土社会建立有机的联系。一位曾经工作生活在上海三林公社红旗大队的知识青年,如此回忆他的"土记者"生涯:

---

[1] 复旦大学新闻系.新闻学小辞典(初稿)[M].广西日报编辑部,1976:41.
[2] 黄裕峯.新技术时代的海峡两岸新闻传播教育[M].北京:九州出版社,2014:360.
[3] 王树国.笔耕思味录[M].北京:中国文联出版社,2015:70.
[4] 旭光村志编纂委员会.旭光村志[M].2004:151.

农民没有高深的理论，看重的是老老实实做人，实实在在做事。所以我必须处理好种田与写稿的关系。首先是会农活。因为这是生存的基础，不会农活就没有工分。只会写稿子，而不懂农活，农民不会服你，会在背地里说你是"宜兴的夜壶——好一张嘴"，这是贬义歇后语，意思是嘴上功夫好。其次是会写稿。会农活而不会写稿，喇叭头里听不到你写的稿子，农民也会不服你，自己更觉得没有脸。因为在农民眼里"知青"是有知识、有文化的人，应该会写文章。[1]

"土记者"的涌现，当然也与农村有线广播网的向下普及相关，随着县域之内的广播站不断涌现，拓展后的渠道中自然需要更多内容进行传播。这一通讯网的建立是在政府的主导和鼓励之下进行的，例如在全国各地都开设了通讯员的培训班，鼓励建立各种群众性的基层通讯组织，各地出版了各种《工农兵通讯》之类的刊物以指导普通工人、农民、军人参与到新闻内容的生产中来，以陕西省眉县、河北省玉田县和辽宁省建昌县为例：

> 1972年12月29日，县委发出《关于加强新闻报道工作领导的通知》，并成立军政合一的县委新闻报道领导小组。不久，县委作出《关于号召全县通讯员向新闻报道先进典型谢金元学习的决定》，全县群众性的新闻报道活动渐趋活跃，基层通讯报道组织发展到216个，通讯员增至860多人。1975年5月，全县12个公社均配备了通讯干事，专搞新闻报道工作。1977年，召开全县新闻通讯组、通讯员先进集体和个人表彰会，表彰奖励了一大批在新闻报道工作中做出成绩的先进个人。[2]

> 我们先后去沈官屯、林东前街和三渠庄三个村，进行实地采访和写作练习。白玉清老师对每人写的稿子，一一进行点评，提出意见。还给我们讲新闻写作知识……那时候，县委对新闻报道非常重视，每年都要办一两次"土记者"学习班。除此，年底还要召开全县新闻报道总结大会，主管外宣的副部长赵宏代表县委在大会上作报告，通报全县上稿情

---

[1] 钱民权. 50后上海人说事 [M]. 上海：上海社会科学院出版社，2011：212.
[2] 眉县地方志编纂委员会. 眉县志 [M]. 西安：陕西人民出版社，2000：619-620.

况，提出下步工作要求。[1]

  我征得公社领导同意，举办几期通讯报道员学习班。把各生产大队爱好写稿的青年人召集一起，给他们讲宣传报道要点，辅导新闻写作知识……学习班结束后，每个大队建立起通讯报道组，每个生产队有一名通讯员，把他们身边的人和事都能准确地写出来，及时的宣传出去，自办节目越办越火。至今我不能忘记，下窝铺大队的于苏军，施杖子大队的唐国昌，林家店大队的赵德臣、张淑华等同志，当时都是各个生产大队报道组的骨干。为了办好农村广播，他们写了大量来自第一线的稿件。[2]

  就这样，这些乡村识字阶层被各地宣传部门组织起来进行培训，最终形成了一个涵括公社通讯组、大队通讯组，遍布公社各生产队的农村通讯网。以"土记者"为代表的乡村通讯网的大规模建设，既是政府倡导的结果，也有地方识字阶层的积极参与。在古代社会，这些乡村的识字阶层可以通过科举途径，最终成为中央行政系统的官僚。在人民公社时期，尤其是"文化大革命"之后，中国高等教育的规模缩减，但是初等教育的规模由于地方教育的兴起而迅速扩张。这"一增一减"之间溢出的农村知识青年，难以进入高等教育体制或者说进入城市，他们如何在地方上发挥"文化人"的作用，乡村通讯网的建设算是一个有力的尝试。"土记者"就是对这群乡村知识青年的社会期待与社会安排，希望他们能够将知识用于乡村文化建设之中，同时又能够不脱离乡村生产劳动。因而，这些人不是以知识为业，但他们能用知识重新建立本地社群和外部世界的联系，通过记录、传播本地的生产经验、好人好事的方式，让关于乡村的声音通过广播网络在本地甚至全国进行传播。在当时的民间诗歌中，就有对"土记者"的称颂以及对他们的期待：

    土记者
  夜深人已静，屋内灯火明，
  队里土记者，笔杆捏得紧。
  稿件一篇篇，路线分得清，
  歌颂毛主席，报道新农村。

---

[1] 王树国. 笔耕思味录[M]. 北京：中国文联出版社，2015：75-76.
[2] 赵祥春. 葫芦岛地方史文集[M]. 北京：中国广播电视出版社，2007：106.

红心向太阳，肩头负重任，
文权牢牢掌，当好代言人。
不做昙花一时鲜，要学腊梅不争春，
"土"字扎心窝，永写革命文。

金山县山阳公社　沈永昌[1]

土记者

锄板磨去两三寸，笔杆捏得指纹深，
俺们村的土记者，贫下中农代言人。
割谷种麦打头阵，雪天雨日访新人，
夜晚灯下学《毛选》，党的政策记在心。
大事勤找支书问，报社电台常通信，
党报党刊多投稿，墙报办的日日新。
批林批孔打先锋，革命生产双跃进，
战斗青春红似火，银锄彩笔齐上阵。

隆尧县社员　朱彦周[2]

从这些诗歌中也可以看到，"土记者"被期待成为乡村"文化大革命"的行动者、"无产阶级的舆论战士"、"无产阶级的代言人"。因而"土记者"的"土"不仅是指没有正式的国家编制、国家职务，也是在强调乡村内容生产者需成为"贫下中农"代言人的意识形态倾向。在上海市的一篇调查报告中，也详细讲述了上海浦东黄楼公社挑选"土记者"的标准：

> 他们挑选"土记者"有三条标准：一是政治思想好，热爱劳动的贫下中农子女和革命知识青年；二是工作积极负责，坚持原则，敢于斗争；三是密切联系群众，能够及时反映情况，经常写稿。赵行大队戈东生产队的贫下中农选中了一个只有小学文化水平的贫农女青年，偏偏不选其他文化水平比她高的青年，因为她出身好，思想好，又积极肯干。她当上"土记者"后，工作很负责。每次写一篇三、四百字的短文章，要花二、三个小时，有时字写不出，空上两格，仍然坚持写下去。有时实在写不

---

[1] 上海人民出版社. 千歌万曲献给党[M]. 上海：上海人民出版社，1971：64-65.
[2] 公社日子万年春·诗歌[M]. 石家庄：河北人民出版社，1975：87-88.

下去了，就反复背诵毛主席语录："下定决心，不怕牺牲，排除万难，去争取胜利。"常常坚持到深更半夜。最近她写的一篇稿子，第二天公社广播站就广播了，受到贫下中农的称赞。她激动地说：贫下中农把文权交给我，我一定要为贫下中农争气！[1]

正如报告中所言，"土记者"是一种文化权力转移的象征，即乡村的知识、乡村的声音由本土知识分子进行生产与传播，而本土知识分子同时也是乡村建设的主体——农民中的一员，通过这样的方式建立乡土本土实践和"世界革命"在话语上的联系。福柯在其知识-权力机制中提及，知识的生产从来就涉及权力与主体认同的问题，从"土记者"形成的通讯网可以看出，70年代的乡村文化实践也是"文化大革命"的一部分，它试图形成一种"颠倒"，试图用本土声音对乡村社会进行表述与再现，让曾经的"被剥夺者"、话语秩序中的边缘群体进入国家话语权力的中央，消灭曾经内化于受剥削阶层的屈从与怯懦、沉默与无声，试图让他们也发出声音。

这些"土记者"的稿件成为六七十年代大众传媒内容的重要组成部分，以湖北省鄂州市旭光村为例，"1965年至1975年，据不完全统计，旭光村土记者写通讯稿件约3600余篇，县广播站采用约200篇，省电台采用约80余篇，县、地区及报刊登载约50余篇"。[2] 这些"土记者"的稿件不仅仅记录了本地的各种生产生活实践，成为本社区自制节目的内容来源，同时也是省市级甚至全国性新闻单位稿件的重要来源。就这样，地方的声音和中央的声音在广播中汇为一体，这些"复调"的声音既包括省市电台的广播节目内容，也包括农村广播站工作人员与"土记者"们创作的内容，更涵括了人们在日常生活中运用本地有线广播网而发出的声音。湖南省郴州市桂阳县太和公社的记载，就重现了当时典型的公社广播播音状况：

> 1969年，太和公社成立广播站……公社广播站分早、中、晚三次，按时向各大队播音，播放内容主要为宣传毛泽东思想、时事政策，唱革命歌曲和《红灯记》《智取威虎山》等样板戏曲。有时也利用广播播发会议通知，召开广播会议。是时，广播事业方兴未艾，全社各地都可听到广播声音，社员、红卫（今神下）、珠塘等大队还自筹资金，办起了大

---

[1] 上海市出版革命组. 充分发挥笔杆子的战斗作用 [M]. 1970：64.
[2] 旭光村志编纂委员会. 旭光村志 [M]. 2004：151.

队广播站，安排专人管理广播器材，按时转播公社广播节目。[1]

湖北省五峰土家族自治县的县志中详细记录了当地农村广播的播放内容，五峰县从1968年开始每天播音4小时10分钟，其中自办文字节目每天播音1小时20分钟。这些广播内容中有转播的广播节目，如"中央人民广播电台《新闻和报纸摘要》、《各地人民广播电台联播》节目，湖北人民广播电台《全省联播》、《气象与服务》及湖北人民广播电台《农村乐园》节目"。还有本地的自制节目，如本县《新闻节目》，主要用于"传达县委、县政府政令、指示、通知等；报道各战线主要成绩、典型经验、先进人物和先进事迹；反映基层干部、群众意见和呼声"。同时邀请社会业余文艺爱好者、学校音乐教师进播音室，"直播京、楚剧清唱和乡土气息浓郁的地方戏曲及革命歌曲"，并开办《听众点播》《公社假日》《每周一歌》等文艺节目。[2] 可以看到，农民既能够听到中央传达的政策新闻，也能够了解地方建设相关的最新讯息。这种"复调"的声音，使得广播成为一种既嵌入日常生活又超越日常生活的存在，形塑了中国农民独特的社会主义听觉体验。

2. 作为"后勤"的媒介：广播组织下的农民生活

> 那时贫穷的乡下，没有电视，没有报纸，文娱生活相当枯燥。欲知外面的世界如何，只有听广播，这也是条不花钱的信息渠道。所以吃了晚饭，听广播就成了一种文化上的享受……[3]

> 在文化生活十分枯竭的岁月，农民把广播视作至高无上、必不可少的精神食粮，哪天听不到广播，哪天就像断了口粮……农民大都是捧着饭碗听广播。假如广播里在唱歌唱戏，农民听着，往往忘了吃饭，一碗饭凉了还是一碗饭捧在手里，这就叫"忘乎所以"。[4]

---

[1] 桂阳县太和镇人民政府. 太和镇志 [M]. 1999：380.

[2] 湖北省五峰土家族自治县地方志编纂委员会. 五峰县志 [M]. 北京：中国城市出版社，1994：498.

[3] 说说过去农村的广播 [EB/OL].（2006-12-18）[2018-03-05]. http://blog.sina.com.cn/s/blog_48c72ded010005k0.html.

[4] 徐朝夫. 梦中的船 [M]. 北京：作家出版社，1995：223.

"文化上的享受"、"至高无上、必不可少的精神食粮",以上种种对于乡村广播的回忆,都描绘出20世纪六七十年代广播在乡村地区的重要性和日常性。在精神文化产品匮乏的农村地区,以休闲娱乐节目形式存在的广播声音给人们带来了许多文化乐趣。如若从受众的角度来看农村有线广播网,往往更加关注的是"小喇叭"——一个可以提供各种文化产品与信息的广播接收终端。但如前所述,对乡村广播网的社会期待远远超出提供文化娱乐产品这一功用,而是被当作配套乡村社会建设的信息基础设施。

伴随着农村有线广播网的扩散和乡村通讯员网络的建立,"土记者们"作为"贫下中农"的代言人将乡村中的故事通过各级媒体机构传播到远方。这意味着扩散到公社、大队、生产队、农户的农村广播,已经不再是一个单向的"收听工具",而成为一个能够发出农民声音的媒介渠道——国家、省、市、县、公社的节目能够通过乡村有线广播网播送给农民,同时本地农民的生产状况、好人好事、社会建设经验也可以通过"土记者"这个乡村知识群体而向上投稿到国家、省、市、县、公社的媒体机构中去,让本地区与其他地区的人群所知晓。作为信息系统的广播在农民的日常生活之中起到了什么样的作用?在本节中将会通过对当时农村居民回忆的阐述分析,勾勒出农民日常使用广播的状况。

从农民的回忆中可以看到的是,随着农村广播网的普遍建立,广播成为安排农民生产、生活的重要工具,广播像"钟表"一样将农民们带入现代时间之中,农民根据广播的声音起床、劳作、开会、休息。尤其是中央人民广播电台早上和晚上的新闻时间,成为农民每日早起和入睡的标准时间:

> 那时候,广播"指挥"农民生产生活,早上广播站开始曲一响——起床;中午第二次播音开始——午饭;第三次广播结束——睡觉。而公社、大队却要求农民收听上面的精神或者催种催管催收的指示。[1]

> 当时没有手表,就特别盼望田间的广播喇叭快点响起,下午二点半公社广播一响——该休息了;傍晚县广播一响——收工啦,要是不是和队长在一块田里,这就是收工的号子。真可谓"一线相牵,声声相关"。[2]

---

[1] 吴坚奋.思辨性新闻攻略[M].北京:中国轻工业出版社,2008:36.
[2] 说说过去农村的广播[EB/OL].(2006-12-18)[2018-03-05]. http://blog.sina.com.cn/s/blog_48c72ded010005k0.html.

记得那时每天是早晨5点45分开始播音，有线广播的广播节目编排虽然较大，但新闻节目的播放时间是刻板不变的。6点30分，是中央人民广播电台的"新闻和报纸摘要"节目，晚上8点，是"中央人民广播电台的各地人民广播电台联播"节目，两挡[注：应为"档"]新闻节目的内容相差不多……那时的广播是早中晚各播放一次，好像生产队的作息时间大多也按照广播的时间进行安排。[1]

广播喇叭一天响三次，第一次是早晨睡得正热乎时，广播喇叭响了，母亲就起来做饭，我们孩子们冬天起来到街上捡猪粪，夏天起来进田割驴草。中午响一次，那是社员下工的时间，也是孩子们放学的时间，晚上一直响到人们睡觉。每次响起开头都会播《东方红》，结束播音是《大海航行靠舵手》。每次播音开始，音乐结束，播音员会说，这里是某某广播站，现在是第某次播音（早晨是第一次播音，中午是第二次播音，晚上是第三次播音）。[2]

那时县里的有线广播电台，公社有广播站，各村有广播专管人员。每天分早晚二次都按时播送，早晨转播中央电台《新闻报纸摘要》节目，晚上是转播中央电台《各地人民广播电台新闻联播》那是雷打不动。本县新闻节目过后是插播歌曲、戏剧等，也播报北京时间和当地的天气预报。每一天的广播开始，先播放《东方红》序曲，每晚的广播结束曲是《大海航行靠舵手》，接着是传来"全天播送结束再会"！冬天早黑，人们躺在床上听广播，忘记了白天的劳累。[3]

钟表在现代社会的运作之中起着关键性的作用，"由钟表所获取的决策时间和测量时间是现代技术的基础……钟表使得协调、比较等成为可能，因而我们能够把实践和过程协调地组织在一起，按效率排列，这样就提高了我们的控

---

[1] 姚维儒. 暮色当歌[M]. 北京：中国文联出版社，2012：45-46.

[2] 吕斌. 记忆中广播喇叭的年代[J]. 文史精华，2016，246（9）：31.

[3] 张才富. 农村广播、大喇叭的记忆[EB/OL]. （2013-03-27）[2018-03-05]. http://blog.sina.com.cn/s/blog_a0ca833501017azr.html.

制能力"。[1] 从全国范围来看，广播制定了一个标准时间，让散落在各地的农民有了共同的历史感——参与到共时的历史进程之中，从而与政党所规划、所许诺的未来产生共振。从农民所处的具体时空来看，广播参与到对集体生产与生活的社会协调之中，促成了农民之间的合作。不同于小农经济时期的农村生产，人民公社化时期开始了对于现代乡村的探索实践。没有标准化的时间，也就无法将工业化、理性化的现代生产模式融入农业集体生产之中。

从农民记忆中的广播节目内容中，可见他们在一天之中接触最为频繁的就是早晚两次的中央人民广播电台新闻联播，这使得农民能够充分知晓全国重大新闻甚至国际要闻，尤其是国内外的政治社会状况。同时，地方新闻能够通过广播进入农民的日常生活之中，广播还成为指挥农民从事集体生产、安排农民停工休息娱乐的重要工具。萦绕农民日常生活的广播"信息流"中，有"全国声音"与"地方声音"，这种混杂安排的广播信息流背后则是对于新型农民的想象与期待——"身在农村、胸怀世界"。广播既为农民在本地区的生活生产提供了充分的信息，也为农民打开了看见外部世界的窗口，让他们的思绪可以破除具体时空的羁绊，能够想象全国与全世界：

> 这个广播成了村里最有效的传播工具，在严格的户籍制度下生活的"社员"通常不出门，广播中的新闻成了主要的消息来源，对于他们来说外面的世界就是广播所描绘的世界。Z村里的干部，当时很重要的一点就是提醒"社员"收听不定时发布的"重要广播"。"现在想起来有点滑稽，有时广播讲一条'最高指示'，我们都欢呼雀跃，"一位村民笑着回忆当时的情况说，"不过广播里还有很多农业技术的内容蛮有用的，我们一直听'阿福根谈生产'的。"[2]

> 村广播站……播放内容多为转播中央人民广播电台、天津广播电台新闻等节目。其次播放本村通知、领导讲话和政治经济方面的情况。广播打开了当时村里信息闭塞的大门，使村民了解了新闻、气象、文化等

---

[1] 洛伦佐·查尔斯·辛普森.技术、时间与现代性的会谈[M].张成岗，高岸起，译.北京：科学出版社，2016：24.

[2] 孙频捷.市民化还是属地化：失地农民身份认同的建构[M].上海：上海社会科学院出版社，2013：95.

多方面的信息。[1]

如果说"全国声音"在农村地区的传播，是新中国成立以来农村收音网、宣传网乃至后面的广播网一直试图完成的使命，那么"本地声音"在乡村地区通过大众媒介的方式传播，则是在六七十年代乡村有线广播网普遍建立之后才出现的"新事物"。这些本地声音包括由"土记者"组成的地方通讯员系统进行的本地新闻内容的生产，还包括其他人员利用有线广播网络所进行的信息传播——例如公社或者大队干部将广播用于农村的日常生产管理，或是在突发自然灾害之时迅速进行社会动员和社会组织，或是通过广播让社员们参与到本地的各种活动之中。各种对当时农村广播的回忆就记录了这些本地的声音：

> 20世纪六七十年代，农村广播不仅是宣传党的方针政策的重要喉舌、群众收听新闻的主要设备，而且是大队、生产队开会、出工、通知有关事项的工具。[2]

> 年关一过，村里要召开春耕生产动员大会。在村小学操场边临时栽的柱子上，架起高音喇叭，搬出几张课桌，上面铺块蓝布，搭建起主席台，放上扩音器和支起话筒。广播员"喂、喂"的调试着高音喇叭的音质，等待着社员们从四面八方赶来。[3]

> 社员们天天劳动完，晚饭后要到大队会议室参加批判会，批判的内容除了上述外，时常把村里的地主、富农、反革命分子、坏分子、右派分子集中到大队会议室，让他们猫腰低头接受批判。批判的时候还连线广播，在家里的人通过广播能听到批判会上发言人的声音。上级党政机关开批判大会，也时常通过广播传到千家万户。[4]

> 营口县……2月3日小震频繁，中共营口县委召开紧急会议，通过广

---

[1]《中心庄村史》编修委员会.中心庄村史[M].天津：天津古籍出版社，2008：179.

[2] 大水坑镇志编委会.大水坑镇志[M].银川：宁夏人民出版社，2014：510.

[3] 知青回忆：农村广播的故事[EB/OL].（2017-04-08）[2018-03-05].http://www.sohu.com/a/132853450_680378.

[4] 吕斌.记忆中广播喇叭的年代[J].文史精华，2016，246（9）：31.

播指挥全县抗震救灾工作。县、乡广播站彻夜不停地向全县发布震情通报,并从2月4日凌晨起多次播出震情预报:晚20时左右将发生强烈地震。当19时36分地震发生时由于群众收听广播后有所准备,灾害大大减轻。全县70%的房屋遭到破坏,死亡人数只占万分之三点四,创造了世界地震史上的奇迹。群众普遍说:"多亏小喇叭救了咱们的命!"[1]

在"文革"期间,各地利用广播,播送大批判文章,表扬稿等。按当时的说法叫做用毛泽东思想占据宣传阵地……到了运动即将过去的后期都变成了播送一些表扬稿,特别是在每年的春耕、夏收、秋收时……有时大队干部也会利用广播安排一些活茬等……有一次与好朋友一起聊天谈起这样一件事,他当时就是村里的一名广播员,他在做广播员期间,曾经应一位老太太要求,播出一条寻找屁帘的寻物启事……用广播播出:"社员同志们,西北风刮得大,王老太太孙子的屁帘刮跑了,谁要捡着了就送回王老太太家,别再让老太太着急了。"这样的广播今天听着仿佛是个笑话……[2]

有线广播网显示出了服务本地社区的潜力,它既可以组织各种社会活动、运动,也可以指挥人群、调度物资,尤其是在突发危机事件之时,能够迅速地组织人员减少损失。通知开会、出工,春耕动员,直播批判会,通报震情,播送表扬稿,帮助寻物等,均展现了广播调度乡村生活的技术潜力,也昭示着广播已经深入到乡村日常生活的每一个侧面。除了利用广播进行干部→社员的单向宣传、指挥,在一些地区甚至有人对广播线路进行了技术改造,使其成为一个简易的双向对讲系统,让干部在通知之后能够听到队员的应答。用广播改造的对讲系统在不同场景下发挥了不同的作用,这些场景如下:

这广播线路还有一个好处就是可以喊话,通知,开会了,都可以广播一下,而且远方的人们对着喇叭大声吼,大声喊,在我这边的喇叭也可发出微小的声音,为了听清远方的回话,我又改装了一下。用一个按钮开关切换远处喇叭的接入点,利用本地收音机的功放将远处喊话声放

---

[1] 营口市地方志编纂委员会办公室.营口市志:第5卷[M].呼和浩特:远方出版社,1999:75.

[2] 昱量.那些年那些事:一个农民的记忆[M].北京:海潮出版社,2014:214.

大。这样就实现了双向对讲,松开按钮讲话播出去,按下按钮对方讲回来,农民都非常满意。原来要走好几公里的山路才能传送的信息,现在一喊就通了。[1]

> 咱们在乡下那个年代,农村有线广播还有一个用途,就是简单实现了各户和生产队的联络……我们要是把输出线路接到放大器的输入端,由于各户喇叭的磁电效果,你在放大器的扬声器中就能听到各户嘈杂的声音……咱们公社有的队的播音器没有这个功能,队长们就找我要求添加这一功能。这样生产队很方便实现了和各户呼叫、应答……我和有的队长就形成了一句默契的玩笑话:你最近没偷听社员骂你呀?[2]

> 有线广播还有一个好处是有对讲功能。在公社的转播站有个装置,经过切换可以同时对几十个大队讲话,大队的接受喇叭就在支书的家中,所以公社有了比较紧急的事,往往就通过支书家的"戏匣子"通知,比如公社团委召开团支部书记会,就在喇叭上通知时间地点,再让支部书记去通知就搞定了。虽然那时公社有了电话交换机,每个大队都有了电话,但是电话安在大队部,往往没有人接。[3]

很显然,这种呼叫-应答系统在很多时候是用来提高沟通效率,实现一种双向通话,使得农村干部能够更加方便地与农民进行沟通。尽管广播是一种单向传播的大众媒介形式,但广播用户并不满足于这种单向传播的形式,而公社或者大队的农村有线广播作为一个可以部分自主的信息系统,就能够被本地用户运用技术加以改造。这种被改造的广播甚至可以替代电话的功能,因为当时的电话数量稀少且基本都在办公场所,而有线广播网络的小喇叭已经深入到每个家庭,这才出现了公社发生紧急的事情要通过"戏匣子"通知的情况。在这样的状况之下,广播已经能够真正为本地社区的生产实践所用,从一开始的"宣传工具"而逐渐被改造成社群建设的"后勤媒介",起到了时间安排、任务

---

[1] 知青回忆:农村广播的故事[EB/OL].(2017-04-08)[2018-03-05]. http://www.sohu.com/a/132853450_680378.

[2] 我的公社故事(农村有线广播)[EB/OL].(2015-08-09)[2018-03-05]. http://blog.sina.com.cn/s/blog_566eeafb0102w1qc.html.

[3] 刘庆庆.西马匠志[M]. 2012:260.

通知、生产指挥等作用。

可见，有线广播网在乡村的普遍建立，起到了多重的社会效果：首先，党的声音，社会主义、共产主义理念通过这一大众媒介渠道被农民知晓，广泛地教育农民、动员农民有了坚实的物质基础。其次，作为人民公社化时期农村集体生产的配套信息技术基础设施，农村有线广播起到了组织生产、协调农民的重要作用，对于中国农村的集体化转型来说，这种能够调配广大群众的信息工具不可或缺。再次，通过"土记者"的书写，乡村的地方实践、社员的所作所为都可以作为"社会主义新生事物"和"好人好事"而被更大范围内的人所知，这意味着乡村已经不再是"地方性的乡村"，而是整体性的历史转型中的一环。最后，人民公社期间的广播体制提供了公共"到户"的广播信息基础设施。尽管乡村的社会生活水平与物质消费水平尚不高，但是日复一日的广播"信息流"向乡村输送着社会信息与精神文化产品，它给予了所有农民现代化的知识准备，使得"身在农村、胸怀世界"这一期待与口号不至于沦为空话。

"国家"与"地方"在乡村广播中交汇，共同建构了社会主义的声音政治。通过无线广播与农村有线广播网的方式，形成了一整套从中央到省，到市、县，再到公社、生产队、农户的信息传播渠道。在这个渠道中，县域以下的信息系统是部分自主的，这使得广播技术能够与本地实践结合，创造出各种利用广播技术进行生产安排、社会动员、本地知识生产的可能性。它在具体的实践之中使得"官方的声音"与"农民的声音"在同一个"信息流"中并置，中央人民广播电台播音员的声音，公社、生产队干部的声音与普通农民的声音都能够在广播中被听到，实现了从"人民知晓"到"人民表达"的历史转型。

同时，也必须看到农村有线广播网的建设动机之一是战备的需求，它的实际运行也使得中国的基层动员能力达到了前所未有的高度。在1976年11月11日，美国中央情报局在对中国的防御政策和武装力量进行评估时就指出：

> 总的来说，中国的军事威慑是不可忽视的，但是根据战争的性质，其效果迥异。例如，对于地面的入侵，由于其庞大的常规部队（纵深防御的良好准备和部署），辽阔的地理疆域，大量具有高度组织性的人口和长期战争的动员能力，中国已经具备了高水平的威慑能力。事实上，即使对超级大国而言，对中国的常规地面进攻也是一件可怕的事情。此外常规部队的现代化继续稳定地增加这种强大的威慑力……中国的目标显然是把冲突限定在常规水平上，这样他们可以最大限度地利用他们的人力优势、地形和综合防御……中国没有给美国造成直接的威胁，但它是

美国在亚洲的部队和盟国的潜在威胁。[1]

同样是在战争的威胁之下，美国看到了苏联导弹对于既有的集中化的通讯系统的威胁，为保证"打击后生存"而建设了阿帕网（ARPANET），使得美国能够在苏联的主动攻击之后仍有回击能力。同样为了达到"打击后生存"的效果，当时积贫积弱的中国进行了战略性的资源分散，改变了集中在沿海城市的工业化策略，对二线、三线与广袤的乡村开始了建设，实际上起到了备战与地方建设的双重目的。而中国有线广播网也是在战争及社会动荡的威胁背景之下建设的通讯系统，它将人串联起来，建设一个高度组织化的备战人群。它的物质基础是高度本地化的，但它又是高度服务于中央全局号召的。它试图达成这样的战略目的：让敌人知晓中国强大的动员能力，使其处于中国的"可置信威胁"之下，即一旦要攻入中国本土，敌国将陷入"人民战争"的泥潭之中，这使得中国在技术落后的状况之下形成了对潜在威胁的战略制衡。

四、小结

本章详细阐述了20世纪60年代到70年代中国农村有线广播网全面普及的过程，通过60年代末的"大建广播网"高潮与六七十年代各地群众通讯网络的建立，中国农村广播网逐渐从一个从上到下的宣传网络，发展成为能够实现上下信息对流的信息系统。同时，伴随着广播渠道的下探以及公社、大队广播站的建立，有线广播作为部分自主的信息系统，参与到了乡村的日常生产建设与社会组织过程之中。

农村有线广播网之所以能够在六七十年代发展繁荣，逐步"入户"，其背后有着多重的社会因素：一是在中苏关系紧张的背景之下，中国共产党开始主动调整工农业之间的关系，并试图通过各种政策支持、鼓励以人民公社为组织模式的乡村在地现代化建设，试图通过盘活中国内部市场的方式支持中国工业化进程；二是在美苏两大强国的夹击之下，"备战"成为重要的时代主题，战时乡村紧急动员需要一整套能够直达底层的通讯网络，以实现战争动员的效果；三是以毛泽东为主的中共高层认为美苏的威胁与国内的修正主义力量会导致社会主义革命的失败，因而需要发动一场贯彻到底层的"文化革命"。农村

---

[1] 沈志华，杨奎松.美国对华情报解密档案（1948~1976）：3[M].上海：东方出版中心，2007：249-251.

有线广播作为人民公社的配套媒介基础设施,作为自上而下的宣传工具与社会动员工具,作为共产主义思想向农民传播的唯一大众媒介,得以迅速发展。

农村有线广播网之所以能够顺利、稳定地运行,离不开一整套以群众路线为基础的"赤脚广播员"和"土记者"制度。依靠不脱产的农民兼职进行乡村事务管理,是人民公社体制下基层治理的基本方式。同时也应该看到"赤脚广播员"和"土记者"制度运作的背后,是不依靠技术官僚、职业记者,而依靠群众的力量来运作农村有线广播网的尝试,这些实践让曾经的底层、被剥夺者能够掌握技术工具、掌握知识权力,进入社会治理与知识生产的中心。这种尝试是毛泽东思想在乡村落地的实践,亦成为全球20世纪60年代的一部分,即"60年代本身可以被认为是决定性的和全球性的一章……60年代就意味着被殖民者开始了自我意识的生成……60年代则意味着无阶级形态的、新'历史主人公'的涌现"。[1]

农村广播网的普遍建立,也意味着现代时间正式进入乡村,广播成为安排乡村生活的"后勤媒介",成为人民公社化时期农村集体生产的配套信息技术基础设施,起到了组织生产与安排日常生活时间的重要作用,通过日复一日充斥着"国家声音"与"地方声音"的"信息流",有线广播试图塑造"身在农村、胸怀世界"的新型农民。同时,我们也要看到"深入到户"的农村有线广播网也成为中国国际竞争力的重要组成部分,高度组织性的人口和长期战争的动员能力使得当时并不强大的中国建立了"防火墙",外敌一旦入侵则将处于中国的"可置信威胁"之下,陷入人民战争的汪洋大海之中。农村有线广播网是中国人用自己的方式,通过串联人的力量构成了一套保证"打击后生存"的信息系统,实现了战略防御与社会建设的双重功能。

---

[1] 詹明信.晚期资本主义的文化逻辑[M].陈清侨,等译.北京:生活·读书·新知三联书店,2013:281.

第六章　结论与尾声

在20世纪70年代末期，随着中国改革开放进程的展开，中国农村开始进入了新的历史时期。随着收音机、电视机、手机等逐渐进入农村家庭，以小喇叭为代表的有线广播逐渐淡出了人们的日常生活。但必须看到的是，在20世纪六七十年代之前的漫长岁月中，广播也曾是乡村中从未出现过的"稀罕物"。以农村有线广播网为主的广播网络系统，成为当时农村最重要的，也是唯一的大众媒介，在人民公社、集体生产为组织模式的乡村中起到了不可替代的作用。在对农村有线广播网的历史梳理与分析中，可以看到中国农村有线广播网这一电子技术扩散的背后，涌动着人的意图、实践、反思与坚持。

一、重新发现农民：联合大众的历史路径选择

如前文所述，前现代的中国有一整套行之有效的信息与文化技术，并由此塑就了中华文明的独特性——在广袤的国土上长时间地建立统一的政权，并使华夏文明得以留存绵延。这种服务于"大一统"中央集权的信息与文化技术是以文字为中心的，目的是保证精英顺利进行国家治理、资源调度和文化传承。它也是等级制的，表现为广大的农民只需囿于地方，囿于口语传播，而知识精英则熟读经书，以胸怀天下为使命。

精英与庶民泾渭分明、各安其位，维系着古代中国社会的稳态运行，随着帝国主义的坚船利炮叩开国门，中国被迫与资本主义列强"短兵相接"，也由此汇入了现代化的世界时间之中。西方列强带来了新的信息技术，目的是确保中国能够服务于资本主义世界体系。而中国精英也在历史变局之中，主动拥抱现代化技术，并试图寻找一条求变图强的路径，重新拾起民族的尊严。在求诸上层变革却收获失望之后，他们将目光投向了底层大众，试图通过"化大众"的方式来启蒙大众、团结大众，使之成为改变民族命运的力量。

正是精英知识分子诉诸底层、诉诸大众的热切愿望，使他们重新反思原先

被少数人垄断的文字技术。无论是从"文言文"向"白话文"的转向,还是废除汉字的争议,或是革命者试图运用口语、声音来激发大众的团结,都是主动用民众的口头语言改造书面语言的努力。其目的是,打破各阶层民众的隔绝状态,促进他们的联系与交流,并使他们能够共同面对国难,共克时艰。为此,要改造旧的语汇、旧的表达方式与旧的信息系统,使其能够助力于缔结新的社会关系,让精英与普通民众进入同一个想象世界,以此建立一种新的共识与认同。由此,对于中国的未来想象中就涵括了普罗大众。

也正是由此,"农民"在这个新时代被重新发现。首先,随着乡村自然经济的解体,大量的农民进入现代工业之中成为工人,或进入军队成为军人,而曾居于乡间的农村知识分子沦为"边缘知识分子","工－农"、"军－农"、"学－农"与传统的农民作为整体性的"中下阶层"浮现。要诉诸中下阶级,在农业大国的中国就必须诉诸农民。而当精英们将目光投向"中下阶层"时,"农民"的象征意义也得以改变,他们成为国家、民族遭受苦难的缩影——处于压迫性的资本主义全球结构之下,带着前现代的知识和经验被迫在现代社会中跋涉,一边寻找出路一边四处碰壁;同时他们也被视为这个国家冲破黑暗的可能性——当中国农民从一个被忽视的或被视为应该恪守等级制度、安于现状的群体,转变成为善于适应时局的、个性鲜明的、具有能动性的社会力量时,开启新的社会就有了新的可能性。

由此,中国共产党发动工农的力量、开辟"农村包围城市"的革命道路并不是历史偶然,而是用马克思主义武装后的现代政党在寻找中国建设方案的过程中,寻找到了"化大众"、"诉诸底层"、团结民众之道。在中国革命的过程中,中国共产党被迫进入乡村,在四面强敌环伺之际,要在经济基础和人才储备薄弱的边缘地带保存革命的火种,中国共产党试图通过发动知识分子与农民的能动性来塑造一个更具活力的社会。通过发动民众的力量进行社会建设,来保障社会的稳定及军事后勤的充足供应,以对抗敌人的围剿。为了发动民众,一整套有别于以往的信息传播网络也开始建设,它试图将农民纳入其中——向农民普及教育,打破精英对文字的垄断,运用农民所熟知的群体传播、口语传播模式鼓励民众表达,甚至建设全新的涵盖大众的宣传机制,提倡"群众办报",使得宣传系统能够反映工农群众的生活与意识。

中国共产党与农民缔结的"鱼水关系"以及形成的"群众路线",实则是在国破家亡、内外交困之中找到了团结大众以改变社会的"支点",因而电波中的延安声音再现了一种对于全新世界的想象,因此富有感召力量。也正是因此,在战争中获取了"治统"的中国共产党,在新中国成立初期将新政权冠之以"人民"之名,"以人民为中心"的社会主义实践成为又一次"大一统"实践中的新"道统"。新道统的建立一方面是历史惯性使然——近代民族救亡图存"化大众"的努力与延安时期所积累的社会管理经验;另一方面则是共产主义政党所独有的社会理想,即认为普通民众是历史的主体、历史的动力,需要联合民众建设一个为了绝大多数人福祉的新国度。

要建立一个人民的国度,形成一个适配于社会主义"大一统"实践的信息网络,中国共产党选择的路径是延续延安传统,打破传统中国的统治精英、被统治的庶民二分的格局,以此期待民众能够团结起来,参与到各项社会运动之中。为此,新中国成立初就开始了全国宣传网的建设,试图形成一个从中央到地方乃至到最基层的信息对流网络,让中央的声音为大众所知,亦能让大众的声音传达到中央。全国宣传网破除了专业主义的宣传模式,要求所有的党员都成为宣传的能动节点。依托党组织建立的信息传播网络,使得哪怕是再偏远的地区,也因有着基层党政组织而成为宣传网中的节点。同时全国宣传网依据现实社会运动的需要来安排人、物,配置宣传队伍,而新中国成立初期此起彼伏的社会运动均需要广大民众参与,如抗美援朝运动、《婚姻法》普及、土地改革运动、集体化运动都需深入乡村做全面的社会动员。这种饱和式的、走"群众路线"的宣传网络的建立,开启了中国"参与式"动员的社会建设模式,也由此确立了新中国成立之后的公共传播传统。

二、让农民听上广播:技术方案的社会选择

需要看到,全国性宣传网络并非凭空产生,必须借助于物质性的交通基础设施,物质性的报纸、杂志、电子线路等媒介基础设施,才能将大众纳入宣传网络中来。然而中国的城市与乡村、中心与边缘各种基础设施条件相差甚远,东西部的经济基础、现代化程度也相差甚远,因而政治话语中对于平等的诉求,对公共、公开宣传模式的强调,与现实中不平等的信息密度与文化产品供给能力,在新中国成立后的历史中长期共存。

在资源匮乏,难以实现高水平普惠的状况下,是集中资源优先保证核心地区的信息基础设施建设和文化产品生产供应,还是以公共普惠为建设原则,保证全民能够接触到各种信息与文化产品,实现一种较低水平的资源平均分散?前者是古代中国数千年以来的实践模式,通过将武力、财赋、人才及文化资源集中于核心区,强化核心区的优势地位,继而通过核心区控制全国。但通过对新中国实践的历史性分析,我们可以看到其运作的逻辑绝非是对古代中国建设

模式的惯性复制，甚至从中可以体会到中国共产党试图冲破这种惯性的冲动，以及试图在新的历史语境下寻求一种新的社会主义建设方案的努力。

在新中国成立之初，由于交通条件及传播基础设施的差异，中国的中心城市与边缘地区是无法同步获取信息的；加之中国文盲率过高，意味着绝大多数民众难以理解以书面文字为符码而传达的信息。此时，电子媒介广播因其能够跨越时空且适合口语传播，被视为富有潜力的媒介工具，因而中央决定建立广播收音网作为宣传网的重要组成部分。收音网的拓展是有重点的，第一批新建的收音点位于人民政府、人民解放军部队、机关、团体、工厂、学校，同时新中国的每一个县域都开始了收音点的建设。通过在中国每一个县域内以党政系统为基础配置收音机、招募收音员、建设收音站的方式，中国县域终于能够与都市一样同步获取外界的信息。

在文盲众多、地域广阔的农村地区，广播电子媒介被视为最佳的信息传播方式，从20世纪50年代到70年代的实践中，有三套广播普及方案曾被启用：

第一套方案是以无线电网络作为传输渠道、收音机作为接收端来建设广播网络。在乡村地区，则表现为乡村收音点的建设。实际上在新中国成立初期，一个县域中通常只有一个收音点，为了让信息扩散到乡村之中，通常是以收音员所抄录的收音小报为起点，在乡村中通过多重信息渠道——油印小报、石印小报、黑板报、喇叭筒（土喇叭、土广播）等进行传播。同时，收音员作为能动的节点，也可以通过下乡巡回组织收听等方式，让农民们听到外面的声音。由此，农民可以体验广播与收音机所代表的现代生活。

显而易见，这一套广播方案寄希望于收音机的广泛扩散，从而使更多人听上广播。在收音机匮乏的状况之下，也可以通过增加集体收听的频次，使更多农民能够听上广播。但20世纪50年代中国电子工业尚在起步阶段，加之农民收入微薄，这使得市面上既没有那么多收音机，也很难在短期内形成能够消费收音机的农民群体。因而，依靠乡村收音机的自然增长来普及广播网是随之任之、听天由命之举。尽管建立收音站、收音点，组织集体收听使得更多的农民能够听上广播，但该方案有它固有的弊端：一是集体收听需要有人进行组织，这意味着需要付出大量的组织成本；二是集体收听也意味着非伴随式收听，需要打断农民的农业生产与日常生活；三是在当时的历史条件下，不可能在县以下的公社、大队层面广泛设置无线电发射工具，因而地方各级政府难以利用无线广播网进行本地生产的指挥与本地知识、信息的生产与传播。

第二套方案则是另外一种路径的探索，它试图通过借用电信网络来建设农村有线广播网，实际上也是中国最早的邮电、广电媒介融合。早在20世纪50年代初期，吉林九台县就建成了中国第一个农村有线广播网，使得当地农民能够普遍收听上广播。九台县的实践使得一线能够二用，让邮电网络从一个点对点的人际交流工具，变成了兼具人际交流与大众传播功能的通信工具。这种一网多用的设想与实践，为此后的农村有线广播网建设提供了一种可能的方案。

这种方案的优点非常明显：一是充分利用了邮电线路，作为事业单位的广电部门难以支付建设专网所需的资金，利用邮电线路可以极大地降低建设成本；二是有线广播网可用于地方指挥生产、传播地方信息。当然其建设的前提是当地拥有电力资源，以及拥有通往乡村的邮电网络。但这种方案也有一定的弊端，邮电与广电分属不同的部门管辖，前者为国民经济单位，有营利诉求，而后者则是没有营利诉求的公共事业单位，因而两者之间的摩擦在所难免。再则，在当时的技术条件下，一线多用会对邮电业务产生一定的影响，不能保证邮电通信的稳定性。同时，为了保证邮电业务的进行，广播的播音时间也会有所限制。尤其是在战备的状况下，通信的稳定性被放置到更重要的位置，尽管各地采取了载波实验等方式试图实现通信、广播两不误，但终究没有探索出一个切实可行、两全其美的技术方案。

第三套方案则是通过广播专网来建设农村有线广播网。它的优点是，这一整套信息系统的渠道和内容都由广电部门负责管理，这样避免了多部门协作产生的摩擦与矛盾。相比于借用邮电网络来说，广播专网可以有较长的播音时间和较为自由的广播内容安排。当然，广播专网也可以成为地方性的信息工具，用作地方生产指挥与地方信息的传播等事宜。但建设广播专网意味着大量的基础设施建设，需动用大量的人力、物力与财力建设与维护网络，这对地方财政来说是一个较大的考验。

在这三套方案之中，后两者均是通过有线的方式传播广播内容，这三套方案不是"非此即彼"，甚至在辽阔的国土上同时共存，只是在不同时期、不同区域某种方案成为主流，共同构建了面向农村的广播网络。农村广播网是各地实践的拼贴，在新中国成立初期增加收音点是最主要的建设模式，到了1955年建设农村有线广播网被中央广播事业局视为广播网建设的主要方向。1956年中央广播事业局和邮电部联合制发《关于利用县内电话线路建立农村广播网的暂行规定》，为各地利用广播线路建设有线广播提供了政策保障。在20世纪六七十年代，各地进行了借助邮电线路传播广播、建设有线的载波广播网、建设广播专网等各种努力。但最终在70年代，各地不同的实践拼贴出了一个覆盖整个中国农村、下探到农户家庭的广播网络。

从无线广播方案到有线广播方案这一决策变动背后，则是中国共产党对技术方案有意识的选择。在50年代中期，在学习苏联之后，中央广播事业局更强调广播的内容生产，希望将有限资源集中到中央。而毛泽东则更强调广播的渠道拓展，期待扩大广播的地方收听。后者的发展方案最终被历史选择，最重要的原因是中国共产党对农村发展道路的规划。在50年代中后期，中国共产党决定加快农业合作化的速度，希望生产力的提高能为中国工业化助力，同时也保证中国工业化、现代化的社会主义方向，巩固工农联盟。在中国共产党"参与式动员"的政治传统下，对于农村发展道路的新规划势必要进行广泛的告知与说服。希望通过宣传使得农民能够适应这种新形势，支持并参与实施这一社会方案，使得拓展对农村传播的渠道成为迫切的现实需求。

由此，中国第一个中长期的农业计划——《全国农业发展纲要》出台，"发展农村广播网"成为其中的一条。有线广播网因其人均覆盖成本较低、能够服务于本土社区的宣传、组织工作，终于取代收音点成为农村广播网络建设的主要方案，也成为农村在地现代化的配套信息基础设施。

三、命运不同的两次加速：技术系统的社会实现之旅

在中国农村广播网的发展过程之中，有两次大规模的建设提速：一次是在50年代末期发生的广播"大跃进"，另一次则是在60年代末开始的轰轰烈烈的"大办广播网"运动。值得探究的是，50年代末迅速建设的农村有线广播网，却在不久之后遭遇"休克"，而60年代末的"大办广播网"则持续到了七八十年代，并使得广播成为深入乡村的大众传媒。为何这两个不同时期的历史实践有着截然不同的命运？

农村广播网是牵涉到电子线路架设、电子器材、日常维护运行等诸多事宜的物质性的媒介基础设施。作为一个现代的复杂社会工程，它的运转顺畅是复杂系统齿轮严丝合缝作用的结果。尽管基础设施有建成的时刻，但建成并非"完全竣工"，要维持其运营，还必须有配套的维护措施。50年代末的广播"大跃进"，看似是短时间内建成了一个庞大的有线广播网络，但顷刻这些网络就陷入坍塌崩溃之中，因而只能被视为一个失败的探索。

检视这个失败的实践，"加速"肯定是用于分析的关键词之一——在"多快好省"的跃进热潮下，以农村有线广播网工程为代表的中长期社会建设规划，被压缩成了一个短期的、依靠群众热情推动的社会运动。应该看到，"加速"是为了未来之实现，它既反映了中国人改造现实、实现乌托邦美好未来的热切愿望，也是在变幻莫测的国际形势之中把握历史时机、谋求快速发展的必要之

举。尤其是在中苏关系趋于破裂之后，中国共产党需要寻求一条自主工业化的道路，以避免中国的工业化因失去外部援助而难以为继。在这样的历史背景之下，中国共产党尝试的是用人力取代资本、激发地方活力与创新以谋求自主发展的道路。由此开展的这场社会实验显示了当时的中国人民建设社会的热情，在此期间建设了一批地方工业，获得了一些成果，但因为缺乏有效规划、"共产风"与"浮夸风"盛行，加之全国蜂拥而上的工业投资，导致工农业比例失调，在苏联撤资与自然灾害等多重利空的叠加之下，最终给人民带来了巨大的灾难与损失。

就农村有线广播网的建设而言，加速的社会实践使得一个"七到十二年"的建设计划成为一项在某些地区要立刻建设完成的工程。当然，要看到农村有线广播网作为一项现代技术工程，其在乡村地区的"加速"背后是一整套技术网络系统的"加速"——包括全国能源生产速度的攀升、邮电线路建设速度的提升、广电工业的迅速发展等，当然也包括促成技术网络建设的主体建设意愿的空前加强——在中央政府放权的背景下，地方政府被鼓励积极发展工业，乡村的人民公社化进程也使得乡村有能力调配更多的人员、物资从事大规模公共工程。但我们应看到，尽管农村中广播收听终端数量空前增长，但一些地区的农村广播网建设过程缺乏科学论证，只将建成作为网络建设的目标，而罔顾广播网络是否能够在实际运营中通过各种考验——包括质量上能否经得起时间的考验，经济上能否负担持续稳定的运维成本。

事实上，可以看到"多快好省"如若缺乏必要的科学规划难以成行，这种信息"消费升级"与乡村"信息结构升级"缺少必要的人力、物力、财力支撑，一旦遭遇挫折，就因政府缩减开支无人维护而陷入困顿状态，在部分地区甚至出现了"撤站毁网"的状况，造成了既有建设的不必要的浪费。农村有线广播网的"跃进"之旅说明了如果乡村信息结构远远先行于乡村的承受能力与现实需求，那么这样的工程难以内嵌于本土社区的生活生产之中，也很容易被放弃、抛弃。当然，从50年代末的实践中我们能够看到当时的社会情绪，但更深层的问题是，通过群众运动的方式实施"土洋结合"的技术推广路线是否有效，群众的热情如何转化为有效的技术实践，从而促成积极的社会建设。

当然，一些地区农村有线广播网的"昙花一现"也给了农民以现代化的诱惑，向他们展现了现代电子技术的神奇和集体建设的潜力，同时也向管理者们展示了媒介技术参与社区建设的可能性。这些，也是农村有线广播网"休克"之后重新苏醒的重要原因。当然，60年代继续重启农村有线广播网的建设，最为关键的以人民公社为组织模式治理、发展乡村的中央意志并未动摇。中苏关系破裂后中国既失去了工农业交换的巨大国际市场，又必须开始走自主工业化道路，因而中国共产党认为中国工业化和中国现代化要建立在农业现代化的基础上，继而加大对乡村的投资，并通过实施人民公社体制开始了全方位的社会建设。集体生产的组织模式与乡村经济社会的全面发展使得乡村内部需要大量的社会动员与信息沟通，因而有了对于广播网的实际需求。当然，要看到的是60年代中国处于较为不利的国际环境之中，与世界两大巨头美国、苏联都处于紧张的关系之中。尤其是60年代中后期苏联对中国主权的威胁使得"备战"成为重要的政治问题，因而建设一个能够在战时随时响应、紧急动员、即时开启人民战争的通讯网络也成为国家的必要投入。"文化大革命"政治运动又使得建设农村有线广播成为走社会主义道路的体现，这也为其发展铲平了诸多现实阻力。

20世纪60年代末运动式的"大办广播网"使中国农村有线广播网得以迅速覆盖乡村地区，一直到80年代，听广播成为农民最重要的信息获取方式。这一次建设高潮并没有走向迅速坍塌，而是使广播真正地、长时段地进入了中国乡村，促成了缓慢的、累进的变革。当然，这段看似平滑的历史中有着大量的网络整顿活动与技术革新更迭，最终构筑了一个普惠的、服务于乡土社区的广播系统。这一次广播建设热潮的成功，除乡村建设、备战、"文化大革命"等多种社会需求的驱动外，还归功于对农村广播网的长期有效的运营维护。而这一切都离不开"赤脚广播员"和"土记者"等诸多的制度安排，这些不脱产的农民经过动员与组织，进入广播技术维护和内容生产等事宜之中。由此，广播从一个外在的声音逐渐转化为一个内嵌于乡村社会结构的后勤力量，参与到人民公社社会生产的组织、协调以及乡村文化产品的生产传播过程中。而支持着农村广播网发展的物质性基础还涵括六七十年代蓬勃发展的地方工业与电子工业，广播相关器材——如扩大机、电唱机、收音机、喇叭、话筒等的本土制造，既为广播网的发展提供了坚实的物质基础，也促进了地方工业的发展，从而打通了乡村的电子消费与地方工业生产的内循环。

从农村有线广播网的普遍建设过程中，我们看到了中国进行社会主义建设的探索，也看到了群众路线如何被用于建设、维护农村有线广播网的过程中，从而使得广播能够被本社区所用，地方的声音也能够在全国传播。这种广播技术的扩散与社区运营广播的努力相互交织，共同形塑了中国20世纪六七十年代乡村的声音政治。在20世纪的实践之中，媒介技术从来没有被视为一个中立的存在，对媒介技术的选择、使用蕴含着人类价值取向与社会意图。作为行动者的人类，根据自身的需求开始了对特定媒介技术系统的选择之旅。在当时的历史条件下,唯有线广播能够做到以最低成本的方式抵达最大多数的农民,同时亦能够内嵌于乡村社区,为乡村本土所用。对于试图团结最广大民众,试图以农业现代化带动工业现代化,探索一条中国工业化道路的中国共产党来说,选择这一媒介技术有其历史必然性。

四、新历史主体与新声音:信息技术网络的社会潜能

同时,农村有线广播网作为媒介基础设施,也成为非人类的行动者,嵌入乡村社会结构之中,从而与作为行动者的农民形成互动,共同塑造了乡村的媒介生态。这意味着,并不仅仅是人在利用、使用媒介技术,同时媒介技术蕴含的"技术内码"也在改造、形塑社会关系。

新中国成立后,广播网络向农村下沉的趋势并未改变,直到普遍建设起深入每个农户家中的农村有线广播网。在广播大众化的初期,作为基础设施的广播渠道拓展重构了听众人群,也改变了以城市为中心的广播生产机制——农村不再作为城市的附属存在,成为需要开拓的听众"市场";农民也不再是遥远的陌生人,而变成了可感知的真实听众。由此,要让农民能够参与到广播声音所营造的虚拟共同体中,就需打破城市居民与农民之间的"文化区隔",使得广播声场能够涵盖最广大的农民,再现农民的生活世界。在20世纪50年代年代末60年代初,一个普遍的共识是原有的面对工人、知识分子的广播语言,在面对农民广播时亟需调整"腔调"与"文风"。也是在这个过程中,形象生动的劳动人民语言被纳入广播声音之中,改造思想感情、与劳动人民接触也成为对广播从业者的职业要求,同时农民形象也在广播声音里逐渐丰满起来——广播中的农民不再仅是一个有待启蒙、教育的对象,而成为一个能够自我启蒙、自我教育的能动群体。

六七十年代农村广播网开始深入乡村社区,这也意味着一旦其开始稳定、有效的运作,那么整个农村社区要"反向适应"这种电子媒介信息网络结构。这种新的信息网络建设会在乡村创造新的社会需求,当然相应地也会创造新的社会缺乏——农村有线广播网的维护需要大量的技术人员,要使用它为本地服务也需要大量的社区内容写作者,同时网络的普遍建设与及时维护更新也需要大量的电子工业产品支持。面对这些社会匮乏,最具历史惯性的解决路径是以技术专家为中心来组织维护网络——凭借专业的广播技术人员、广播编辑记者与专门的电子工业生产力量。但显然,在20世纪六七十年代,中国探索了另外一条道路——在没有足够的技术专家、文化内容生产者的状况下,在薄弱的工

业制造能力的基础上,如何调动众人的力量进行社会建设。

在农村有线广播网的建设中,我们看到了群众路线在社会主义建设中的应用探索。赤脚广播员、"土记者"等制度使得本土技术人员和知识分子服务于本地建设,这既解决了技术创新扩散带来的人才匮乏,也降低了整个网络运行管理的成本。以"五小"为代表的地方工业的建设,也打通了广播消费与电子工业生产的内循环,从而让几乎所有农民都能够听上广播。这个过程中蕴含着一整套试图破除"技术专家统治论"的技术-文化观,它试图通过"文化革命"的方式让曾经的底层掌握技术工具、掌握知识权力,进入社会治理与知识生产之中,将庶民转化为新的历史主人公。同时,它也鼓励以实践的方式去掌握知识、掌握技术,通过参加变革现实的实践最终成功地改造世界。

与彼时以无线广播建设全国广播网方案所不同的是,农村有线广播网塑造了一种混合的社会情境,"国家"与"地方"在乡村广播声音中交汇——既有代表国家意志与国家规划的声音由上而下撒播,又有由地方群众性通讯网络所书写、记录的本地经验、本地文化由下而上蔓延,同时用于协调、组织、规划本地生产生活的声音满溢其中——这共同建构了社会主义探索初期独特的声音政治。这种"复调"的声音一方面使得农民们深植于自己所在的社区,致力于本土的社会建设;另一方面也使得散落在各地的他们共享对于"国家""世界"的想象,农民不再囿于生活所在的小圈子,而在更广阔的社会场景想象自我身份。这塑就了"身在农村、胸怀世界"的理想的社会主义新型农民——他们脱离了小农经济,熟稔集体生产方式,掌握知识又知晓时事,被鼓励着通过实践获得政治表达能力与社会话语权,最终成为历史的创造者。

广播使农民们进入共时的全国时间中,也使社区之内的农民得以协调合作。对于20世纪六七十年代的中国农民来说,广播重新整合了他们所处的时空,广播声音参与塑造了他们的"乡土感"、"集体感"、"国家感"与"世界感",同时也激励农民拥有敢说敢干的实践勇气。这些累进的、潜移默化的社会影响,虽然难以用数字精确估算,但切切实实作用于人们的日常生活,并参与到人们对世界、对未来的想象之中。

从中国农村广播网的历史发展历程可以看出,中国共产党在农村的信息基础设施建设,不仅是出于政党自上而下管理广袤国土的现实需要,更凝聚着中国现代化转型中的集体智慧与社会共识——在积贫积弱状况之下发觉大众的力量,并相信通过人的联合可以构建有力的共同体,从而实现国家的现代化振兴。无疑,在20世纪初,中国共产党提供的社会主义方案以及配套的"群众路线"在实践上获得了成功,通过联合最广大的人民、激发与调动他们的能动性与创造力,最终取得中国革命的成功,自此摆脱了外敌入侵的屈辱历史。在新中国成立之后,在危机四伏的国际环境中,在一个千疮百孔的历经苦难的国度里,迅速实现工业化、实现社会主义现代化的路径是什么?显然,"群众路线"作为历史经验也被运用于社会主义建设的实践中,由此产生的各种尝试有过成功,亦遭受过失败。

农村有线广播网就是因此而起,这一媒介技术网络的建设从不以技术普及作为目的,也并不试图攫取商业利润,它指向的是更深层次的社会目标——有方向地转化大众与联系大众。它试图将传统农民转变为现代农民,参与到农村社会生产的集体化转型之中,同时建立人与人的社会主义联合。广播,作为当时最为先进的媒介工具,被用以"武装"人群,建构"人民本位"的信息传播网络,最终达成"人民知晓"与"人民表达"的双重功能。这样,具有能动性的个体可以在困厄的物质条件之下,坚韧地面对困境,灵活地解决问题,由此社会主义的文化、政治与社会主义的经济建设得以相互促进、相互成就。尽管新中国成立之后也遭遇了若干挫折,但不可否认的是高度组织性的人口,不仅在社会主义建设过程中体现其动能,在面临危机时展现其韧性,更在战备方面展现其威慑性。高度组织化的人群、长期战争的动员能力,使中国在冷战的不利格局中始终保持着受打击后生存下来并回击的"可置信威胁"。

农村有线广播网的普遍建设,成为组织、动员最广大民众的重要基础设施,也展现出了基础设施所具有的巨大潜力:可以通过广播网即时动员连接大众,而人群则能在特定的社会结构中创造个人所无法企及的奇迹。坚信具有能动性的人可以在实践中创造历史,帮助中国披荆斩棘、突破结构性困境,对于在全球秩序中依然处于不利位置的其他国家来说,这也是弥足珍贵的经验。也正是在此背景下,才能够理解中国共产党拥抱先进信息技术的冲动,增强对大众的动员能力既是一种历史惯性,也是对历史经验的反复确认,更是一种有方向的历史信念。

对社会主义建设时期农村广播网历史的打捞,可以让我们进入历史的具体历程之中,摆脱历史虚无主义设置的陷阱,进而理解过去何以能够影响当下。正如赵月枝所言,"中国革命和社会主义意识形态遗产对一部分批判知识分子和下层民众的吸引力恰恰在于这种意识形态的部分历史真实性和他们对社会现实的认知以及对自由与解放的具体的、社会的和历史的体验"。[1] 在社会主义

---

[1] 赵月枝. 传播与社会:政治经济与文化分析[M]. 北京:中国传媒大学出版社,2011:37.

时期农村广播网的建设过程之中，我们可以看到底层与庶民如何在新的历史时期，被编织到一个由社会主义政治、经济、文化、社会实践所造就的无缝之网中，并在有目的、有方向的社会规划之中转化为现代主体的过程。进而，我们得以体认农村广播网这一信息与文化技术如何参与这一历史过程，如何被用以生产出新的历史主体——联合的社会主义现代化的人民大众，而这些人民大众正是未来历史的创造者与见证者。

参考文献

阿利埃斯，杜比. 私人生活史3：星期天历史学家说历史（文艺复兴）[M]. 杨家勤，等译. 哈尔滨：北方文艺出版社，2013.

爱森斯坦. 作为变革动因的印刷机：早期近代欧洲的传播与文化变革[M]. 何道宽，译. 北京：北京大学出版社，2010.

安德森. 想象的共同体：民族主义的起源与散布[M]. 吴叡人，译. 上海：上海人民出版社，2016.

安徽省地方志编纂委员会. 安徽省志：政党志[M]. 北京：方志出版社，1998.

巴比耶. 书籍的历史[M]. 刘阳，等译. 桂林：广西师范大学出版社，2005.

巴克勒，希尔，麦凯. 西方社会史[M]. 霍文利，等译. 桂林：广西师范大学出版社，2005.

白馥兰. 技术、性别、历史：重新审视帝制中国的大转型[M]. 吴秀杰，白岚玲，译. 南京：江苏人民出版社，2017.

包伟民. 传统国家与社会960－1279年[M]. 北京：商务印书馆，2009.

薄一波. 若干重大决策与事件的回顾：下[M]. 北京：中共中央党校出版社，1993.

北京广播学院新闻系. 中国报刊广播文集：3[M]. 1980.

北京广播学院新闻系. 中国报刊广播文集：2[M]. 1980.

北京广播学院新闻系. 中国新闻广播文集：下册[M]. 1961.

本书编委会. 中华人民共和国国史全鉴：第三卷1960－1966[M]. 北京：团结出版社，1996.

本雅明. 两种普及：广播剧的基本原则[J/OL]. 热风学术网刊，2006，3.

本雅明. 说故事的人[M]∥汪正龙. 文学理论研究导引. 南京：南京大学出版社，2006.

本一. 汉阳县社、队广播站是怎样勃兴的？[M]∥武汉市蔡甸区政协文史学习委员会.蔡甸区文史资料：第六辑[M].1998.

璧山县广播电视局.1932－1995璧山县广播电视志：第1卷[M].1998.

波斯特.第二媒介时代[M].范静哗,译.南京：南京大学出版社,2001.

伯攸.收音机[J].小朋友,1935,640：10.

布罗代尔.15至18世纪的物质文明、经济和资本主义：第一卷[M].顾良,施康强,译.北京：生活·读书·新知三联书店,1992.

蔡元培.国文之将来[M]//李杏保,方有林,徐林祥.国文国语教育论典：上.北京：语文出版社,2014.

蔡竹友.忆句容广播收音站[M]//中国人民政治协商会议江苏省句容县委员会文史资料研究委员会.句容文史资料：第14辑.1996：5.

察哈尔右翼后旗地方志编纂委员会.察哈尔右翼后旗志[M].呼伦贝尔：内蒙古文化出版社,2007：1052.

常州市郊区地方志编纂委员会.常州市郊区志[M].1988.

陈崇山,孙五三.媒体人现代化[M].北京：中国社会科学出版社,1997.

陈东林.1966－1976年中国国民经济概况[M].成都：四川人民出版社,2016.

陈独秀.敬告青年[J].新青年,1915,1(1).

陈冠任.治国录：毛泽东与1949年后的中国 3[M].北京：中共党史出版社,2014.

陈海峰.无悔的岁月：关于我国农村广播网工作的回忆[M]//中华人民共和国史广播电视编辑部.当代中国广播电视回忆录：第二辑.北京：中国广播电视出版社,1995.

程同顺.当代中国农村政治发展研究[M].天津：天津人民出版社,2000.

崔宝道.农村变样了[J].收音员通讯,1955,2：22.

达勒瓦.艺术史方法与理论[M].徐佳,译.北京：人民美术出版社,2017.

大公报社人民手册编辑委员会.1957人民手册[M].1957.

大连人民广播电台.大连广播回忆录：第1辑（内部参考）[M].1986.

大足县县志编修委员会.大足县志[M].北京：方志出版社,1996.

戴俊潭.电视文化与农民意识变迁[M].济南：山东人民出版社,2012.

当代北京编辑部.当代北京广播史话[M].北京：当代中国出版社,2013.

当代中国的安徽编辑委员会.当代中国的安徽：上[M].北京：当代中国出版社,2009.

当代中国的广播电视编辑部.中国的有线广播[M].北京：北京广播学院出

版社，1988.

当代中国的广播电视编辑委员会. 当代中国的广播电视：上 [M]. 北京：当代中国出版社，2009.

《当代河南历史丛书》编委会. 当代河南的广播电视 [M]. 北京：当代中国出版社，1994.

当代中国的河南编辑委员会. 当代中国的河南：下 [M]. 北京：当代中国出版社，2009.

当代中国的广播电视编辑部. 中国的广播节目 [M]. 北京：北京广播学院出版社，1987.

当代中国的邮电事业编辑委员会. 当代中国的邮电事业 [M]. 北京：当代中国出版社，2009.

当代中国研究所. 中华人民共和国史编年：1956年卷 [M]. 北京：当代中国出版社，2011.

邓炘炘. 动力与困窘：中国广播体制改革研究 [M]. 北京：中国经济出版社，2006.

刁小行. 政治传播视角下的中国乡村有线广播 [D]. 武汉：华中师范大学，2008.

董本来. 关于反奸诉苦减租减息与生产运动的相互关系及斗争的环节问题 [M] // 中共山东省委党史研究室. 解放战争时期山东的土地改革. 济南：山东人民出版社，1993.

杜一娜. 县级融媒体中心建设 打通媒体融合"最后一公里" [EB/OL].（2018-8-28）[2018-10-05].http://media.people.com.cn/n1/2018/0828/c40606-30256090.html.

段发明. 新中国"红色"课本研究 [M]. 北京：知识产权出版社，2015.

法库县地方志编纂委员会. 法库县志 [M]. 沈阳：沈阳出版社，1990.

樊永刚. 大庸邮电简史 [M] // 中国人民政治协商会议大庸市永定区委员会文史资料研究委员会. 永定文史资料：第7-8辑. 1992.

方飞. 收音站创业记 [M] // 方飞. 建立中国式的新型老年学：方飞老年学研究文集. 贵阳：贵州人民出版社，2005.

方汉奇. 中国新闻事业编年史：上 [M]. 福州：福建人民出版社，2018.

方汉奇. 中国新闻事业通史：第三卷 [M]. 北京：中国人民大学出版社，1999.

房山区政协文教文史联络委员会. 房山文史资料：第18辑 [M]. 2005.

费孝通. 费孝通全集：第5卷 1947[M]. 呼和浩特：内蒙古人民出版社，2009.

费孝通. 乡土中国 [M]. 修订版. 上海：上海人民出版社，2013.

芬伯格. 技术批判理论 [M]. 韩连庆，曹观法，译. 北京：北京大学出版社，2005.

芬伯格. 可选择的现代性 [M]. 陆俊，严耕，等译. 北京：中国社会科学出版社，2003.

芬伯格. 在理性与经验之间：论技术与现代性 [M]. 高海青，译. 北京：金城出版社，2015.

福建省顺昌县政协文史委员会，福建省顺昌县水利电力局. 顺昌文史资料：第16辑 水电赞歌 顺昌水利水电建设纪实 [M]. 1998.

付建舟，黄念然，刘再华. 近现代中国文论的转型 [M]. 上海：上海古籍出版社，2015.

付原助. 巫山第一个收音站 [J]. 巫山人文，2006：19-20.

复旦大学新闻系. 新闻学小辞典（初稿）[M]. 广西日报编辑部，1976.

干春松. 儒家观念与传统中国地方社会秩序的建构 [M] // 黎红雷. 治道新诠：中山大学中国管理哲学学科创立二十周年纪念文集. 广州：中山大学出版社，2011.

耿文彬. 泰兴收音站始末 [M] // 政协泰州市学习文史委员会. 泰州文史资料（1949－1952）. 2008.

公社日子万年春·诗歌 [M]. 石家庄：河北人民出版社，1975.

宫承波. 中国第一座对农广播电台考 [J]. 现代传播，2005（3）：37-38.

龚铭，张道有. 中山先生的一天 [M]. 北京：中国国际广播出版社，2017.

龚育之. 党史札记：一集 [M]. 北京：人民出版社，2014.

广播电影电视部政策研究室. 梅益谈广播电视 [M]. 北京：中国广播电视出版社，1987.

广东省高等院校《中国共产党简史讲义》编写组. 中国共产党简史讲义 [M]. 广州：广东人民出版社，1980.

广东省四会市政协文史资料委员会. 四会文史：第33辑 [M]. 2016.

广东省政协文化和文史资料委员会. 广东文史资料：第86辑 [M]. 北京：中国文史出版社，2010.

广东省中小学教材编写组. 农村有线广播 [M]. 北京：人民教育出版社，1976.

贵阳市地方编纂委员会. 贵阳通史：下 [M]. 贵阳：贵州人民出版社，2011.

贵州省地方志编纂委员会. 贵州省志：机械电子工业志 [M]. 贵阳：贵州人民出版社，1988.

贵州省地方志编纂委员会编. 贵州省志：广播电视志 [M]. 贵阳：贵州人民出版社，1999.

贵州省广播电视厅. 贵州省广播电视简史资料 [M]. 1985.

贵州省三都县广播站. 群众喜爱的公社食堂放大站 [J]. 广播业务，1960（5）：29.

桂阳县太和镇人民政府. 太和镇志 [M]. 1999.

郭国太，曹日兴. 中国电子工业结构研究 [M]. 太原：山西经济出版社，1994.

郭民良. 新编中国国情教育读本 [M]. 北京：中国政法大学出版社，1991.

国家统计局. 第七次全国人口普查公报（第七号）[EB/OL].（2021-5-11）[2021-6-30]. http://www.stats.gov.cn/tjsj/tjgb/rkpcgb/qgrkpcgb/202106/t20210628_1818826.html.

国家统计局. 中国统计年鉴：1981[M]. 北京：中国统计出版社，1982.

哈贝马斯. 资产阶级公共领域的瓦解 [M] // 胡惠林，单世联. 文化产业研究读本：西方卷. 上海：上海人民出版社，2011.

哈维. 资本之谜：人人需要知道的资本主义真相 [M]. 陈静，译. 北京：电子工业出版社，2011.

哈艳秋. 日本侵华时期的日伪广播研究 [G] // 中国广播电视协会. 中广协会2004年度立项课题成果汇编. 北京：中国广播电视出版社，2006.

韩泽. 深刻一些、生动一些：对农村广播节目编辑札记 [J]. 广播业务，1961（1）：8.

韩泽. 有所思 [M]. 长春：吉林人民出版社，2004.

郝时远，杨兆麟. 梅益百年纪念文集 [M]. 北京：社会科学文献出版社，2014.

何道宽. 夙兴集：闻道·播火·摆渡 [M]. 上海：复旦大学出版社，2013.

何舜道. 简介建市前的曲、沾两县广播事业 [M] // 中国人民政治协商会议云南省曲靖市委员会文史资料委员会. 曲靖市文史资料：第6辑. 1992.

何一民. 从农业时代到工业时代：中国城市发展研究 [M]. 成都：巴蜀书社，2009.

何云庵. 西南交通大学史：第四卷1949－1972[M]. 成都：西南交通大学出版社，2016.

河北台播音组. 我们对农民广播的一点体会 [J]. 广播业务，1960（9）：30.

河南省邮电管理局邮志编纂室. 河南邮电历史资料汇编：第十一辑（下）农村电话专辑 [G]. 1987.

赫伊津哈. "历史"概念之定义 [EB/OL].（2018-1-27）[2018-06-01]. https://www.thepaper.cn/newsDetail_forward_1962374.

黑龙江广播网发展很快：城市人民公社普建广播站 [J]. 广播业务，1960（5）：28.

洪淳生，吕建月. 中国共产党建德历史（1949－1978）[M]. 北京：中共党史出版社，2008.

侯德云. 天鼓：从甲午战争到戊戌变法 [M]. 上海：上海社会科学院出版社，2017.

侯松涛. 全能政治：抗美援朝运动中的社会动员 [M]. 北京：中央文献出版社，2012.

胡耳顺. 毕节地区广播电视志 [M]. 贵阳：贵州人民出版社，2003.

胡恒. 皇权不下县？：清代县辖政区与基层社会治理 [M]. 北京：北京师范大学出版社，2015.

胡乔木传编写组. 胡乔木传：上 [M]. 北京：当代中国出版社，2014.

胡乔木传编写组. 我所知道的胡乔木 [M]. 北京：当代中国出版社，2012.

胡绳. 从鸦片战争到五四运动 [M]. 上海：上海人民出版社，1982.

胡世徽，张湘绮. 最是难忘的一页：回忆心得选 [M]. 贵阳：贵州人民出版社，1999.

胡维佳. 中国科技政策资料选辑（1949－1995）：中 [G]. 济南：山东教育出版社，2006.

胡祥翰. 上海小志 [M]. 上海：上海古籍出版社，1989.

胡愈. 谈收集反映的工作 [J]. 收音员通讯，1954，10：4-5.

湖北省五峰土家族自治县地方志编纂委员会. 五峰县志 [M]. 北京：中国城市出版社，1994.

湖南人民广播电台. 怎样收集群众反映 [J]. 收音员通讯，1954，10：2-3.

湖南人民广播电台. 怎样做一个广播收音员：湖南人民广播电台收音员训练班学习资料 [M]. 1951.

湖南省地方志编纂委员会. 湖南省志：第20卷 新闻出版志 广播电视

[M]. 长沙：湖南人民出版社，1997.

湖南省广播事业局《省志》编写组. 湖南省广播电视历史资料：1930－1980[M]. 1981.

华东师范大学中国当代史研究中心. 中国当代民间史料集刊14：沙文汉工作笔记 1957－1958年 [M]. 上海：东方出版中心，2016.

华南文工团（肇庆）同志. 情系荷乡六秩秋：华南文工团儿女在肇庆 [M]. 2010.

黄艾. "人民本位"：建国初期广播事业的"公共"话语实践 [J]. 现代传播（中国传媒大学学报），2014，36（12）：167-168.

黄华. 语言革命的社会指向：对中国近代史的一种传播学考察 [M]. 桂林：广西师范大学出版社，2016.

黄瑞雄，邹顺宏. 从SSK科学观的演进看STS的实践化转向 [J]. 科学技术哲学研究. 2005，22（6）：49.

黄卫星，李彬. 葛兰西与毛泽东"文化领导权"思想比较 [J]. 清华大学学报（哲学社会科学版），2012（3）：128.

黄晞. 中国近现代电力技术发展史 [M]. 济南：山东教育出版社，2006.

黄岩广播电视志编纂委员会. 黄岩广播电视志 [M]. 杭州：浙江人民出版社，2005.

黄裕峯. 新技术时代的海峡两岸新闻传播教育 [M]. 北京：九州出版社，2014.

霍杰斯，西博尔德. 人类的音乐经验：音乐心理学导论 [M]. 刘沛，译. 北京：中央音乐学院出版社，2015.

吉川弘之，内藤耕. 产业科学技术哲学 [M]. 王秋菊，陈凡，译. 沈阳：辽宁人民出版社，2015.

吉登斯，皮尔森. 现代性：吉登斯访谈录 [M]. 尹宏毅，译. 北京：新华出版社，2001.

吉林人民广播电台. 中国广播电视史座谈会专辑 [M]. 1983.

吉林省档案馆. 中国共产党吉林省委员会重要文件汇编：第10册 1959年 [G]. 1989.

吉林省地方志编纂委员会. 吉林省志：卷四十二 新闻事业志 广播电视 [M]. 长春：吉林人民出版社，1991.

吉林省汪清县广播站、电信局. 思想落实战备、设备适应打仗：从实战需要出发革新设备试验一线多用 [N]. 农村广播网简报，1970-12-3（7）.

冀朝鼎. 中国历史上的基本经济区 [M]. 朱诗鳌, 译. 北京: 商务印书馆, 2014.

冀鲁豫日报史编委会. 冀鲁豫日报史 [M]. 贵阳: 贵州人民出版社, 1993.

加达默尔. 真理与方法: 哲学诠释学的基本特征 上卷 [M]. 洪汉鼎, 译. 上海: 上海译文出版社, 1999.

蒋崇伟. 中国农村社会主义改造与改革40年: 1951.12—1991.11[M]. 长沙: 湖南师范大学出版社, 1993.

江村罗布. 辉煌的二十世纪新中国大纪录: 西藏卷 [M]. 北京: 红旗出版社, 1999.

江苏省普遍建立了农村有线广播网 [N]. 人民日报, 1956-11-27。

江苏省住房和城乡建设厅. 乡村规划建设: 第5辑 [M]. 北京: 商务印书馆, 2015.

江西省广播电视志编纂委员会. 江西省广播电视志 [M]. 北京: 方志出版社, 1999.

江西省委党史研究室. 第四届湘鄂赣苏区论坛论文集 [M]. 南昌: 江西教育出版社, 2017.

江西省物价志编纂委员会. 江西省物价志 [M]. 北京: 方志出版社, 2003.

焦光辉. 探索: 经济体制的演变与博弈 [M]. 西安: 陕西人民出版社, 2014.

焦润明. 中国现代文化论争 [M]. 北京: 社会科学文献出版社, 2012.

金冲及. 生死关头: 中国共产党的道路抉择 [M]. 北京: 生活·读书·新知三联书店, 2016.

金观涛, 李青峰. 兴盛与危机: 论中国社会超稳定结构 [M]. 北京: 法律出版社, 2011.

金观涛. 在历史的表象背后: 对中国封建社会超稳定结构的探索 [M]. 成都: 四川人民出版社, 1984.

金英秀, 廉光铉. 汪清县广播电视事业发展概况 [M] // 政协汪清县委员会文史资料办公室. 汪清文史资料: 第4辑. 1996.

进贤县人民委员会关于普及广播网, 实现我县广播化有关事项的通知(58)会办字第(071)号 [M] // 吴振明. 进贤县文化广播电视旅游志. 2006.

九江市地方志编纂委员会. 九江市志: 第2册 [M]. 南京: 凤凰出版社, 2004.

九台市政协文教卫生委员会. 九台文史资料: 第3辑 [M]. 1991.

康凌. 启蒙的声音与声音的启蒙：公众演讲中的大学教育、社会想象与国家政治 [J]. 东岳论丛，2017，38（11）：27.

柯林武德. 历史的观念 [M]. 何兆武，张文杰，译. 北京：中国社会科学出版社，1986.

克夫顿，布莱克. 简明大历史 [M]. 于非，译. 长沙：湖南文艺出版社，2018.

拉金. 信号与噪音 [M]. 陈静静，译. 北京：商务印书馆，2014.

莱文森. 数字麦克卢汉：信息化新纪元指南 [M]. 何道宽，译. 北京：社会科学文献出版社，2001.

劳动人事部编制局. 机构、编制、体制文件选编：下 [G]. 北京：劳动人事出版社，1986.

李彬. 欧洲传播思想史 [M]. 上海：复旦大学出版社，2016.

李德才. 哪里艰苦到哪里去 [M] // 广西人民革命大学历史研究会. 熔炉（下）：广西人民革命大学师生员工回忆录. 1997.

李鉴钊. 征程留踪：云南老新闻工作者回忆录 第1集 [M]. 1995.

李开军. 中国记者历史专题研究 [M]. 济南：山东文艺出版社，2009.

李乐. 教育农民：浙东乡村社会变迁中的政治传播1949－1962[M]. 上海：复旦大学出版社，2016.

李零. 我们的中国：第1编 [M]. 北京：生活·读书·新知三联书店，2016.

李茂盛. 民国山西史 [M]. 太原：山西人民出版社，2011.

李三虎. 技术决定还是社会决定：冲突和一致 走向一种马克思主义的技术社会理论 [M] // 殷登祥等. 技术的社会形成：当代科学、技术与社会STS前沿. 北京：首都师范大学出版社，2004.

李盛. 建国初乡村有线广播兴起的原因探析 [J]. 新闻研究导刊，2014（7）：123.

李宛聪. 浅析建国初期的谣言及政府应对 [M] // 中共中央文献研究室科研管理部. 中共中央文献研究室个人课题成果集：2014年. 北京：中央文献出版社，2015.

李雪. 晚清西方电报技术向中国的转移 [M]. 济南：山东教育出版社，2013.

李煜. 历史视野下的国家与广播 [J]. 现代传播（中国传媒大学学报），2013，35（7）：24.

李煜. 中国广播现代性流变：国民政府广播研究（1928—1949年）[M]. 北

京：中国传媒大学出版社，2017.

李哲. 从"大胆吸收"到"创新驱动"：中国科技政策的演化 [M]. 北京：科学技术文献出版社，2017.

里尔斯，霍尔. 技术的历程：中世纪到文艺复兴 [M]. 汪前进，译. 杭州：浙江教育出版社，2013.

梁平县国营邵新煤矿志编纂委员会. 梁平县国营邵新煤矿志：1969－1993[M]. 成都：四川人民出版社,1996.

梁漱溟. 乡村建设运动 [G] // 杨力. 中国抗战大后方中间党派文献资料选编：上. 重庆：重庆出版社，2016.

辽宁省地方志编纂委员会办公室. 辽宁省志：广播电视志 [M]. 沈阳：辽宁科学技术出版社，1998.

列宁. 列宁全集：第6卷 [M]. 北京：人民出版社，1986.

列宁. 列宁选集：第1卷 [M]. 北京：人民出版社，1995.

列维塔斯. 乌托邦之概念 [M]. 李广益，范轶伦，译. 北京：中国政法大学出版社，2018.

林纾. 答大学堂校长蔡鹤卿太史书 [M] // 冯克诚. 戊戌维新和辛亥革命时期教育思想与论著选读. 北京：人民武警出版社，2011.

临安市广播电视志编纂委员会. 临安市广播电视志 [M]. 北京：中国文史出版社，2009.

刘枫. 江西广播事业创业与发展的峥嵘岁月 [M] // 危仁晸. 回望：2. 北京：当代中国出版社，2014.

刘广生，赵梅庄. 中国古代邮驿史 [M]. 修订版. 北京：人民邮电出版社，1999.

刘惠林. 提高农村人口素质的公共财政政策研究 [M]. 哈尔滨：黑龙江人民出版社，2017.

刘家林. 中国新闻史 [M]. 武汉：武汉大学出版社，2012.

刘建体. 从农村宣传员到县城"七品官" [G] // 唐山市丰南区政协文史委员会，唐山市丰南区地方志办公室. 丰南史志资料选编：第四册. 北京：中国文史出版社，2008.

刘江. 试谈通俗化口语化 [J]. 广播业务，1960（5）：11－13.

刘月影. 无线电广播与上海早期都市文化建构（1923－1949）[D]. 上海：上海师范大学，2014.

刘长允. 山东广播电视发展史：1948－1978[M]. 济南：齐鲁书社，2008.

龙卡利奥洛.新闻界与大众媒介[M]//戈帕尔,齐赫文斯基.人类文明史7:20世纪.中文版编译委员会,译.南京:译林出版社,2015.

龙伟,赵莉.媒介与社会:民国广播史论[M].北京:中国广播影视出版社,2016.

龙扬志.黄遵宪集[G].广州:广东人民出版社,2018.

鲁西奇.中国历史的空间结构[M].桂林:广西师范大学出版社,2014.

鲁迅.鲁迅全集:第6卷[M].北京:人民文学出版社,2005.

鲁迅.鲁迅杂文全集:下[M].北京:群言出版社,2016.

陆璆.集中力量、办好节目:江苏台调整节目安排[J].广播业务,1961(3):5.

鹿野.建立农村广播网[M].北京:科学普及出版社,1956.

鹿野.一个农村有线广播站的成长[M]//广播事业为农业合作化服务.北京:新知识出版社,1956.

栾和庆.孙中山的演讲学思想[J].扬州大学学报（人文社会科学版),1986,4:75-79.

罗灿武.临沧市广播电视志[M].昆明:云南科学技术出版社,2006.

罗志田.权势转移:近代中国的思想与社会[M].修订版.北京:北京师范大学出版社,2014.

洛文塔尔.文学、通俗文化和社会[M].甘锋,译.北京:中国人民大学出版社,2012.

吕斌.记忆中广播喇叭的年代[J].文史精华,2016,246（9）:31.

吕世辰.农民流动与中国社会结构变迁[M].北京:新华出版社,1999.

吕新雨."民工潮"的问题意识[J].读书,2003（10）:52-61.

马家驹,廖盖隆.怎样在农村中开展抗美援朝运动[M]//中国人民保卫世界和平反对美国侵略委员会.怎样在农村中开展抗美援朝运动.北京:人民出版社,1951.

马克思.中国革命和欧洲革命[M]//马克思,恩格斯.马克思恩格斯文集:2.北京:人民出版社,2009.

马里厄斯,佩吉.历史写作简明指南[M].党程程,译.成都:四川人民出版社,2018.

马泉山.新中国工业经济史:1966-1978[M].北京:经济管理出版社,1998.

马社香.中国农业合作化运动口述史[M].北京:中央文献出版社,2012.

马特拉．全球传播的起源 [M]．朱振明，译．北京：清华大学出版社，2015．

迈斯纳．毛泽东与马克思主义、乌托邦主义 [M]．中共中央文献研究室《国外研究毛泽东思想资料选辑》编辑组，译．北京：中央文献出版社，1991．

麦克卢汉．理解媒介：论人的延伸 [M]．何道宽，译．南京：译林出版社，2011．

毛泽东．关于农业机械化问题的一封信 [M] // 中共中央文献研究室．毛泽东文集：第8卷．北京：人民出版社，1993．

毛泽东．建国以来毛泽东文稿：第2卷 [M]．北京：人民出版社，1987．

毛泽东．论联合政府 [M] // 中共中央文献研究室，中国延安干部学院．延安时期党的重要领导人著作选编：上．北京：中央文献出版社，2014．

毛泽东．毛泽东新闻工作文选 [M]．北京：新华出版社，1983．

毛泽东．毛泽东选集：第4卷 [M]．北京：人民出版社，1991．

毛泽东．组织起来 [M] // 孙晓忠，高明．延安乡村建设资料：2．上海：上海大学出版社，2012．

眉县地方志编纂委员会．眉县志 [M]．西安：陕西人民出版社，2000．

梅益．普及农村广播网 [M] // 北京广播学院新闻系．中国报刊广播文集：6．1980．

孟儋然，郭安沁．技术发生学的发轫及其背景 [J]．科学技术与辩证法，1989（05）：59-60．

摩尔．地球的转型：在现代世界形成和解体中自然的作用 [M]．赵秀荣，译．北京：商务印书馆，2015．

默顿．十七世纪英格兰的科学技术与社会 [M]．范岱年，吴忠，蒋效东，译．北京：商务印书馆，2000．

南通市地方志编纂委员会．南通市志：下 [M]．上海：上海社会科学院出版社，2000．

内蒙古广播电视编辑室．内蒙古广播电视志 [M]．呼和浩特：内蒙古人民出版社，1987．

宁树藩．中国地区比较新闻史：下 [M]．上海：复旦大学出版社，2018．

农村电工函授教材编写组．上海市业余函授教材农村电工：下册 [M]．上海：上海人民出版社，1977．

怒江傈僳族自治州地方志办公室．怒江傈僳族自治州志：上册 [M]．北京：民族出版社，2006．

潘若天．从马戛尔尼使团"钦差"与"贡使"之争看清廷外交的拟宗藩体

系 [D]. 天津：天津师范大学，2011.

潘自力. 在陕西省第一次广播收音工作会议上的讲话（一九五三年四月十一日）[M] // 中共陕西省委党史研究室. 潘自力. 西安：陕西人民出版社，1990.

裴宜理. 重访中国革命：以情感的模式 [J]. 中国学术，2001（4）：99-100.

彭芳群. 政治传播视角下的解放区广播研究 [M]. 北京：中国传媒大学出版社，2014.

彭红燕. 中国新闻事业史 [M]. 武汉：武汉大学出版社，2011.

彭慕兰. 大分流及其后：比较与长远视角中的东亚与北大西洋 [M] // 刘东. 中国学术：总第35辑. 北京：商务印书馆，2015.

平湖市广播电视志编纂委员会. 平湖市广播电视志 [M]. 杭州：浙江人民出版社，2007.

齐辉. 伪满时期日本对华广播侵略 [EB/OL].（2015.07.02）.[2017-9-02]. http://whis.cssn.cn/bk/bkpd_qklm/bkpd_bkwz/201507/t20150731_2102866.shtml.

齐美尔. 社会是如何可能的：齐美尔社会学文选 [M]. 林荣远，编译. 桂林：广西师范大学出版社，2002.

齐涛. 魏晋隋唐乡村社会研究 [M]. 济南：山东人民出版社，1995.

钱民权. 50后上海人说事 [M]. 上海：上海社会科学院出版社，2011.

钱玄同. 钱玄同文集：第3卷 [M]. 北京：中国人民大学出版社，1999.

瞿秋白. 瞿秋白文集：文学编3[M]. 北京：人民文学出版社，1985.

人民日报社论全集编写组. 人民日报社论全集：解放战争时期、国民经济恢复和社会主义改造时期（一）[M]. 北京：人民日报出版社，2013.

桑兵. 历史的本色：晚清民国的政治、社会与文化 [M]. 桂林：广西师范大学出版社，2016.

沙培德. 战争与革命交织的近代中国（1895-1949）[M]. 高波，译. 北京：中国人民大学出版社，2016.

沙培德. 知识传播与集体认同之载体：历史、记忆、教科书 [M] // 张寿安. 晚清民初的知识转型与知识传播. 北京：北京师范大学出版社，2018.

山东省地方史志编纂委员会. 山东省志：广播电视志 [M]. 济南：山东人民出版社，1993.

山东省第一季度广播网发展成绩巨大 [J]. 广播业务，1960（5）：28.

陕西省地方志编纂委员会. 陕西省志：第69卷 广播电视志 [M]. 北京：中国广播电视出版社，1993.

陕西师范大学教育研究所. 陕甘宁边区教育资料：社会教育部分上 [M]. 北京：教育科学出版社，1981.

上海华东师范大学中国当代史研究中心. 中国当代民间史料集刊15：陈修良工作笔记1945－1951[M]. 上海：东方出版中心，2015.

上海人民出版社. 千歌万曲献给党 [M]. 上海：上海人民出版社，1971.

上海市出版革命组. 充分发挥笔杆子的战斗作用 [M]. 1970.

上海市广播电视局《当代》编辑组. 上海广播电视资料汇编：第一辑 [G]. 1986.

上海县梅陇公社4月底达到一户一只喇叭 [J]. 广播业务，1960（5）：29.

沈台. 收音机下乡 [N]. 人民日报，1954-3-30.

生安锋，李秀立. 后殖民主义、女性主义、民族主义与想象：佳亚特里·斯皮瓦克访谈录（下）[J]. 文艺研究，2007（12）：59.

施拉姆. 大众传播媒介与社会发展 [M]. 金燕宁，蒋千红，朱剑红，译. 北京：华夏出版社，1990.

说说过去农村的广播 [EB/OL].（2006-12-18）[2018-03-05]. http://blog.sina.com.cn/s/blog_48c72ded010005k0.html.

司有和. 中华人民共和国科技传播史 [M]. 重庆：重庆出版社，2005.

斯丹迪奇. 维多利亚时代的互联网 [M]. 多绥婷，译. 南昌：江西人民出版社，2017.

斯坦福. 历史研究导论 [M]. 刘世安，译. 北京：世界图书出版公司，2012.

四川省地方志编纂委员会. 四川省志：广播电视志 [M]. 成都：四川科学技术出版社，1996.

苏力. 大国宪制：历史中国的制度构成 [M]. 北京：北京大学出版社，2018.

苏全有，李长印，王守谦. 近代河南经济史：上 [M]. 郑州：河南大学出版社，2012.

苏生文. 中国早期的交通近代化研究：1840－1927[M]. 上海：学林出版社，2014.

谭嗣同. 谭嗣同集 [M]. 长沙：岳麓书社，2012.

汤林森. 文化帝国主义 [M]. 冯建三，译. 上海：上海人民出版社，1999.

铜梁县广播电视局. 铜梁县广播电视志 [M]. 1986.

汪晖. 我们如何成为"现代的"？ [M] // 张颐武. 现代性中国. 开封：河南大学出版社，2005.

王继荣 . 我们怎样把收音机和幻灯配合起来进行宣传 [J]. 收音员通讯，1954，10：11.

王建华 . 抗日战争时期陕甘宁边区的识字运动 [J]. 中共党史研究，2010（2）：70.

王阑西 . 驰骋华中：和少奇同志在一起的日子 [M]. 北京：中国文联出版公司，1995.

王遴公 . 九台县历史沿革概述 [M] // 九台县政协文史资料办公室 . 九台文史资料：第1辑 . 1986.

王力 . 新中国农业税历程 [M]. 北京：中国税务出版社，2009.

王寿椿，许煜 . 中国对外经济关系 [M]. 北京：对外贸易教育出版社，1988.

王树国 . 笔耕思味录 [M]. 北京：中国文联出版社，2015.

王育民 . 中国历史地理概论 上册 [M]. 北京：人民教育出版社，1985.

威廉姆斯 . 电视：科技与文化形式 [M]. 冯建三，译 . 台北：远流出版事业股份有限公司，1994.

威廉斯 . 现代主义的政治：反对新国教派 [M]. 阎嘉，译 . 北京：商务印书馆，2002.

魏特夫 . 东方专制主义：对于极权力量的比较研究 [M]. 徐式谷，奚瑞森，邹如山，等译 . 北京：中国社会科学出版社，1989.

温济泽 . 延安和陕北 新华广播电台 [M] // 中国人民大学新闻系 . 中国新闻事业史教学参考资料 新民主主义革命时期 . 1981.

温铁军 . 中国农村基本经济制度研究："三农"问题的世纪反思 [M]. 北京：中国经济出版社，2000.

文水县胡兰公社革命委员会 . 发扬刘胡兰精神自力更生办好农村广播网 [R]. 山西省广播工作会议秘书处印，1970.

翁 . 口语文化与书面文化：语词的技术化 [M]. 何道宽，译 . 北京：北京大学出版社，2008.

沃勒斯坦 . 沃勒斯坦精粹 [M]. 黄光耀，洪霞，译 . 南京：南京大学出版社，2003.

邬逸欣 . 河北人民广播电台赠送农业生产合作社收音机 [N]. 人民日报，1954-5-30.

吴保丰 . 建设全国广播网计划草案 [J]. 无线电，4（2）：89.

吴超 . 重大历史事件中的周恩来 [M]. 北京：九州出版社，2013.

吴传梁，南京市地方志编纂委员会．南京广播电视志[M]．南京：南京出版社，1998．

吴方．图说中国文化史[M]．北京：生活·读书·新知三联书店，2019．

吴汉唐，袁政余．老圩区收音站怎样开展工作[J]．收音员通讯，1954，10：9．

吴惠芳．忆嘉定县人民政府收音站二三事[M]∥嘉定区地方志办公室．练川古今谈：第五辑．2010．

吴慧．中国商业通史：第5卷[M]．北京：中国财政经济出版社，2008．

吴坚奋．思辨性新闻攻略[M]．北京：中国轻工业出版社，2008．

吴靖，云国强．未来信息社会向何处去：中国语境中的技术变革与"互联网+"[J]．人民论坛·学术前沿，2015，15：53．

吴黎平．毛泽东一九三六年同斯诺的谈话：关于自己的革命经历和红军长征等问题[M]．北京：人民出版社，1979．

武慧芳．从媒介形态视角看新中国成立初期的广播大会：以20世纪50年代天津广播大会为例[J]．山西高等学校社会科学学报，2012，24（7）：112．

席勒．信息资本主义的兴起与扩张：网络与尼克松时代[M]．翟秀凤，译．北京：北京大学出版社，2018．

夏文先．四十年代文学争论与当代文学规范建构[M]．合肥：安徽大学出版社，2015．

夏征农．夏征农文集：2 党的宣传工作[M]．上海：上海人民出版社，2006．

襄垣县革命委员会．立足战备、大办广播，让战无不胜的毛泽东思想最迅速地传遍千家万户[R]．山西省广播工作会议秘书处印，1970年．

萧延中．中国思维的根系研究笔记[M]．北京：中央编译出版社，2020．

肖东波．中国共产党理论建设史1949－1956[M]．北京：中共党史出版社，2006．

肖峰．技术的社会形成论（SST）及其与科学知识社会学（SSK）的关系[J]．自然辩证法通讯，2001（05）：37．

谢荫明，陈静．北平抗战实录：沦陷时期的北平社会[M]．北京：北京出版社，2015．

辛普森．技术、时间与现代性的会谈[M]．张成岗，高岸起，译．北京：科学出版社，2016．

新华社．习近平出席全国宣传思想工作会议并发表重要讲话[EB/OL]．（2018-8-22）[2018-10-05]．http://www.gov.cn/xinwen/2018-08/22/

content_5315723.htm.

新华社. 我国城乡革命人民认真落实毛主席的伟大指示，自力更生艰苦奋斗建成强大的农村有线广播网 [N]. 西藏日报，1969-9-19.

新华社. 中共中央、国务院印发《乡村振兴战略规划（2018－2022年）》[EB/OL].（2018-9-26）[2018-10-08]. http://politics.people.com.cn/n1/2018/0926/c1001-30315263.html.

邢家象. 农村电讯 [M]. 北京：科学普及出版社，1959.

兴平县社社队队通广播 [J]. 广播业务，1960（5）：29.

熊复. 熊复文集：第2卷 1948－1951[M]. 北京：红旗出版社，1993.

徐朝夫. 梦中的船 [M]. 北京：作家出版社，1995.

徐建飞. 新中国成立初期的大众传媒发展与马克思主义传播：以《人民日报》《学习》杂志、中央人民广播电台为中心的考察 [J]. 编辑之友，2014（7）：108.

徐建青. 50年代农村商品市场变化述略 [J]. 中国经济史研究，2000（01）：91.

徐用度. 贵州台建台初期的片断 [M] // 胡世徽，张湘绮. 最是难忘的一页：回忆心得选. 贵阳：贵州人民出版社，1999.

徐志伟. "十七年"时期农村广播网的建立及其对农村文艺生态的重塑 [J]. 文艺理论与批评，2020（06）：50.

许立勇，于翠玲. 中国近现代媒介技术演进与文化传播途径研究 [M]. 北京：红旗出版社，2015.

许毅，陈宝森. 财政学 [M]. 北京：中国财政经济出版社，1984.

许云倩. 上海，不能抹去的记忆 [M]. 上海：上海人民出版社，2015.

旭光村志编纂委员会. 旭光村志 [M]. 2004.

薛文婷. 日伪沦陷区的广播媒介控制 [G] // 段京肃主编. 新闻春秋：第五辑 抗日战争与新闻传播学术研讨会、抗战广播史研讨会论文集. 北京：首都师范大学出版社，2006.

阎志博，七十一团史志编纂委员会. 新疆生产建设兵团农四师七十一团志 [M]. 乌鲁木齐：新疆人民出版社，1999.

晏阳初. 晏阳初全集：第1卷 [M]. 长沙：湖南教育出版社，1989.

阳春县政协文史组. 阳春文史资料：总第五期 [M]. 1984.

杨成武年谱编写组. 杨成武年谱：1914年－2004年 [M]. 北京：解放军出版社，2014.

杨杰.杨杰文集（一）[M].昆明：云南大学出版社，2018.

杨宽.中国古代都城制度史研究[M].上海：上海人民出版社，2016.

杨卫安.中国城乡教育关系制度的变迁研究[M].长春：东北师范大学出版社，2015.

杨新正.中国新闻通讯员简史[M].北京：人民日报出版社，2014.

杨旭，陆云涛.岁月留声：南通广播五十年[M].北京：中国国际广播出版社，1998.

杨正文.通信明线技术回答[M].北京：人民邮电出版社，1983.

姚维儒.暮色当歌[M].北京：中国文联出版社，2012.

叶遥，杨昌凤，艾克恩.变化和要求：河南农村文化生活见闻[N].人民日报，1963-3-25.

伊尼斯.帝国与传播[M].何道宽，译.北京：中国人民大学出版社，2003.

殷之光."大一统"格局与中国两种延续性背后的普遍主义：评《儒法国家：中国历史的新理论》[J].开放时代，2016（5）：44.

于忠广.社会转型与对农广播[M].北京：中国广播电视出版社，2009.

约翰.网络国家：美国电子传播的发明[M]∥清华大学新闻与传播学院.全球传媒评论8.周洋，许有泉，译.北京：清华大学出版社，2013.

云国强，吴靖.重新寻找公共领域：时间、空间与"广播"的生产[J].新闻与写作，2018，No.408（6）：49-56.

云南省地方志办公室，云南省林业厅史志办公室.省志求索[M].昆明：云南大学出版社，1992.

云南省地方志编纂委员会.云南省志：卷78 广播电视志[M].昆明：云南人民出版社，1996.

云南省榕峰县收音站.我们是怎样为中心工作和农业生产服务的[J].收音员通讯，1954，12：5.

曾广凤.毛主席的光辉哲学思想指引我努力办好广播[N].农村广播网简报，1970-12-18（9）.

张柏春，姚芳，张久春，等.苏联技术向中国的转移：1949-1966[M].济南：山东教育出版社，2004.

张才富.农村广播、大喇叭的记忆[EB/OL].（2013-03-27）[2018-03-05].http://blog.sina.com.cn/s/blog_a0ca833501017azr.html.

张凤岐.我们是老百姓的队伍[M]∥许行.历史：走向太阳.长春：吉林

人民出版社，1992.

张剑.1840年：被轰出中世纪[M].上海：东方出版中心，2015.

张晋藩，海威，初尊贤.中华人民共和国国史大辞典[Z].哈尔滨：黑龙江人民出版社，1992.

张铃.西方工程哲学思想的历史考察与分析[M].沈阳：东北大学出版社，2008.

张生泉.戏剧认知导论[M].上海：复旦大学出版社，2017.

张文治.国学治要：集部 子部[G].北京：北京理工大学出版社，2014.

张亚雄.花儿集[M].北京：中国文联出版社，1986.

张长允.山东广播电视发展史1948－1978[M].济南：齐鲁书社，2008.

赵鼎新.中国大一统的历史根源[J].文化纵横，2009（6）：102-106.

赵静.话语权力的交锋：对白话文运动的重新解读[J].西南民族大学学报（人文社科版），2003，24（6）：156-157.

赵树理.赵树理全集：第3卷1945－1950[M].北京：大众文艺出版社，2006.

赵汀阳.天下体系的未来性[M]//张利华.中国文化与外交.北京：知识产权出版社，2013.

赵祥春.葫芦岛地方史文集[M].北京：中国广播电视出版社，2007.

赵英.中共唐山地委宣传部重视领导收音广播工作[N].人民日报，1951-7-9.

赵玉明，艾红红，刘书峰.新修地方志早期广播史料汇编：上[G].北京：中国广播电视出版社，2016.

赵玉明.日本侵华广播史料选编[M].北京：中国广播电视出版社，2015.

赵玉明.中国广播电视通史[M].北京：中国广播电视出版社，2014.

赵玉明.中国现代广播简史[M].修订版.北京：中国广播电视出版社，2001.

浙江省新闻志编纂委员会.浙江省新闻志[M].杭州：浙江人民出版社，2007.

郑久煭，广西壮族自治区地方志编纂委员会.广西通志：广播电视志[M].南宁：广西人民出版社，2000：114.

郑晓松.技术的社会塑形论的三重批判维度[M]//陈凡，王健，庄穆.科技与社会（STS）研究：2011－2012年 第五卷.沈阳：东北大学出版社，2014：299.

政协北流市委员会．北流文史：第31辑 [M]. 2015：120.
政协扶绥县委员会文史资料编辑委员会．扶绥文史资料：第5辑 [M]. 1998：22.
政协连云港市新浦区委员会，学习文史资料委员会．新浦文史资料：第4辑 [M]. 1996：49.
政协汪清县委员会文史资料办公室．汪清文史资料：第4辑 [M]. 1996.
政协中牟县文史资料委员会．中牟文史资料：第10辑 基础设施建设专辑 [M]. 2001.
詹明信．晚期资本主义的文化逻辑 [M]. 陈清侨，等译．北京：生活·读书·新知三联书店，2013.
中共法库县委党史研究室．中国共产党法库县大事记：1945－2008[M]. 2011.
中共广西玉林地委宣传部．玉林地区光辉的三十五年：1949－1984[M]. 1984.
中共贵州省委党史研究室，贵州省档案局．建国后贵州省重要文献选编（1958－1959）[G]. 2012.
中共河南省委党史研究室．纪念戴苏理文集 [M]. 郑州：河南人民出版社，2007.
中共江西省委党史研究室．中央革命根据地历史资料文库军事系统：9[G]. 北京：中央文献出版社，2015.
中共开封市委党史研究室．开封改革开放口述史 [M]. 北京：中国文史出版社，2016.
中共铜仁市委党史研究室．中国共产党铜仁地区历史：1921-1978[M]. 北京：中共党史出版社，2012.
中共中央党史研究室．中国共产党的七十年 [M]. 北京：中共党史出版社，2009.
中共中央党校理论研究室．历史的丰碑：中华人民共和国国史全鉴 经济卷 5[M]. 北京：中央文献出版社，2005.
中共中央文献研究室，中国人民解放军军事科学院．建国以来毛泽东军事文稿：下（1959年1月－1976年2月）[M]. 北京：中央文献出版社，2010.
中共中央文献研究室．建国以来重要文献选编：第14册 [G]. 北京：中央文献出版社，2011.
中共中央文献研究室．建国以来重要文献选编：第19册 [G]. 北京：中央文献出版社，2011.

中共中央文献研究室. 建国以来重要文献选编：第2册 [G]. 北京：中央文献出版社，2011.

中共中央文献研究室. 建国以来重要文献选编：第7册 [G]. 北京：中央文献出版社，2011.

中共中央文献研究室. 建国以来重要文献选编：第8册 [G]. 北京：中央文献出版社，1994.

中共中央文献研究室. 毛泽东传（1949-1976）[M]. 北京：中央文献出版社，2003.

中共中央文献研究室. 毛泽东年谱一九四九一一九七六：第二卷 [M]. 北京：中央文献出版社，2013.

中共中央文献研究室. 建国以来重要文献选编：第19册 [G]. 北京：中央文献出版社，2011.

中共中央宣传部办公厅，中央档案馆编研部. 中国共产党宣传工作文献选编1949－1956[G]. 北京：学习出版社，1996.

中国共产党贵阳市委宣传部. 怎样做好宣传鼓动工作 [M]. 贵阳：贵州人民出版社，1952.

中国教育年鉴编辑部. 中国教育年鉴：1949－1981[M]. 北京：中国大百科全书出版社，1984.

中国能源年鉴编辑委员会. 中国能源统计年鉴1989[M]. 北京：中国统计出版社，1990.

中国农业年鉴编辑委员会. 中国农业年鉴1980[M]. 北京：农业出版社，1981.

中国农业全书编委会. 中国农业全书：云南卷 [M]. 北京：中国农业出版社，2001.

中国农业全书总编辑委员会，中国农业全书·浙江卷编辑委员会. 中国农业全书：浙江卷 [M]. 北京：中国农业出版社，1997.

中国军事博物馆. 中国战典：下 [M]. 北京：解放军出版社，2008.

中国人民解放军国防大学党史党建政工教研室. 中共党史教学参考资料25："文化大革命"研究资料 上册 [M]. 北京：党史出版社，1988.

中国人民政治协商会议碧江县委会文史资料编写组. 碧江文史资料选集 [M]. 1987.

中国人民政治协商会议福建省南平市委员会文史资料委员会. 南平文史资

料：第12辑 [M]. 1991.

中国人民政治协商会议福建省顺昌县委员会文史资料委员会. 顺昌文史资料：第9辑 [M]. 1991.

中国人民政治协商会议广东省翁源县委员会文史资料委员会. 翁源文史资料：第8辑 [M]. 1990.

中国人民政治协商会议河南省郾城县委员会学习文史委员会. 郾城文史资料：第6辑 [M]. 1996.

中国人民政治协商会议开县委员会《开县文史资料》第三辑编辑委员会. 开县文史资料：第3辑 [M]. 1999.

中国人民政治协商会议灵山县委员会文史资料委员会. 灵山文史资料：总第6辑 [M]. 1991.

中国人民政治协商会议孟县委员会文史资料研究委员会. 孟县文史资料：第2辑 [M]. 1990.

中国人民政治协商会议福建省南平市委员会文史资料委员会. 南平文史资料：第十二辑 [M]. 1991.

中国人民政治协商会议陕西省凤县委员会文史资料工作委员会. 凤县文史资料：第13辑 [M]. 1996.

中国人民政治协商会议四川省盐亭县委员会文史资料委员会. 盐亭文史资料：第23辑 [M]. 2005.

中国人民政治协商会议武定县委员会. 武定文史资料：第1辑 [M]. 1995.

中国人民政治协商会议浙江省绍兴县委员会学习文史委员会. 绍兴文史资料选辑：第16辑 [M]. 1999.

中国社会科学院新闻研究所. 中国共产党新闻工作文件汇编1950—1956[G]. 北京：新华出版社，1980.

中国新闻学会联合会，中国社会科学院新闻研究所. 中国新闻年鉴：1988[M]. 北京：中国社会科学出版社，1988.

中华人民共和国国家农业委员会办公厅. 农业集体化重要文件汇编1949—1957：上 [G]. 北京：中共中央党校出版社，1981.

中华人民共和国农业部政策法规司，中华人民共和国国家统计局农村司. 中国农村40年 [M]. 郑州：中原农民出版社，1989.

中华人民共和国史广播电视编辑部. 当代中国广播电视回忆录：第三集 周恩来与广播电视 [M]. 北京：中国广播电视出版社，1994.

中央档案馆. 伪满洲国的统治与内幕：伪满官员供述 [M]. 北京：中华书

局，2000.

中央档案馆.中共中央文件选集：第5册 1929[M].北京：中共中央党校出版社，1983.

中央广播事业局.农村广播网调查报告选编（1969年3月）[R].山东省济宁地区革命委员会政治部翻印，1969年5月.

中央人民广播电台听众工作部，听众调查研究组.广播听众工作文集：第2集[M].北京：中央民族大学出版社，1998.

中央人民广播电台研究室，北京广播学院新闻系.解放区广播历史资料选编（一九四〇——一九四九）[G].北京：中国广播电视出版社，1985.

中央宣传部办公厅.党的宣传工作文件选编（1949－1966）[G].北京：中共中央党校出版社，1994.

周永明.中国网络政治的历史考察：电报与清末时政[M].尹松波，石琳，译.北京：商务印书馆，2013.

周兆燕.忆建国初期我省建立农村广播网的一段历程[M]//覃信刚.声音的记忆：我与云南广播的故事.昆明：云南民族出版社，2011.

朱沁远.有线文艺广播与乡村文化改造（1952－1966）[D].南昌：南昌航空大学，2015.

朱文根.记载人民创造的历史：卷2[M].北京：方志出版社，2014.

朱云峰.清末民初济南公共领域的近代转型（1904－1919）[D].济南：山东大学，2006.

总参谋部通信部.中国人民解放军通信兵史：第一编 革命战争时期[M].北京：军事译文出版社，1992.

总政治部办公厅.中国人民解放军政治工作历史资料选编：第13册 1955.1－1956.12[G].北京：解放军出版社，2010.

左荧.怎样做一个广播收音员[M]//赵玉明.风范长存：左荧纪念文集.北京：中国传媒大学出版社，2005.

左荧.收音机下乡的收获[N].人民日报，1951-6-6.

ANAND N, GUPTA A, APPEL H. The Promise of Infrastructure[M]. Durham: Duke University Press, 2018.

BARBROOK R. Imaginary Futures: From Thinking Machines to the Global Village[M]. London: Pluto Press, 2015.

BIJKER W, HUGHES T, PINCH T. The Social Construction of Technological

Systems[M]. Cambridge MA/ London: MIT Press, 1987.

CRAIG S. Out of the dark: A history of radio and rural America[M]. Tuscaloosa: The University of Alabama Press, 2009.

ELLUL J. The Technological system[M]. New York: the Continuum Publishing Corporation, 1980.

FAIRBANK J. The United States and China[M]. Harvard: Harvard University Press, 1983.

CUTCLIFFE S. The Emergence of STS as an Academic Field[J]. Research in Philosophy and Technology, 1989（9）: 287-301.

HENDY D. Life on Air: A History of Radio Four[M]. Oxford: Oxford University Press, 2007.

HUGHES P. Networks of Power: Electrification in Western Society 1880-1930[M]. Baltimore: Johns Hopkins University Press, 1983.

LACEY K. Listening Publics: The Politics and Experience of Listening in the Media[M]. Cambridge: Polity Press, 2013.

LAW J. A Sociology of monsters? Essays on Power, Technology and Domination[M]. London: Routledge Sociological Monograph, 1992.

LEI W. Beyond propaganda: The role of radio in modernizing China in the socialist era 1949-76[J]. Interactions Studies in Communication & Culture, 2016, 7（3）: 297-310.

LERNER D. The Passing of Traditional Society: Modernizing the Middle East[M]. Glencoe, IL: Free Press, 1958: 47-65.

LOVELL S. Russia in the Microphone Age: A History of Soviet Radio 1919-1970 [M]. Oxford: Oxford University Press, 2015.

ROGERS E. Mass Media Exposure and Modernization among Peasants[J]. Public Opinion Quarterly 29, no. 4（1965-1966）: 620.

PETERS J. The Marvelous Cloud: Toward a philosophy of Elemental Media[M]. Chicago: The University of Chicago Press, 2015.

RAZLOGOVA E. The Listener's Voice: Early Radio and the American Public [M]. Philadelphia: University of Pennsylvania Press, 2011.

SCHILLER H I. Mass Communications and American Empire[M]. Colorado: Westview Press, 1971.

STERNE J. The Audible Past: Cultural Origins of Sound Reproduction[M].

London: Duke University Press, 2003.

TURNER F. From Counterculture to Cyberculture: Stewart Brand, the Whole Earth Network and the Rise of Digital Utopianism[M]. Chicago : University of Chicago Press, 2006.

WINNER L. Autonomous Technology: Technics-out-of-Control as a Theme in Political Thought [M]. Cambridge: The MIT Press, 1977.

WINNER L. Autonomous Technology: Technics-out-of-Control as a Theme in Political Thought[M]. Cambridge: The MIT Press, 1977.

后 记

写到这里，已是仪式性的总结，但这并非是个句号，而是长路漫漫的一个停顿，歇罢后又是新的长征。一个人，在无始无终的时间中跋涉，遇见忽而四季的人生逆旅，能够有一本书作为注脚，自然是再好不过的纪念。

回溯这一段生命旅程，千头万绪涌上心间，诸多细节已随时过境迁而抛诸脑后，难以忘怀的是曾经跌宕起伏的情感波动。有冲动与激情，要在历史的巍巍高山中一窥其真面目，想入知识的宝山满载而归，想用自己的笔复活一段历史或一群生命。在卷帙浩繁中求真与较真，意欲无限逼近于历史本身，也难免会有自我怀疑与痛苦，终于懂得了颜回的喟叹，懂得了何为"仰之弥高，钻之弥坚"。

当然，还有咬紧牙关的孤勇，竭尽全力后的疲惫与释然。但灰头土脸的煎熬之后，收获的却是无穷的喜悦。凡人非仙，不能一跃而过几重山。所幸的是，现实重力的拉扯，反让我们能够更接近大地。春种秋收，这是人间最珍贵的馈赠。岁月流逝，见证了生命中的一部分在逐渐老去，但新的体验、新的情绪、新的视角、新的感悟正在萌生。除却收获了新的知识，也收获了新的自我。作为肉体的眼耳鼻舌身老去，但新的世界源源不断涌来，虽步履日渐沉重，但灵魂却日趋轻盈。

在历史中沉浮，能更加历史地看待自我，视"我"为过去与未来交锋之处的存在物。过去并非一道幻影，它在你我的身上留下痕迹。如若没有20世纪60年代乡村小学的兴起，我的父母可能难以识字，也不一定有意识让自己的子女读万卷书、行万里路。如若不是20世纪初的战火与动乱，我的外祖父不会自小离乡成为大都市的一名童工，他也不会过早地失去待他如母的长姐，我的祖父也不会失去他那唯一的还未成年的兄弟。战争不会以如此疼痛的方式镌刻进家族记忆，如若没有他们的反复诉说，生长在和平年代的我，也很难切身地体会到，哪怕是维持着和平而又小幸运的生活，这有多么的不易。

在这个历史中的我，既是农民的后代，也在农村度过了自己的美好童年。

因为想要探知中国媒介的大众化历程，最终写了一个属于农民、属于农村的故事，这是冥冥之中的机缘巧合。中国农村广播网的生成史，是现代媒介在中国的真正大众化落地之旅。记录下它的故事，是记录了乡村的变迁，也是记录了一代甚至几代人曾经的生命经历。让我尤为开心的是，我的妈妈在读完书稿后，告诉我这勾起了她无数的年少回忆，我这才得知从广播中她学会了很多歌曲，广播也是她当年学习普通话的唯一途径。有趣的是，当她退休后每天乐悠悠地跑到公园里，和其他老年人一起唱的还是那些萦绕在记忆深处的曲子。

这让我更深切地感受到，过去关乎着先辈的一切，书写过去是体谅他人生命、尊重他人付出的过程。我们每个人，是过去的产物，也是未来的助产士。尤其是以学术为业的自己，要更有意识地化身桥梁，连接因代际变迁而遥遥相望的时间两岸。渡自己与他人穿梭于过去与当下，那么前人用生命经验所萃取的成败得失，会让当下的我们更加丰盈，更有准备地走向未来。如此，一切已经逝去的生命得以永垂不朽。

我所书写的年代，恰逢大众浴火重生，我所记录的，是历史流转中的群像。他们曾面临的困厄，让我感到自己何其有幸远离苦乱；他们筚路蓝缕甚至有时有劳无功，让我明了个体在浩瀚宇宙中是多么渺小；他们联合起来真的重塑了这片大地，又让我反思众多生命联合之后迸发的伟力。这一本书的诞生，也是集体力量的成果，它离不开我的导师吴靖老师无微不至的指导帮助，离不开诸多师长、同人的真知灼见、醍醐灌顶，也离不开同样关心乡村的朋友们的支持与鼓励。尤要感谢的是，李彬老师、赵月枝老师秉持继往开来的拳拳之心，为新中国成立70周年献上这一套丛书。正是你们的皓月当空与漫天星辉，点亮了一片长夜。我也愿自己这份微弱萤光，与其他萤光一起连接成光海，共同成为这片土地的注脚。

潘佼佼

2020年春写于北京丰台